藍學堂

學習・奇趣・輕鬆讀

# 正向人脈
# 提升守則

## 內向 i 人或外向 e 人
## 都能提升好感度的 13 個社交科學

《心念的力量》《爲什麼聰明人會做蠢事？》作者
大衛・羅布森―――著
David Robson

何玉方―――譯

獻給
羅伯特

推薦序

# 修正直覺偏見，享受人際連結的美好

文／陳志恆

最近幾年，我有時會在演講中提醒大家，不只要關注兒童青少年使用智慧型手機的問題，也要關注家中的長輩。為什麼？

許多老人過著獨居生活，人手一機。小螢幕中的短影音，一則接著一則，長時間目不轉睛（對，老人也可能手機成癮），當盯著螢幕的時間越長，就越少起身走動；除了缺乏活動讓身體機能退化得更快外，最大的隱憂是減少社交。

而孤獨與疏離感是危害一個人心理健康的隱形殺手，對獨居或移動不易的老人家，更是如

此。然而，身旁有緊密互動的親人或朋友，就能避免孤獨，擁有幸福嗎？

《正向人脈提升守則》的作者大衛・羅布森（David Robson）提到：「對大多數人來說，讓我們感到隔離和孤立的並不僅僅是社交機會不足，而是與周圍的人缺乏密切的情感聯繫。」

所以，你不只需要社交互動，更要與他人建立健康有品質的連結。而這種深度的連結感，就是書中不斷提到的「共感體驗」（shared reality）。也就是，你與他人能共享某種感受、觀點或願景，此刻你們彼此感到心意相通、互有共鳴。

依照我的理解，當我們能被他人深刻同理（empathy）時，「共感體驗」的狀態就發生了。此刻，我會更願意對對方敞開自己，揭露更深層的自己；同時，也會更信任對方，而對方也會因為被信任而感到更有價值。

這是一種雙贏的互動。你會說，要能碰到與自己建構「共感體驗」的人，可遇不可求。也有人質疑：「我生性害羞，連踏出交朋友的第一步都有困難，有可能與他人建立深度關係嗎？」

事實上，那些阻礙你與他人創造「共感體驗」的，大多數是你腦中的直覺偏見。像是，與人初次見面時，我們常低估了對方對我們的好感，稱為「好感差距」（Liking gap），因而錯失了進一步的後續互動。

又像是，我們常以為在他人面前暴露自己的弱點或缺陷，會減低他人對我們的好感；事實上，真誠地承認自己的失敗，卻能促進更深的社交連結，稱為「美麗的困境效應」（Beautiful mess effect）。

幾年前，當我從一個朝九晚五上班族轉為自由工作者之後，我的社交生活極為貧乏。在演講場合或許與人大量互動，但結束後真正密切交流的只剩家人，難免也會感到有些孤獨或疏離。

為了挽救我的社交生活，這幾年來，我會刻意找志同道合的朋友，都是些在網路上彼此關注已久，但沒機會實質接觸的夥伴，一起吃頓飯、聊聊天，分享各自近況。

我驚訝地發現，許多人與我一樣，都有這種社交貧乏的困境，也都很珍惜這樣的刻意聚會。而在聚會中坦率地分享自己，能引發共鳴，獲得支持，內心被充分滋養了。

然而，要跨出這一步，我也得面對我內心那些關於人際互動的直覺偏見。而《正向人脈提升守則》這本書，就是要帶領你破除內心對於建立人際互動的心魔。最終，你會領悟到，不論你的性格如何，你都有資格，並具備能力，與他人建立深度與有品質的關係，獲得因為深度連結而帶來的幸福。

回到數位時代，作者提到，智慧型載具對於社交互動與關係連結究竟是好是壞，取決於我們如何使用它。你應該避免在社群媒體上過度比較，同時，透過這些載具與他人即時互動，表達關心與理解。數位工具反而更能打破時空藩籬，創造更多連結與歸屬。

下次，當你看到長輩們一早就在群組裡互發貼圖，而感到可笑且嗤之以鼻時；別忘了，那是老人家在有限的社交機會中，互道關懷的方式之一，確實能增加人際連結，促進心理健康。

（本文作者為諮商心理師、暢銷作家、現任臺灣NLP學會副理事長）

## 推薦序

# 沒事的，只是單純問候

文／吳家德

我自己寫了一本關於「人脈」的書，銷量破萬，讀者算是很買單。書中金句「對人感興趣，生活很有趣」，告訴大家，只要敞開心扉，與人接觸，生活必定精彩好玩。又說「走出去，大數據」；關起門，大悲劇」，鼓勵大家，一定要多多與人交流，對於洞悉人性法則，會有經驗累積，也才不會受騙上當，懊悔不已。

當我讀到《正向人脈提升守則》這本好書時，我大為驚豔，欲罷不能，我從書中找到許多人際關係經營的觀點和我提出來的看法相似的論證。差別在於，我的認知是我的經驗法則，而作者

的內容，幾乎都有科學的基礎與實驗之後的結果。意思就是，我大為讚嘆作者寫這一本書所花的時間與考據，這也是我非常推崇這一本書的關鍵。

我列舉書中幾句深得我心的觀念。「事實上，人們通常都很樂意與陌生人交談」；「請求別人幫忙反而是與人建立融洽關係的最佳方式之一」；「選擇深入的對話而非簡單的閒聊應該會提升你長期生活的滿意度」；「從純科學角度來看，讚賞和感激無疑是最寶貴的激勵工具」；「口頭稱讚可能比金錢獎勵更有價值」；「一個人的行為表現越是慷慨，心臟就越健康」。

## 聯絡更方便，卻越來越遠

現今社會，因為社群媒體發達，社交軟體多元運用，讓許多人都說，這是造成人際關係疏離的主因。我與作者都認為「這是錯的」。我覺得人際關係的疏離，關鍵不在於科技的先進，而是來自人性的懶惰。因為科技的便利，讓很多人便宜行事，覺得要與人聯繫是一件很簡單的事，但就是因為「簡單」的心理因素，讓許多人遲遲沒有行動，導致人與人之間的「心」距離，明明可以藉由社交軟體拉近關係，卻變成漸行漸遠的謬論。

很多年前，我寫過一篇小文章。到現在我仍然記得這份感動。我的好朋友蔡詩萍大哥，有一回，他從台北搭高鐵要到高雄，行經台南站時，他發了一個訊息給我：「家德老弟，我要去高雄出差，目前到台南，發個訊息給你，沒事的，只是單純問候。」當我收到一位遠方老友捎來的祝

福，我是非常開心的。

所以，我常常在演講場合告訴聽眾，每天用你的手機打開Line，查詢久未聯繫的朋友，可能是已經離職的同事，可能是因為旅行認識的朋友，可能是你的遠方親戚，只要一天三通，可以直接撥打電話，告訴對方，純粹思念，聽聽他的聲音也好。也可以傳文字訊息給他，讓他知道，你想起他，給予祝福。這兩種方式，都能讓你的人際關係存摺越來越豐盛。

我的這個建議和作者的最後一條守則「**主動聯繫納些你生活中失去聯繫的人，讓對方知道你依然念他們。**」不謀而合。

這十三條正向人脈提升守則，以走過半百，喜歡與人交流的我讀來，真心覺得是一本如何好好經營人際關係的聖經。衷心推薦，也樂於推廣。

（本文作者為NU PASTA總經理、職場作家）

# 目錄
CONTENTS

## 正向人脈提升守則

推薦序 　修正直覺偏見，享受人際連結的美好　陳志恆

推薦序 　沒事的，只是單純問候　吳家德

導論 　寧在黑暗中與友同行

### 第1部 ── 與人建立連結　23

第一章 　社交具有療癒力

第二章 　如何打造正向人脈？

第三章 　你不是內向，你只是練習不夠

第四章 　如何擺脫自我中心的思維

第五章 　如何在聊天時更加分？

第六章 　如何有效表達讚賞、感激？

137　113　91　69　45　25　　13　7　4

## 第 2 部 ── 維持人際連結 157

第七章 謊言與祕密對人際關係有害 159

第八章 拋開嫉妒心，共享喜悅 181

第九章 如何有效尋求幫助？ 199

第十章 如何處理負面情緒？ 219

第十一章 即便意見不同也能成為好友 243

第十二章 如何尋求寬恕？ 265

結論 第十三條正向人脈提升守則 289

延伸閱讀 297

詞彙表 299

致謝 307

資料來源 311

註解 313

導論

# 寧在黑暗中與友同行

回顧早年的歲月，海倫・凱勒（Helen Keller）將自己的失聰和失明視為一種監禁，由於無法與他人交流，她就像是受困於自己的心靈中，而她的家人也感到日益絕望，找不到讓她解脫的方法。

一位名叫安妮・蘇利文（Anne Sullivan）的二十歲女子讓她得到了解放，她教會了海倫・凱勒如何透過手指觸摸來與人溝通，對凱勒來說，這是從孤獨禁錮中獲得解放的非凡經歷，她後來寫道：「愛來了，釋放了我的靈魂……我曾經焦慮不安，拼命地撞擊那堵困住我的牆……直到來自他人指尖的話語，落入我緊握空虛的手中，我的心隨之雀躍，感受到生命的喜悅」❶

透過語言，她終於能夠表達自己的想法和感受了；光是學習日常物品的名稱就增加了她與外界事物的「親密聯繫」。當她發現「愛」這個字時，「美麗的真理」湧現在她心中：「我感覺到我與他人的心靈之間有無形的連線在牽引著」❷

海倫・凱勒長大後有了豐富的社交網路，其中包括與作家馬克・吐溫（Mark Twain）深厚的

13　導論　寧在黑暗中與友同行

情誼，馬克·吐溫形容她足以與「凱撒、亞歷山大、拿破崙、荷馬、莎士比亞和其他不朽人物相提並論」❸。她的自傳既是對友誼的頌揚，也記述了她的非凡韌性，她在書中最後幾頁中指出：「我的朋友們塑造了我的人生故事，他們以千百種方式，將我的身障限制轉化成美好的特權，使我能夠在自身缺憾的陰影中平靜而快樂地向前行」❹。海倫·凱勒在她一生中一再表達這種情感，令人印象深刻地宣稱：「我寧願在黑暗中與朋友同行，也不願在光明中獨自前行」。

很少有人能想像海倫·凱勒在遇到安妮·蘇利文之前所經歷的那種孤獨感，但是，我相信我們多少都能感同身受，體會與他人分隔的痛苦，和終於感受到與他人的共鳴、與所愛之人緊密聯繫在一起的「無形連線」所帶來的振奮感。渴望與人連結是普遍的體驗，在回顧我自己生活中的情感軌跡時，我發現孤獨伴隨著我進入最深的谷底，而相互理解的時刻則推動我達到最高峰。

## 人際關係能讓你更健康

我們現在知道，深厚的人際關係不僅帶來深層的愉悅，根據多項研究報告，更深的連結感與更加健康和長壽的生活緊密相關，社交活動能夠減少心理壓力、保護我們免受感染、並降低罹患阿茲海默症和心臟病的風險❺。當人感到自己有強大的社交支持時，在解決問題和創造力的測試中也會表現得更好，享受更成功的職業發展❻。

鑑於大量證據，科學家對於人際連結能改善身心健康有強烈的信念，然而，大多數人普遍缺

正向人脈提升守則　14

乏這種足夠的連結。最常見的孤獨感衡量方式是請參與者指出自己有多常出現缺乏陪伴、被排斥、或是覺得「沒有人可以依靠」的感覺。多年來的研究證明，根據這種量表，大約五〇到六〇％的美國公民報告說自己在生活中常常感到社交疏離❼。

有一種解釋是，現代社會結構的改變使我們更難認識新的人，評論家多次指出，現代人比較少與親戚住在同一個地方，數位科技也使人減少面對面交流的機會。然而，這種解釋可能並不完整。根據歷史記錄，孤獨感幾十年來一直是人們關注的主要問題，即使是在大辦公室工作、有大家庭、或受邀參加華麗派對的人，還是會感到不受重視和沒人關愛❽。對大多數人來說，讓我們感到隔離和孤立的並不僅僅是社交機會不足，而是與周圍的人缺乏密切的情感聯繫。

## 共感體驗

最新的科學研究可以幫助我們理解其中的原因，根據一個令人振奮的新理論，與他人建構「共感體驗」（shared reality）可以帶來深刻的連結感，簡單來說，就是對方和我們以大致相同的方式思考、感受和詮釋事件，他們理解我們，有相同的直覺感受，也以同樣的方式體驗世界。

當兩個人之間建立起共感體驗時，彼此的神經活動開始同步，互動更加順暢，也會感受到更多的信任和情感，壓力指數也會大幅下降。（Shared reality 是指人在互動中共同感受到的內在體驗或理解，或譯共同體驗、共享經驗）

15　導論　寧在黑暗中與友同行

發展到最極致的境界時，兩人之間形成的共感體驗會產生一種彼此心靈融為一體的感覺，正如海倫‧凱勒描述她與安妮‧蘇利文之間的友誼：「我的老師與我如此親近，我幾乎無法與她分開。我感覺她的存在與我的生命密不可分，我的人生足跡與她的緊密相連」❾。然而，與身邊的人缺乏共感體驗時，我們會感到真正的隔閡，就像是個完全無法溝通的陌生人一樣。

在本書中，我將利用突破性的新證據，向你展示我們與遇到的人建構共感體驗的方式，以及可能阻礙其形成的常見心理障礙。每次與別人互動時，我們都在做出決定，這些決定可能帶來更深的理解和情感連結、或是持續的疏遠和孤立。由於大腦的偏見，我們往往選擇後者，無意之間破壞了建立共感體驗的機會。

發現這些常見錯誤可能會令人感到不安，但這項研究也提供了令人興奮的機會。透過學習識別並克服與人連結的心理障礙，我們都能與周遭的人建立更有意義的關係，無論是陌生人、同事、朋友、兄弟姐妹、父母、還是戀人。**你不一定要有天生的魅力、吸引力、或從容的自信，只要改變心態，任何人都可以開始建立更豐富、更穩定的社交網路，從中獲得健康和創造力的種種好處。**

## 好感差距

若想體驗這項研究特色，只需思考最近發現的所謂「好感差距」（liking gap）的現象，這種

正向人脈提升守則　16

現象使我們錯失與人連結的可能性——即使機會就近在眼前。

正如許多科學研究一樣，這項發現是受到個人經驗的啟發。幾年前，心理學家艾莉卡・布斯比（Erica Boothby）正在與一位剛認識的人交流，和她同為心理學家的伴侶古斯・庫尼（Gus Cooney）就站在旁邊。對話結束後，布斯比擔心自己給對方留下不好的印象，然而，在庫尼看來，這次的交流是溫暖而友善的。究竟出了什麼問題呢？

兩位心理學家討論起這件事時，開始思考這是不是一種普遍的人類經驗，亦即在會面之後，我們總是低估了對方喜歡我們陪伴的程度，我們對於第一次會面中所建立的共感體驗沒有信心，這種疑慮削弱了已形成的聯繫。

布斯比和庫尼將此一現象稱為「**好感差距**」，並開始探究其普遍程度。在第一項研究中，參與者被分成兩人一組，進行五分鐘的破冰任務，然後填寫問卷調查，回答他們有多喜歡對方、自認為對方喜歡自己的程度、以及是否願意再次見面。正如研究人員所假設的，**大多數人對於自己給人的印象過於悲觀，開始懷疑自己是不是真的建立了相互理解。一般來說，對方對他們的喜歡程度要高得多，也更願意再次見面**，遠超乎他們自己的想像。

我們會熱情地與剛認識的人交換電話號碼或郵件地址，但之後卻沒有進一步聯絡，好感差距可能是主要的原因。布斯比和庫尼最初的研究結果已經重複出現多次，其中一項實驗表明，好感差距可能會在與人定期接觸幾個月後還持續存在，比方說，大學室友雖然住在一起長達一年之久，但大多時候還是感到不安，擔心對方對自己的看法。後來的研究顯示，好感差距也普遍存在

17　導論　寧在黑暗中與友同行

於工作場所同事之間，可能會因而限制了創意合作。

我初次讀到好感差距這個概念時，不禁心頭一震，回想起我過去所有可能錯失的友誼機會。然而，身為一名專研心理學和神經科學的科普作家，我也感到非常興奮，自一九七〇年代以來，像丹尼爾・卡尼曼（Daniel Kahneman）等行為經濟學家一直在揭示許多導致我們財務決策出錯的認知偏誤，如今我們似乎正在見證社會心理學一個全新子領域的誕生，可能對我們的人際關係產生類似的影響。

我沒說錯，在過去幾年裡，社會心理學家發表了大量的研究論文，概述許多阻礙我們與他人建立連結的錯誤判斷，和改善這些錯誤的方法。這些新發現涵蓋了從我們對於結交新朋友的恐懼、到解決分歧和衝突的複雜性等方方面面。

比方說，我們往往高估了與陌生人交談的尷尬程度，事實上，人們通常都很樂意與陌生人交談，這對每個人的健康福祉都有巨大的好處。當我們真的有機會與人建立聯繫時，我們常常會避談更深入的話題，而是選擇表面的寒暄閒聊，然而，那些深入的對話正是促進建立共感體驗的關鍵。同樣重要的是，我們的讚美和道歉經常被嚴重誤判，致使我們未能說出那些有助於加強或修復相互理解的話，而這對於建立牢固的關係十分重要。我們也會因害怕讓自己顯得無助或無能，而不敢向人尋求幫助，但簡單的求助能提高我們在他人眼中的地位。**事實上，請求別人幫忙反而是與人建立融洽關係的最佳方式之一，能夠提升雙方的幸福感，心理學家將這種現象稱為「班傑明・富蘭克林效應」**（Benjamin Franklin Effect，我們稍後將在書中揭曉原因）。

正向人脈提升守則　18

這些只是直覺阻礙人們建立相互理解、促進更有意義的人際關係其中的一些例子。從三百多篇學術論文中，我歸納出十三條大守則，能幫助你建立更滿意的社交網路，我將之稱為「正向人脈提升守則」。

如果你在社交方面已經感到很有自信，你可能會懷疑這些發現是否對你有益，或只是針對那些明顯害羞或不擅長社交的人，但研究表明，無論是什麼性格類型，大多數人都需要糾正這些偏見，才能享受更有意義的社交生活。即使是最善於交際的人，也可能受到錯誤直覺的影響而無意間將人拒於門外。

我必須強調，這是一項高品質的研究，在討論心理學發現時，這點並非總是理所當然。在這個領域（以及其他許多科學領域），一些引人注目的研究在後來的審查中被揭露，由於參與者數量少和實驗設計不當而遭受質疑，導致所謂的「複製危機」（replication crisis），然而本書並沒有這些顧慮。社會心理學家非常清楚過去的錯誤，因此在最新研究中採用非常嚴謹的方法，在各種情況下針對數百甚至數千人進行驗證，盡可能確保其研究結果反映了真實現象。

當然，應用這些研究結果確實需要一定程度的謹慎。我們必須確保始終考慮自己的行為脈絡、並尊重他人的界限（我會在後續相關章節中更詳細闡述這些觀點），但只要以敏感和尊重的態度進行，這項研究應該是令人感到非常樂觀的，透過人人都適用的實際步驟，我們都可以建立更有意義也更充實的人際關係。

## 我的故事

如果你對自己能否達成有所懷疑，我想分享一下我個人的故事，以及撰寫本書的原因。

在幼年和青少年時期，我非常害羞，每次遇到陌生人時，我講話都會結結巴巴。而我的夢想是成為一名記者，以採訪別人的研究為職志，這個念頭似乎是很可笑的。然而，快要上大學時，我決定該克服自己害羞的個性了，因此，我慢慢強迫自己克服「好感差距」的問題，我體認到，別人通常會比我直覺所認定的更願意建立聯繫，我對敵意反應的恐懼幾乎都是毫無根據的，即使偶爾犯了一些小錯，別人也比我所想像的更寬容。透過持續的努力，我的社交自信有所提升，使我能夠開展我的職業生涯，而我從未後悔過這個決定。

## 如何使用本書

我看到關於人際互動心理障礙的所有最新研究時，我很遺憾自己沒有早一點知道這些事實。在我缺乏信心、需要有人引導如何應對新社交挑戰時，《正向人脈提升守則》就是我希望能夠讀到的書。無論你是一位即將上大學的害羞青少年、在異國他鄉開展新生活的外籍人士、或只是希望與認識的人建立深厚關係的人，這本書都很適合你。雖然這絕對不是約會或子女教養指南，但你可能會發現這些建議可以讓你的戀愛生活更精彩、或幫助你與家人建立更親密的關係、也可以

正向人脈提升守則　20

輕鬆改善你在工作中與同事的互動。社交連結法則植根於我們的人性，適用於我們遇到的每一個人。

第一部分探討了社交聯繫的神經科學和生理學，你將了解兩人的思想如何融合成共感體驗感、以及為什麼會為人們的健康福祉帶來如此驚人的好處。你也會發現評估個人目前社交網路狀態的工具，包括辨識可能給你帶來更多傷害、毫無益處的「矛盾關係」（ambivalent relationships）或「假朋友」。接著，我們將探討如何建立新的社交連結。我會打破某些性格類型（如害羞的人）天生就難以與人建立深厚關係的迷思。你也將學會如何避免阻礙我們建立融洽關係的對話陷阱，如「陌生效應」（novelty penalty）和「理解的錯覺」（illusions of understanding）。

第二部分是關於維持和滋養長久的人際關係。我們將探討任何關係中可能免不了會出現的困難、以及如何修復共感體驗中的裂痕。有時是否需要善意謊言，還是應該始終堅持百分之百的誠實？給人負面回饋意見的祕訣是什麼？如何以不失尊重的方式向人尋求幫助？如何慶祝自己的成功而不引起嫉妒或憤恨？有效道歉的祕訣是什麼？在每一種情況中，我們的直覺往往大錯特錯，而共感體驗理論可以為應對這些挑戰提供急需的指導。

最後，在結論中，我們將轉向數位世界，探討虛擬世界及未來友誼的發展趨勢，打破有關社交媒體危害的陳腔濫調，探索新技術如何具體強化或損害人際關係，同時學習如何在任何媒介上應用真實人際互動的原則，這會為我們揭示最後一條正向人脈提升守則。

在撰寫本書的過程中，我確實擴展並加深了自己目前的友誼，也結識了新朋友，我希望你在閱讀後續章節之後，也能有同樣的體驗。

第 1 部

與人建立連結

# 第一章

# 社交具有療癒力

當人享受著人際連結和社交支持時，身體會抑制發炎等過程。因此，將會有更好的健康基礎，不容易感染疾病。

一九八一年，約西・金斯伯格（Yossi Ghinsberg）犯下了他一生中最大的錯誤。他是個天真的以色列人，二十二歲剛服完兵役，就展開背包客之旅，橫跨南美洲到玻利維亞的拉巴斯（La Paz, Bolivia）。他一路上結交了許多新朋友，其中包括一位自稱是奧地利「地質學家」的卡爾・魯普雷赫特（Karl Ruprechter），他答應帶領團隊深入亞馬遜雨林，穿越以前未曾探索的地區。

事實證明，魯普雷赫特只不過是個騙子，甚至連游泳都不會❶。隨著團隊內部氣氛日益緊

張，金斯伯格和另一名成員凱文・蓋爾（Kevin Gale）決定和其他人分道揚鑣，乘坐木筏沿著圖伊奇河（Tuichi River）前進。然而，幾小時之後，他們進入了激流區，木筏撞上一塊岩石，蓋爾設法游到了岸邊，而金斯伯格則被沖到了下游並跌落瀑布。

接下來發生的是近代史上最驚人的生存故事之一。在為期三週努力重返文明的過程中，金斯伯格面臨著毒蛇、野生美洲虎、和侵入皮膚的寄生蟲等威脅，更別說處於極度飢餓的狀態，使他每天好幾個小時都在幻想獲救後可吃到的各種食物。

然而，金斯伯格在求生的過程中最艱難的挑戰是缺乏人類的陪伴，他後來寫道：「我最大的折磨就是孤獨」，他曾經是堅定的個人主義者，對「人類相互依賴」的想法嗤之以鼻，如今，他明白人際互動就像食物或水一樣重要，他甚至創造了假想的朋友來避免自己精神崩潰❷。

對於任何經歷過極度孤立的人來說，這種感受是很常見的。想想已故的美國參議員約翰・麥肯（John McCain）描述他在越南戰爭中成為戰俘被孤獨監禁的經歷時說：「這比其他任何形式的虐待更能打擊你的精神、削弱你的抵抗力……絕望的念頭立刻浮現，是很可怕的敵人」。他說，找到和其他囚犯祕密溝通的方法是一件「生死攸關之事」❸。

如果人際關係不是生活的基本需求之一，進化過程就不會讓人在孤獨時變得如此痛苦。根據大量研究顯示，對人的長期健康而言，人際互動與均衡飲食以及規律運動一樣重要，而孤獨可能是一種慢性毒藥，會嚴重縮短人的壽命。人際互動還能提高人的創造力和生產力，甚至帶來意想不到的職業好處——這一切都會使我們的生活更少壓力、也更加充實。

正向人脈提升守則　26

《納尼亞傳奇》（The Chronicles of Narnia）C・S・路易斯（C.S. Lewis）寫道「友誼是不必要的……它本身並沒有生存價值；卻是賦予生存價值的其中一個要素」[4]，他的看法是錯誤的，如果我們想學習如何建立更好的社交連結，首先應該理解為什麼人際互動如此重要。

## 阿拉米達長壽八誡

首先，讓我們來檢視一下健康益處背後的證據。在一九六○年代初，加州公共衛生部（California State Department of Public Health）的萊斯特・布雷斯洛（Lester Breslow）展開了一項遠大的計畫，旨在找出可延長壽命的習慣和行為。為此，他從周邊的阿拉米達郡招募了將近七千名參與者，透過詳細的問卷調查，對他們的生活方式有極其詳盡的了解，然後在接下來幾年中追蹤他們的健康狀況。

不到十年的時間，布雷斯洛的團隊已經確定了許多我們現在知道對健康非常重要的因素，包括不抽煙、適度飲酒、每晚睡眠七到八個小時、多運動、少吃零食、保持適度的體重、吃早餐。當時這些發現是如此驚人，以至於當同事向他展示結果時，他還以為他們在開玩笑。

你可能不需要我更詳細地解釋這些指南，「阿拉米達長壽七誡」現在已經成為大多數公共衛生指導的基礎[5]。然而，研究仍在持續進行，到了一九七九年，布雷斯洛的兩位同事──麗莎・伯克曼（Lisa Berkman）和萊納德・賽姆（Leonard Syme）──發現了影響人們壽命的第八

個因素，也就是人際互動。平均而言，社交聯繫最廣泛的人，死亡風險大約只有社交聯繫較少者的一半❻。即使在他們控制了諸如社會經濟地位、調查開始時人們的健康狀況、以及其他那些已被證明對長壽非常重要的健康習慣（如吸煙、運動、和飲食）等因素後，結果也是一樣。深入研究之後發現，所有的人際關係都很重要，但某些關係比其他的更具意義。與配偶和親密朋友的連結感提供了最大的保護作用，但即使是教會或保齡球俱樂部的普通熟人，也有助於延緩死亡的威脅❼。

這麼大膽的說法或許可以解釋為何這點最初在公共衛生指導中受到忽略；科學家習慣將身體視為一種機器，大體上與人們的心理狀態和社會環境無關。然而，基於阿拉米達長壽研究後續的廣泛調查發現已證實，人際連結和孤獨感影響到人罹患各種疾病的風險❽。

**例如，社交支持可以增強人的免疫系統，保護人免受感染。**在一九九○年代末，美國卡內基梅隆大學（Carnegie Mellon University）的謝爾頓·科恩（Sheldon Cohen）請兩百七十六名參與者詳細描述他們的社交關係，然後被隔離，並被要求吸入含有鼻病毒的水滴（引起咳嗽和打噴嚏的病原體）。在接下來的五天裡，許多參與者陸續出現了症狀，但對於那些有廣泛且多樣化人際互動的參與者，出現症狀的可能性則顯著降低。事實上，相較於那些家庭、朋友、同事和熟人關係更豐富的人，人際互動最少的那些人感冒的風險高出三到四倍。

任何優秀的科學家總是會考慮到是否有其他混淆因素可能影響結果。例如，可以合理地假設，孤獨的人可能不如別人健康和活躍，因為他們與朋友和家人活動或相處的時間較少。然而，

正如伯克曼和賽姆也發現的，即使研究人員在統計分析中考慮了所有這些因素後，社交支持與健康的關聯仍然成立❾，而且，這種影響程度遠遠超過了服用（可能增強免疫系統的）維生素補充劑所能帶來的好處❿。

**社交對健康的提升也進而影響到人罹患慢性或重大疾病的風險**，例如第二型糖尿病。這是因為胰臟停止產生足夠的胰島素、以及身體細胞停止對血液中的胰島素做出反應所致，這兩種狀況都會阻礙血糖分解以供應細胞能量。肥胖等因素可能導致糖尿病，而人的社交關係品質似乎也是個重要因素。一項針對四千名參與者所進行的英國老年人長期追蹤研究發現，人們在 UCLA 孤獨量表上的得分可以預測接下來十年是否會發展成第二型糖尿病⓫。甚至有一些跡象表明，社交連結更強的人患上阿茲海默症和其他類型癡呆症的風險較低⓬。

然而，最有力的證據涉及心血管疾病，大規模的長期研究追蹤數萬人的健康狀況，一再突顯了這種關聯性。這一點在早期階段就能看到，社交關係較差的人更有可能患高血壓，而最糟糕的結果是，孤獨感使心臟病發作或中風的風險增加約三○％⓭。

為了衡量社交對健康提升的整體重要性，楊百翰大學（Brigham Young University）的茱莉安・霍特－倫斯塔德（Julianne Holt-Lunstad）匯整一百四十八篇研究報告的結果，這些研究涵蓋三十萬名參與者，主要探討社交融入的好處和社交斷絕的危害。她隨後比較了孤獨感與其他各種生活方式因素的風險效應，包括吸菸、飲酒、運動和體力活動、體重指數（肥胖的衡量指標）、空氣污染、和服用控制血壓的藥物。

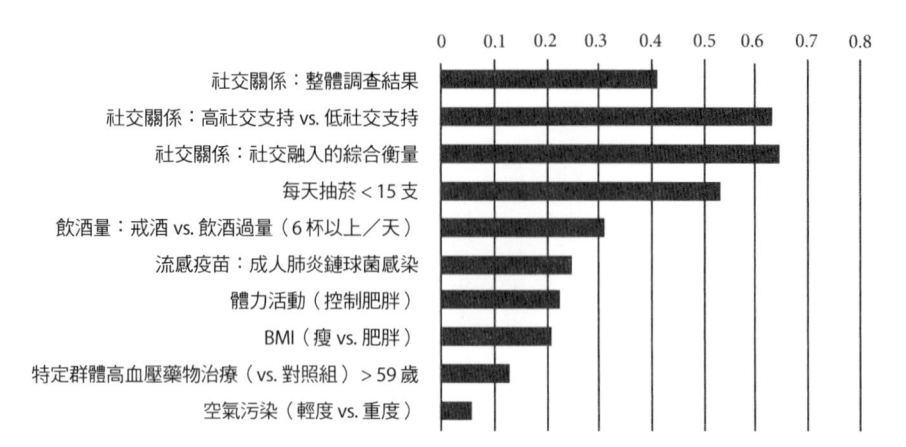

| 指標 | 效應值 |
|---|---|
| 社交關係：整體調查結果 | ~0.4 |
| 社交關係：高社交支持 vs. 低社交支持 | ~0.65 |
| 社交關係：社交融入的綜合衡量 | ~0.65 |
| 每天抽菸 < 15 支 | ~0.55 |
| 飲酒量：戒酒 vs. 飲酒過量（6 杯以上／天） | ~0.35 |
| 流感疫苗：成人肺炎鏈球菌感染 | ~0.3 |
| 體力活動（控制肥胖） | ~0.3 |
| BMI（瘦 vs. 肥胖） | ~0.2 |
| 特定群體高血壓藥物治療（vs. 對照組）> 59 歲 | ~0.15 |
| 空氣污染（輕度 vs. 重度） | ~0.05 |

這項研究於二○一○年發表，結果確實令人震驚：霍特－倫斯塔德發現，社交關係的規模和品質在影響人的死亡率方面，幾乎等同於、或超過所有其他因素❶。人們感受到身邊的人支持程度越高，他們的健康狀況就越好，死亡風險也就越低。整體而言，社交連結（或缺乏）對人的健康影響，要比喝酒、運動、體重指數、和空氣污染更大。只有吸煙的影響效果與之相近。

上方圖表總結了霍特－倫斯塔德的研究結果，要解讀這張圖表，你需要對「效應值」（effect size）的概念有所了解。這是用來衡量某種生活方式因素實際重要性的指標，介於零到一之間，效應值越大，與壽命的關係就越強。如你所見，社交關係各個元素的效應值遠遠超過許多常見的健康預測因子。社交融入反映一個人的社交網路結構和規模、及其參與社交活動的程度，而社交支持則反映個人的孤獨感和來自他人的關愛感知，事實證明，這兩者對長壽都是十分重要的。

這項研究遭到了一些批評，要想確切證明一種生活

正向人脈提升守則　30

方式因素與整體體壽命之間存在因果關係，會需要進行一項對照實驗，將人隨機分配到不同的條件中，就像藥物測試一樣，一些人服用藥丸，另一些人服用安慰劑，然後記錄下不同的結果。在此研究中，必須將一些人分配到孤獨狀態，斷絕他們的友誼，而將另一些人分配到充滿愛的現成社交網路中。顯然，這是不可能的。這個事實使一些人對於社交連結的效應是否真實而顯著表示懷疑，他們認為，雖然研究人員盡了最大努力，但很可能沒有考慮到一些混雜因素，因而產生人的社交生活與健康和長壽有關聯的錯覺。

然而，這個論點其實並沒有那麼嚴重，畢竟，我們無法對人進行隨機實驗來證明吸煙的危害（道德層面才是最大的問題），但如今很少有科學家會否認吸煙會造成危害的事實，這是因為還有其他方法可以證明生活方式與疾病之間的因果關係。

例如，在像阿拉米達這類的長期研究中，科學家可以觀察「時間順序」，即某人的生活方式選擇是否在疾病發展之前，在這項研究中，順序非常明確：這些人在出現健康問題之前就報告了他們的孤獨感。科學家還可以檢視「劑量—反應關係」，也就是特定生活方式因素的高暴露程度是否導致更大的風險。結果再次顯示出明確的模式，**完全孤獨的人比偶爾感到孤獨的人更有可能出現嚴重的健康問題，而後者又比有豐富社交圈的人更容易患病**。此外，也可以檢查在不同人群和使用不同測量類型時，結果是否一致。如果只有在一個小樣本中、或是只考慮一份孤獨調查問卷時，才出現這些影響，那麼你的懷疑是正確的。然而，正如我們已經看到的，情況並非如此。

如今，世界各地已透過多種方法進行量化研究，證明了社交連結有益健康。無論是詢問主觀

第一章　社交具有療癒力

感受還是考慮客觀事實（如某人的婚姻狀況或每月見到熟人的次數），顯現的結果都是一樣的❶⓯。我們甚至在海豚、豚尾狒狒、和普通獼猴等其他社會性物種中，可以看到類似的效應：**個體在群體中的融合程度越高，其壽命就越長**❶⓰。正是基於這些原因，大多數研究公共衛生的科學家認為，社交連結是健康和長壽主要的決定因素之一。

## 社群安全感

為了理解人的社交連結強度如何以及為何會對身體健康產生這麼大的影響，我們必須考慮人類的進化過程。隨著人類適應生活在越來越大的群體中，從食物供應到防禦掠食者的侵害，一切都取決於我們與他人的關係。如果失去了同伴的支持，可能會面臨飢餓、疾病和受傷的危險。

因此，大腦和身體已經進化到會將社交孤立解讀為一種嚴重的威脅，這就是我們在孤獨和與人斷絕聯繫時會感到如此痛苦的原因，就像身體的疼痛在警告我們要尋求安全並處理傷口一樣，社交痛苦會促使我們避開敵對的環境、並重新建立社交關係❶⓱。

被拒絕或孤立的感覺也會引發一連串的生理反應。在人類的進化史中，這些反應被認為是為了保護我們免受孤立可能帶來的即時危險，例如來自捕食者或敵人的攻擊，大腦會觸發去甲腎上腺素（norepinephrine）和皮質醇（cortisol）的釋放，這些激素讓大腦對威脅保持警覺，並使身體準備好應對攻擊。同時，免疫系統開始增加發炎分子的產生，發炎是抵禦病原體的第一

正向人脈提升守則　32

道防線，能降低我們被攻擊受傷造成感染的風險⑱。孤立感和社交壓力也可能增加纖維蛋白原（fibrinogen）的生成，這會促進血液凝固，這有助於人在受傷時防止危險的失血⑲。

雖然這種反應可以提高我們短期生存的機會，但長期卻可能對身體造成損害。當身體不斷處於應對敵意和攻擊的狀態時，就會對心血管系統造成額外的壓力。同時，慢性發炎症雖然可能防止傷口感染，但伴隨的免疫反應卻不太擅長應對病毒，例如，會增加我們感染呼吸道疾病的機會⑳。慢性發炎還會對身體其他細胞造成磨損，增加罹患糖尿病、阿茲海默症和心臟病的風險。同時，凝血因子纖維蛋白原濃度的升高可能會導致血栓形成，進而引發心臟病或中風。

如果我們數十年都處於孤獨和隔離的狀態，這些變化可能會大大增加患病和早逝的風險。因此，將會有更好的健康基礎，因而不太容易感染疾病㉑。

對於社會性動物來說，連結可能非常重要，因此我們似乎有特殊的「孤獨神經元」（loneliness neurons），在獨處時會變得越來越活躍，就像飢餓或口渴會驅使我們尋找食物和水一樣，這些神經元會產生一種渴望，促使我們與他人聯繫、享受他人的陪伴。一旦我們感到滿足，在獨處的時間可能會感到更快樂，直到那些孤獨神經元再次活躍起來㉒。

如果我們長期缺乏社交連結，可能會停止聽從那個訊號，就像患有飲食失調的人可能會試圖忽視自己的生理飢餓感一樣。然而，透過正向人脈提升守則，我們可以找到長期的解決方案，幫助我們建立有意義的人際關係，進而提升健康福祉。

第一章　社交具有療癒力

## 擺脫恐懼

社交連結除了減輕孤獨感所帶來的直接生理影響外，也能形成一種心理緩衝，使人更容易應對生活中的其他壓力。

當人們面對公開演講這類任務時，那些知道自己有更強大社交支持的人，其血壓和皮質醇荷爾蒙分泌變化通常會比較緩和，表示他們的身體對挑戰的反應較為冷靜㉓。也許在潛意識中，大腦已經評估了所有可用的資源，知道有人在背後支持、也能隨時提供安全感和安慰，失敗的後果不會那麼嚴重，因此避免了大腦進入全面戰鬥或逃逸模式。

社交支持的提醒也有助於人們消除恐懼記憶，這代表當這些負面記憶不再相關時，就比較不會在心中揮之不去。在實驗室裡，可以透過標準實驗程序來測試恐懼記憶的形成，讓其中某些圖片或符號伴隨著輕微的電擊，不久，只要看到這些圖像，就會使人陷入壓力狀態，即使科學家停止施加電擊後，這種壓力還是會持續存在。加州大學洛杉磯分校（UCLA）的娜歐蜜・艾森伯格（Naomi Eisenberger）的研究顯示，當人們收到提醒想起自己親愛的人時，這些恐懼記憶就會減弱得多，而且更快消失㉔。

社交支持甚至可以減輕身體疼痛。我們先前提到孤獨感可能會造成疼痛的錯覺，但社交支持正好相反，反而減輕不適。例如，光是看著親人的照片，就能增加人對放在皮膚上的熱探針的耐受能力㉕。大家都知道，疼痛會受到安全感知影響：這多少就像是一種信號，告訴我們要躲起

正向人脈提升守則　34

來療傷，而不是冒著進一步受傷的風險。如果有親愛的人在身邊（或是透過照片提醒他們的存在），我們就不需要這麼強烈的信號，因為他們可以提供必要的照顧、保護我們免受進一步的危險。

透過緩解壓力和消除恐懼記憶，社交支持可以減少負面經歷帶來的情感包袱，使我們能更快地從創傷中恢復過來。這或許可以解釋為什麼社交支持能有效地預防各種精神疾病。例如，退伍軍人從戰爭中歸來時，其社交聯繫的強度和品質是他們是否會患上創傷後壓力症候群的最佳預測指標之一㉖。在新冠疫情的巨大壓力下，社交關係最穩固的人最不容易出現心理健康問題㉗。

## 社交連結創造力

社交對健康的提升最終機制來自於豐富社交資源所帶來的實質與認知上的好處，比方說，當我們失業時，朋友及其人脈通常能夠提供重新就業的機會，正因如此，人際關係更緊密的人，財務穩定性通常也比較高。一項針對西班牙失業問題的研究驚人地發現，有百分之八四％的人依靠現有的人脈找到新的職位，在美國，這個數字約為六六％，而在英國則是五〇％㉘。

一旦找到工作後，我們的社交關係也有助於提高工作效率和創造力。這裡的假設主要是交叉授粉（cross-pollination）的理論。如果你認識也喜歡很多不同的人，你更有可能接觸到多元化的觀點，或許能為你的工作帶來新的啟發（同樣的，你也可能提供對他人有益的寶貴見解）。你的

35　第一章　社交具有療癒力

社交圈子可以提供實用的回饋意見，幫助你完善自己的想法，一旦你準備好傳播時，他們也能幫你加以宣傳。

歷史分析為這個觀點提供了間接證據。加州大學戴維斯分校（UC Davis）的迪恩·西蒙頓（Dean Simonton）仔細研究了兩千零二十六名科學家和發明家的傳記，然後將之與記錄中顯示的社交關係的總數與科學家的傑出程度之間存在著明顯的相關性。

艾薩克·牛頓（Isaac Newton）是這項發現的典型代表。在所有被納入研究的人物當中，他被公認是最傑出的、也是人脈最豐富的其中一位。在大眾的印象中，牛頓常被認為是孤獨天才的縮影，幾乎是在孤立的環境中工作。比方說，威廉·華茲渥斯（William Wordworth）將牛頓形容為「獨自航行在奇異的思想海洋中」，但事實上，他在學術探索的旅程中並不孤單。他的通信對象包括競爭對手哥特弗利德·威廉·萊布尼茲（Gottfried Wilhelm Leibniz）；哲學家約翰·洛克（John Locke）——雖然認為牛頓脾氣古怪，但他仍表示「有多個理由相信他（牛頓）是我真正的朋友」；還有天文學家愛德蒙·哈雷（Edmund Halley），鼓勵牛頓撰寫其巨著《數學原理》（Principia Mathematica），甚至資助這部作品的出版。

西蒙頓總結說道：「如果就連最受推崇的發明家的成就也多少反映了他們所處的社會資源，那麼『孤獨天才』的概念必然是個神話」❷。

創意交叉孕育的力量催生了百老匯最具代表性的音樂劇。管理科學家研究了二十世紀數百部紐約頂尖劇作背後的專業人脈，分析的重點是每一部作品的六個專業角色，包括作曲家、填詞人、劇作家、編舞、導演、和製作人。研究人員首先確定團隊成員之前的合作次數，然後將之與團隊創作劇目在財務和評論方面的成功表現進行比較。

有些團隊非常緊密，同一批人一再合作而沒有加入任何新面孔。這種封閉的人際關係導致創造出的作品缺乏新意，在票房上更有可能失敗。相較之下，最成功的音樂劇背後的團隊包括新人和曾經與其他團隊合作過的成員。這些人脈廣泛的「創意蝴蝶」（creative butterflies）在不同團隊之間帶來了創新的點子和方法，這一切都有助於吸引更多觀眾。《西城故事》（West Side Story）就是一個完美的例子，團隊包括相對新手的作詞者史蒂芬·桑坦（Stephen Sondheim）、作曲家李奧納德·伯恩斯坦（Leonard Bernstein）、導演傑羅姆·羅賓斯（Jerome Robbins）和他的助理編舞彼得·詹納羅（Peter Gennaro），每個人都擁有豐富的經驗，但以前從未合作過，不同觀點的融合造就了有史以來最具代表性的音樂劇之一❸⓪。

雖然我們在解讀這些歷史分析時必須謹慎一些，但最近的調查顯示了類似的趨勢。與社交圈較狹窄的人相較之下，那些社交網路廣泛的人通常能夠提出更多原創的想法、並善加利用❸①。

在商業領域中，透過社交網路分享更多想法和資訊，使人更有可能從新的機會和市場中獲利，這一點在一九八九年柏林圍牆倒塌後變得極為明顯。之前在跨越東西德之間有更多社交聯繫的企業家，更有可能在全國龐大經濟發展中找到商機並從中獲利。值得注意的是，這種收入增長

37　第一章　社交具有療癒力

並非來自現有的商業夥伴關係;數十年來,東西德之間的經濟隔閡已經切斷了跨越兩地的專業網路,似乎反而是家庭之間的社交連結發揮了關鍵作用㉜。

如果沒有其他因素,社交連結的能力會使我們工作更加愉快,這個事實不容忽視,畢竟一般人平均大約三分之一的清醒時間都在和同事打交道。無論是在建築業、醫療或教育領域等各行業中,工作滿意度最可靠的預測因素包括了與他人的頻繁互動、對辦公室友誼的重視、以及同事給予的情感支持㉝。反之,工作中缺乏社交連結往往會增加職業倦怠的風險㉞。所有這些優勢,從找到工作、發展職業生涯、並與志同道合的同事分享成功,都有助於減輕生活壓力,這也進一步解釋了為什麼有強大社交連結的人會有如此顯著的健康益處。

社交連結對人們的健康福祉帶來的基本好處已經得到充分證實,應該成為每個人的優先事項,然而,這個訊息似乎尚未傳達到普羅大眾。雖然阿拉米達長壽研究確定的七個因素(如運動、飲食、和每晚七到八小時的睡眠)已成為許多健康宣傳活動的主題,但大多數人還是低估了社交生活對健康方面的影響。當研究人員請五百名英國和美國參與者評估霍特-倫斯塔德在其統合分析中涵蓋的各種健康行為的重要性時,社交融入和社交支持在公眾排名中幾乎墊底。這項研究發表於二〇一八年,距離這種關聯性首次被發現已經幾十年了,儘管有數百項研究顯示社交對健康提升的影響等同甚至超過其他生活方式因素,但公眾仍然對此認識不足㉟。

距離伯克曼和賽姆發現這個事實已經超過四十年了,應該是改變觀念的時候了。正如最近一項研究的作者所說的,**我們應該要明白「人際連結就是良藥」**㊱。建立和維持我們的社交關係,

正向人脈提升守則　38

就如同加入新的健身俱樂部、每天吃五份水果和蔬菜、或接種疫苗一樣重要。對於任何重視自己生命的人來說,這應該是優先要務。

### 辨識假朋友

正如營養需求必須根據個人的身材和體型來調整一樣,理想的社交生活方式也是因人而異。

一般來說,與心愛的人生活在一起的人,通常會比獨居者有更高的幸福感,而與朋友、親戚或同事每週見面一次的人,比每月很少與人面對面接觸的人更健康、更快樂㊲。除此之外,對於社交網路的最佳規模或社交互動頻率,並沒有適用於每個人的固定規範。

無論如何,人際關係的品質與數量一樣重要,越來越多人意識到,某些人際關係可能對我們有害而無益。

如欲了解這項研究的內容,請在你的社交網路中挑選幾個人,並以一分(完全沒有)到六分(非常)的評分等級回答以下問題。當你覺得需要建議、理解或幫助時:

- 你認識的這個人對你有多大的幫助?
- 你認識的這個人給你帶來多大的困擾?

39　第一章　社交具有療癒力

這個量表是由猶他大學（University of Utah）的茱莉安・霍特-倫斯塔德及其同事所開發的，他們也進行了一項大規模的文獻回顧，探討社交連結對健康的整體重要性，並利用這個評分將人際關係分為三大類別❸。

我希望你所認識的大多數人在第一個問題上得分很高，而在第二個問題上得到最低分，這些會是你的支持型社交關係。然而，對於某些人，你的答案會是完全相反的，他們通常對你造成傷害，幾乎沒有幫助，這些是純粹的反感關係：除非迫不得以（比如在商務會議或家庭聚會上），否則你會盡量避免與之互動。還有一些人在兩個問題上都得到一分，這些是你的冷淡關係，也許是一位鄰居，相處平淡的點頭之交，不好也不壞。

然而，有些你認識的人可能代表一種矛盾的關係，他們對你的幫助和傷害程度都被你評為四分。任何在這兩方面都得到兩分或以上的人，都可視為矛盾關係。我知道我至少認識幾個這樣的人：有位熟人，她會非常慷慨，但在感到嫉妒或受到威脅時，也會說話尖酸刻薄；還有以前一位同事，她幫助我度過許多工作危機，但偶爾會盜用我的創意點子，有時甚至不承認我的貢獻。我們通常稱這些人為「假朋友」，但他們也可能是父母或兄弟姐妹。這種矛盾可能表現在多種形式：可能是對你的生活不感興趣，而不是明顯的不尊重，或是普遍的不可靠，當你需要他們的支持時，卻常常不在身邊。你可能有個矛盾的配偶，今天對你「甜言蜜語」，但第二天又嚴厲批評你，讓你不確定他們的真實感受。

矛盾關係特別值得我們關注，因為對身體健康有獨特的影響。例如，霍特-倫斯塔德的團隊

正向人脈提升守則　40

讓一百零二位參與者連續三天戴著可攜式心血管監測器，在每次社交互動期間，參與者可以按下按鈕觸發一次讀數，在對話結束後，他們會記錄自己遇到的人、並根據上述標準對他們進行評分。這使研究人員能夠觀察到各類型的社交關係觸發不同的壓力反應。

正如你所預料的，相較於面對無條件給予支持的人，人在碰到矛盾關係時血壓更高。然而，令人驚訝的是，與碰到純粹令人反感的人相比之下，碰到矛盾關係也是會引起更強烈的反應。這種互動中的不確定性，比起和一個始終表現惡意的人見面更有壓力❸。

後續的研究證實了這種效應。霍特-倫斯塔德發現，光是知道有個矛盾關係正在隔壁房間完成其他任務，就足以使人血壓急遽上升❹。而只要想到真心支持的朋友或家人通常會使人們感到安心，只要一提到矛盾關係（例如在電腦螢幕上閃現）就可能引發壓力反應❺。

看來矛盾關係似乎使人陷入一種情緒困境，我們可能依賴他們的支持，努力地想取悅他們，但這種情感上的投入也意味著，矛盾關係人偶爾表現出的惡意行為會令我們感到特別痛苦。由於無法預測他們到底會展現哪一面，是善良的基爾博士（Dr Jekyll）還是邪惡殘酷的海德先生（Mr Hyde），這種不確定性只會加劇與他們見面時的壓力，在他們還沒開口之前，我們就感到焦慮不安。

如果這些矛盾關係在你生活中扮演重要的角色，長期造成的影響可能和缺乏人際關係一樣糟糕。經常與矛盾關係的人互動，可能會加重心臟負擔，並增加身體發炎的機會，如前文所述，這樣會使你面臨各種不同疾病的風險❻。

這些影響甚至可以在細胞老化的指標中看到。在染色體末端，有一些被稱為「端粒」（telomeres）的保護帽，防止DNA在細胞複製時受到損壞。隨著生活的壓力，端粒會逐漸磨損，當端粒變得太短時，細胞可能開始功能失常或死亡。端粒縮短被認為會增加罹患許多與老化相關的疾病風險，而我們的矛盾關係似乎會加速端粒的退化。如果你和某人住在一起，這個人經常讓你感覺像生活在刀口上，或是你經常見到的朋友讓你有這種感覺，那麼相較於其他同年齡的人，你的端粒更有可能縮短㊸。

矛盾關係在職場中可能很常見，如果這些人擁有權力地位，他們不可靠的支持和偶爾的刻薄行為可能會對員工的心理健康造成影響，增加罹患抑鬱症、焦慮、和精疲力竭的風險㊹。這種關係的矛盾本質代表沒有簡單的解決方案。如果你覺得他們在你生活中已經毒害太深，你可能會決定切斷聯繫，但如果他們是你的老闆或家人，或深深地融入在你的社交網路中，你也許無法這麼做，否則可能會危及你其他支持型的關係。

然而，光是意識到一段關係的矛盾性質或許能提供我一些保護。就我個人而言，我發現這項研究的知識，使我能做好心理準備應對自己的矛盾關係可能帶來的複雜情感，讓我能更專注於關係中的好處，對不愉快的方面感到同情。同時，當我覺得他們可能會增加我生活其他方面的壓力時，我會試著減少接觸。

同樣重要的是，這項研究促使我檢視自己的行為，確保自己不是別人的矛盾關係。不可避免地，我發現我確實是。我曾經忽視了別人的成功，沒有表現出足夠的興趣或喜悅；不夠尊重別人

的意見和經驗；總是等待對方先聯繫我，對他們的訊息也回覆得不夠快，也不夠熱情；或是忘記發送生日祝福。**這引出了我們的第一條正向人脈提升守則：對待他人要始終如一，避免成為一個給人造成壓力的「假朋友」。**

在後續章節中，我們將更深入了解這些行為，和其他可能削弱社交關係的因素、以及加強社交連結的方法。我們或許無法將每個矛盾關係轉化成正面的關係，但我們可以確保自己採取最支持的行動方式，而在許多情況下，這也將幫助我們激發他人的潛力。

＊　＊　＊

在我們繼續之前，你可能會想知道約西・金斯伯格後來的遭遇。他在亞馬遜的孤立經歷之後的數十年間，他繼續旅行，並在他的祖國以色列、美國、和玻利維亞（他的不幸遭遇發生地）從事多個慈善項目。

曾經一度否定「人類相互依賴」的觀點，如今他將人際互動置於個人生活哲學的核心位置，他寫道：「有了正確的心態，我們可以專注於將人連結在一起的相似之處，而非差異性，這種體認帶來了目標和責任感……我深信離群索居是一種幻覺，我們可以選擇不去培養」❹❺。

金斯伯格聲稱，在叢林中的困境是他第一次意識到自己多麼需要他人的陪伴❹❻。越來越多的科學文獻也證明人際互動對人的健康福祉帶來巨大的好處，我們或許都能從類似的醒悟中受益。

43　第一章　社交具有療癒力

## 你應該知道的關鍵訊息

- 社交連結是身心健康最重要的預測因素之一,可以緩解疼痛、減少發炎、降低血栓形成的風險。
- 即使是稍微想到親愛的人,若看到照片,也能減輕我們的驚慌反應,撫平令人不愉快的記憶。
- 社交連結越多的人越具創造力、有更多的專業發展機會,因而帶來更多的經濟保障。
- 人的社交網路規模和互動的頻率固然重要,但最重要的還是人際關係的品質,這些關係可能是提供支持的、令人反感的、或是充滿矛盾的。支持型的關係對人最有益,而矛盾關係是最有害的。

## 行動方針

- 嘗試辨識個人社交網路中的矛盾關係,思考這些人對你的感受和行為產生的影響。如果是矛盾的假朋友,不妨在會面結束後尋找紓壓的方法。
- 檢視自己是否曾對他人表現出矛盾的態度,並思考如何改變自己的行為,表達你對他們的重視程度。

正向人脈提升守則　　44

## 第二章

# 如何打造正向人脈？

共感體驗是建構一切有意義的社交連結的基礎，也是建立深厚和真誠關係的基本原則。

一九五〇年感恩節過後，十八歲的希薇亞·普拉斯（Sylvia Plath）回到史密斯學院時，感到與周圍的人格格不入。剛入學時，她曾興奮地寫信給母親，描述她與室友之間的美好情誼，並表示她從未體驗過這樣的友善。❶

然而，在假期回家探親過後，一想到要見到那些女孩及其「虛偽閒聊」，普拉斯就感到無比絕望。她感覺自己的內心充滿了回憶、夢想、和感官印象，而其他學生的內心世界被「虛假的笑

容」和「華而不實的歡樂」所掩蓋，彼此之間存在著幾乎無法逾越的鴻溝。她在日記中將自己的孤獨描述為「血液中的疾病」。

這種自我與他人之間的鴻溝能不能跨越呢？在那一刻，普拉斯顯得十分懷疑，她寫道：「生命就是孤獨，當你終於找到一個覺得可以傾訴靈魂的對象時，你會為自己所說的話感到震驚──那些話因為長久以來被關在自己狹小黑暗的內心深處，變得如此生疏、醜陋、毫無意義、且如此微弱」。❷

普拉斯的孤獨感與上一章所提到的魯莽背包客約西．金斯伯格的感受截然不同。他是身處在與世隔絕的環境中，而她則是生活在充滿許多學生的宿舍裡，這些學生至少表面上應該和她很相似。然而，正如許多人所感受的，光是有別人在身邊並不夠。當我們渴望陪伴時，會希望能夠真正被人理解；想知道別人正以和我們一樣的方式在思考、感受、和解讀這個世界。

## 共感體驗

心理學家將這種體驗稱為「共感體驗」，並指出這是建構一切有意義的社交連結的基礎❸，在最深刻的人際關係中，甚至可能感覺對方就像是我們自己的一部分──這種思維可以追溯到亞里士多德（Aristotle），他將友誼描述為「一個靈魂寄居在兩個身體中」❹。與身邊的人缺乏共感體驗感時（如同普拉斯感恩節後回到宿舍那晚一樣），我們就會感受到「存在孤立感」

正向人脈提升守則　46

（existential isolation）。

透過認識在大腦中形成和破壞共感體驗感的方式，我們會慢慢理解建立深厚和真誠關係的基本原則。這不僅啟發了我們的第二條正向人脈提升守則——與你認識的人彼此相互理解；忽略表面上的相似之處，而是關注你們的內心世界、以及雙方思想和情感契合的奇妙方式——這也是本書其餘章節許多課題的基礎。

## 物以類聚

民俗學家長期以來一直相信「物以類聚」這個觀點。然而，關於共感體驗的最新研究有一個非常具體的預測：即建立社交連結的關鍵在於分享內心狀態，包括思想、情感、和感知，而非僅限於背景或環境等表面的相似性。簡而言之，我們希望知道有人正在以和我們相同的方式體驗這個世界。

例如，想像一下，你在新進員工的就職培訓日上，發現了關於新同事的這些事實：

- 你們都對同一個笑話哈哈大笑
- 你們都為同一首歌而哭泣
- 你們都對同一件藝術作品感到驚歎

- 你們是同鄉
- 你們都曾就讀同一所大學

這些事實會如何影響你對這個人的看法？根據共感體驗的理論，前三項陳述應該會對我們的第一印象產生最大的影響，因為即時反映了我們的內心世界，而這正是心理研究所證實的：發現某人對某一事件（無論多麼微不足道）和我們有相同的反應時，我們對這個人的好感度將會立刻增加。其他與某人背景相關的事實（比如是否來自同一個故鄉），確實也有助於建立融洽關係，但影響力通常比不上了解對方內心的想法和感受。❺

其中一些最令人信服的證據來自佛蒙特大學（University of Vermont）的伊莉莎白·皮內爾（Elizabeth Pinel），她花了二十年的時間探索存在孤立感、及如何幫助人們擺脫這種經歷。在一項研究中，她請參與者玩一個名為 Imaginiff 的桌遊，他們要考慮各種荒謬的情景，例如：想像一下，如果珍妮佛·安妮斯頓（Jennifer Aniston）是一種工具，你認為她會是一個雞尾酒攪拌器、螺絲起子、大鐵鎚、還是腳趾甲剪？就如同共感體驗理論，皮內爾發現，人們對那些選擇與自己類似回答的人有更強烈的好感，而且隨後更願意與他們合作。

我們為什麼要在乎別人認為珍妮佛·安妮斯頓是螺絲刀還是腳趾甲剪呢？只有在我們相信這些答案可以揭示一些關於個人思維運作的訊息時，這個結果才有意義，如果有人的回答和我們一樣，表示他們正以與我們相同的方式理解世界。皮內爾將這種情況描述為「與我共享」

正向人脈提升守則　48

（I-sharing），因為揭示了雙方對世界主觀體驗的即時感受，也就是一種共同的「意識狀態」。在形成連結感方面，「與我共享」事實上比某些看似明顯的身份標誌更重要，例如參與者的性取向，這些身份標誌可能會激起圈內人或圈外人的偏見。皮內爾在性別、甚至種族方面也發現了類似的結果❻。

皮內爾最新的研究顯示，感知到親密的共感體驗可以跨越政治分歧。在二○二○年競爭激烈的美國總統大選前幾天，她要求四百一十七名支持川普（Donald Trump）或拜登（Joe Biden）不同年齡和背景的參與者，分別解讀一系列墨水渲染圖像，以下列舉一個範例：

在這個墨水渲染圖像中，你看到的是什麼？

A. 一個怪物
B. 一個小丑
C. 一個南瓜燈籠
D. 一個微笑

在參與者做出選擇後，被告知另一個人對墨水渲染圖像的感知選擇（其實是假

49　第二章　如何打造正向人脈？

的回饋）。接著，他們被要求評價對那個人的喜歡程度、感覺有多親近，以及想與對方成為朋友的意願。

在美國政治動盪的這段時間，川普和拜登的支持者自然對彼此都沒什麼好感；在其他條件不變的情況下，他們更喜歡與自己政治立場相同的人。然而，如果發現同組的夥伴對墨水渲染圖像有相同的解讀，他們就會對那個人有明顯的好感，無論彼此的政治信念有多麼不同❼。就像Imaginiff問題的答案一樣，墨水渲染圖像的解讀本身並沒有太大的意義，但發現自己的夥伴以相同方式看待這些圖像的事實，還是會讓參與者感覺彼此的心靈在某種程度上是契合的，因而產生了一種暫時的連結感。

平內爾如今已經多次驗證並擴展了這些研究結果。例如，她證明分享個人的內心狀態可以增加慷慨和信任程度，比方說，在實驗室的遊戲中，如果參與者感受到共感體驗感，就會更樂意分享更多可能獲得的獎金。如果知道某個人的想法和感受與我們相同，我們不僅會更喜歡這個人，也更有可能不計個人代價地幫助對方❽。

## 思想融合

共感體驗的創造可能幫助我們克服人類感知的脆弱性。在任何情況下，大腦接收到的訊息都是非常模糊的，對於所見所聞可以有多種解釋方式。在孤立情況下，我們無法確定自己對事件的

理解是否正確。然而，一旦知道有人也有著同樣的想法和感受時，就提供了必要的安慰，讓我們的經驗感覺更真實，對自己的判斷更有信心。知道別人以和我們相同的方式感知世界，也會使對方的行為更可預測，同時帶來更大的安全感。

平內爾發現，讓人們體驗到存在孤立感後，會使他們對共感體驗的跡象特別敏感。她請參與者閱讀以下指示並寫下自己的想法：「在人群中你可能感到比獨處時更孤單。請根據這句話，回想一下你曾經感到與身邊的人格格不入或非常孤立的情況」。接著，這些參與者被要求寫下自己曾經感到極度無聊時刻的人相比，這些參與者更容易受到他人內心世界訊息的影響。在經歷過那種深刻的孤獨感後，他們會積極尋求對個人想法和感受的情感認同❾。

每一段人際關係都是由成百上千個微小事件所構成的，這些事件能強化或是削弱人們的共感體驗感，也許你們在餐廳裡點了同一道菜、看到夕陽時同時不由自主地表現出喜悅、或是在同事或親戚出糗時都有幸災樂禍的感覺，也許你們有同時說出同樣的話、或是幫對方接完話的默契，這些事都會強化你們對彼此以相同方式體驗世界的感覺。

**兩個人不可能在所有事情上都意見一致，但一般來說，你們對彼此分享相同內心世界的感覺越強烈，與對方的連結就越緊密。** 德州農工大學（Texas A&M University）的心理學家邀請將近三百對情侶回答這個問題：「你和伴侶在共同經歷某些事情時，有多常感覺到相同的情緒反應？」參與者的回答準確地預測了他們認為伴侶了解自己「真實」自我的程度、及其對整體關係的滿意

如果你想知道你與朋友、同事和親戚有多少共感體驗，你也可以利用當時在哥倫比亞大學（Columbia University）的瑪雅・羅西尼亞克－米隆（Maya Rossignac-Milon）所設計的問卷。只要想想你生活中的某個人，然後按照一分（完全不同意）到七分（完全同意）的等級對以下陳述進行評分：

一、我們常常同時想到同一件事。
二、透過討論，我們經常達成一致的看法。
三、我們通常對事物有相同的想法和感受。
四、我們一起經歷某些事件時，這些事感覺更加真實。
五、相處久了，我們的思考方式變得越來越相似。
六、我們能預料到對方想說什麼。
七、當我們在一起時，我們對自己的看法會更有把握。
八、我們常常感覺已經創造了雙方的共感體驗。

這就是「普遍共感體驗量表」（SR-G, Generalised Shared Reality Scale），個別答案將被平均計算以得出最終分數。你的得分不一定反映你與對方在表面上的相似程度，抑或是你對他們的敬

正向人脈提升守則　52

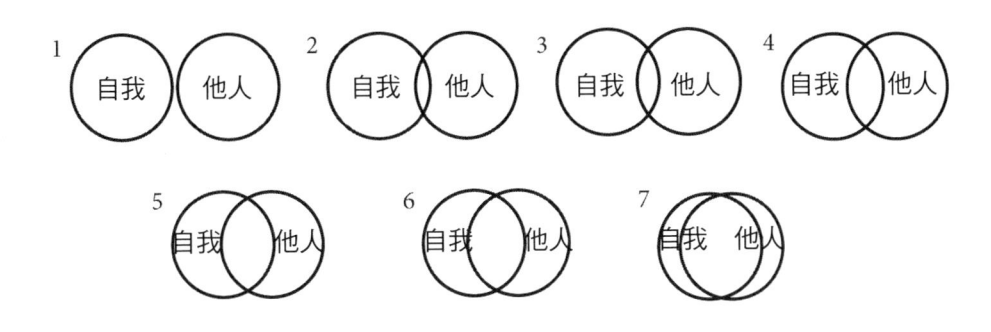

```
1  ○ ○    2  ◐◑    3  ◐◑    4  ◉◉
   自我 他人    自我 他人    自我 他人    自我 他人

5  ◉◉         6  ◉◉         7  ◉
   自我 他人      自我 他人      自我 他人
```

重程度，但幾乎肯定能夠揭示你的喜好程度和親近感，正如同羅西尼亞克－米隆及其同事在多項研究中所證明的❶。

在他們的第一個實驗中，研究團隊聚集了六百多名平均已經維持九年的異性戀或同性戀伴侶，並請他們填寫關於關係品質的詳細問卷。大多數人的SRG分數大約在五分左右，但存在很大的差異，有些人接近一分，而有些人則得到完美的七分。正如所預期的，羅西尼亞克－米隆發現，SRG分數越高，彼此之間的信任、承諾和滿意度也越高。

為了擴大樣本數，羅西尼亞克－米隆接下來額外招募了五百四十五名參與者，請他們每天記錄與生活中一位重要人物的互動，可能是戀人、朋友、室友、父母、或是兄弟姊妹。這些日誌包括「普遍共感體驗量表」和「自我與他人關係量表」（Inclusion-of-Other-in-Self），後者是一項簡單的測試，要求參與者選擇以下哪張圖片最能夠代表他們對對方的感受❷。

他們對所選對象的共感體驗感越強，就越有可能選擇大幅重疊的圓圈來代表這段關係。值得注意的是，對於這個明確的問題：「你是否曾經感覺你和伴侶在某種程度上已達到心靈相通了

53　第二章　如何打造正向人脈？

呢？」SR-G得分平均為六或七分的人，也比得分較低的人更有可能給出肯定的答案。

為了進一步證實這一點，羅西尼亞克－米隆試圖擾亂人們的共感體驗感，以觀察他們的反應。為此，她邀請伴侶們進入實驗室，請他們參與一系列的感官測試，例如評估天鵝絨的光滑度、或荔枝軟糖的甜度和嚼勁。在參與者給出答案之後會被告知，電腦演算法分析了伴侶雙方的資料，衡量他們在感官世界體驗中的重疊程度。這些回饋結果是假的（刻意設計成暗示伴侶雙方在感知上存在很大的差異），但參與者完全相信被告知的內容。

作為一個局外人，你可能不覺得對軟糖甜度的微小意見分歧是什麼嚴重的事，就像Imaginiff的問題一樣，這樣的細節在整個大局中似乎並不重要。然而，許多參與者（尤其是一開始在普遍共感體驗量表測試中得分較高的那些人）似乎對彼此的共感體驗感出現微小的裂縫感到困擾，會積極嘗試修復這種感覺。例如，在隨後的對話中，他們會更努力地確認彼此的觀點，並開始談論共同回憶和內部笑話。他們對感官體驗的差異似乎被解讀為兩人關係受到威脅的警訊，因此會積極努力使彼此的思想重新回歸一致。一旦你與某人建立了共感體驗感，似乎就不希望失去。

共感體驗感可能會在多次會面中逐漸增強，但正如平內爾所證明的，這種子可以在最簡單的互動中播下。為了測試我們如何與陌生人建立共感體驗感，羅西尼亞克－米隆將兩百多名以前互不相識的參與者進行配對，要求他們在即時通訊平台上交流，他們的任務是討論那些描繪糊事件的圖片，例如兩個男人在酒吧裡交談的鉛筆素描，他們在談論什麼？而這一幕又會如何發展？經過十二分鐘短暫對話之後，參與者被要求離開聊天室，並利用包含SR-G在內的改編問

卷來評估他們對對方的感受。

儘管他們相處的時間非常短，但許多參與者已經開始建立共感體驗感。他們在 SR-G 量表上得分越高，就越有可能報告在對話中有「一拍即合」的感覺、實驗結束後繼續討論的意願也越高。這種共感體驗感的形成也明顯反映在他們的外在行為上。SR-G 得分較高的配對更有可能同時說出相同的話，互相補充在對話中的想法，對圖片的解釋也趨於一致。從對話內容的流暢度可以看出，他們彷彿都在同一個意識流中。⓭

## 腦波同步

羅西尼亞克－米隆對共感體驗和模糊界限的研究讓我想起了米歇爾·德·蒙田（Michel de Montaigne）的《論友誼》（On Friendship）一文，這是一篇對於人際連結意義的沉思，也是對詩人艾蒂安·德·拉博埃西（Étienne de La Boétie）的一首美麗輓歌。這兩個男人在一次宴會上偶然相遇，彼此之間立即建立了密切的聯繫，這段友誼持續了六年，直到拉博埃西三十二歲時不幸英年早逝。

蒙田描述他們的關係幾乎是一種心靈契合狀態，他寫道：「他的一舉一動，無論是什麼，我都能立即察覺其動機，我們的靈魂如此緊密地連結在一起，以如此熾熱的情感相互注視，彼此內心深處的感受表露無遺，我不僅明白他的心思，如同了解自己一般，我也全心全意信任他，更勝

55　第二章　如何打造正向人脈？

蒙田描繪了一種理想化的友誼，但羅西尼亞克－米隆的研究顯示，思想和情感上的一致是許多人際關係的核心。透過先進的神經影像技術，我們甚至可以觀察到兩個活體大腦中的思維融合。當人們建立某種連結時，他們會對相同事件表現出非常相似的神經反應，這種共鳴被稱為「腦波同步」，是彼此共感體驗的基礎。

這個過程其中一個最佳示範來自於加州大學洛杉磯分校的卡洛琳‧帕金森（Carolyn Parkinson）和新罕布夏州達特茅斯學院（Dartmouth College, NH）的同事。研究人員首先招募了兩百七十九名來自同一門導力課程的研究生，詢問他們與同學的關係，比方說，他們最有可能跟誰一起去吃午餐、喝酒、或去看電影。

根據這些資料，研究團隊能夠繪製出一個社交網路圖，估計人際關係性質，無論是密切還是疏遠的。大約三個月後，研究人員邀請一部分學生進入實驗室，讓他們在功能性磁振造影（fMRI）腦部掃描儀中觀看一系列影片，包括令人敬畏的太空人眺望地球的壯觀景象、關於食品工業的紀錄片片段、喜劇演員嘗試即興創作的尷尬片段，和一段感人至深的音樂影片。

由於 fMRI 掃描儀的限制，研究人員只能逐一記錄每位受試者的大腦活動；他們在觀看影片時，無法與朋友或熟人進行交流。即便如此，研究人員發現，有些受試者對每個片段表現出的神經反應極其相似，而其他人則顯示較少的重疊。例如，兩個人的杏仁核（amygdalae）可能在看

於信任自己[14]。他在其他地方也聲稱：「在我說的這段友誼中，靈魂完全交織融合，以至於抹去了彼此之間的分際」[15]。

正向人脈提升守則　56

到同一場景時開始亮起。大腦的這個區域和情緒處理有關,如果兩個人的杏仁核顯示出非常相似的活動模式,這就代表他們對情緒內容的解讀方式非常相似。

帕金森發現,參與者之間神經活動的重疊程度可以預測他們在社交網路中的相對位置。兩位參與者的大腦反應越相似,彼此關係就越親近。正如共感體驗理論所預測的,親近的朋友似乎會注意到電影中同樣的元素,並以相同的方式解讀內容,這一點反映在他們腦電波的自發性波動中。帕金森的團隊總結道:「我們對周遭世界的感知和反應與朋友極為相似」❶。

我們可以猜測,如果參與者同時一起觀看這些影片,神經共振效應可能會更強烈,例如,一個人對某段喜劇的笑聲可能會促使另一人覺得這影片更有趣、或他們的眼淚可能會加深朋友的悲傷情緒,引發更大的同步效應。像帕金森團隊這樣利用大型笨重的 fMRI 掃描儀進行即時互動的實驗,一般難以實現,但研究人員可以用腦波帽來檢測下層神經區域的電場。雖然與更詳細精確的 fMRI 相比,這種大腦活動的測量方式相對粗糙,但腦波帽的便攜性使研究人員能夠即時觀察思想融合的過程。

這些實驗證實,社交連結較強的人,在互動過程中大腦活動的同步性更高——無論是愛侶、父母與子女,還是兩個初次見面的陌生人,大部分的同步性發生在預設模式網路(DMN,default mode network),其中包括負責情感、自傳式記憶、一般知識、和未來規畫的區域。預設模式網路被認為是負責將外界訊息與我們現有的記憶和世界運作的認知模式整合在一起,使我們能夠理解當前的情況、並決定如何適當地回應。因此,預設模式網路中的類似反應會造成對事件

57　第二章　如何打造正向人脈?

有非常相似的解讀，也就不足為奇了[17]。

大腦同步是建立共感體驗和社交連結的基礎，這點目前已經在多種不同的情境中得到了驗證[18]。有趣的是，眼神接觸似乎能觸發大腦同步作用，這或許可以解釋為什麼這對於良好的溝通如此重要。當人們目光交會時，就好像吸收了代表彼此內心狀態的微妙情緒線索，我們的大腦開始相互反映[19]，就某種意義來說，眼睛真的是「靈魂之窗」。

除了幫助建立融洽和親近感之外，腦波同步在我們與他人合作時也能帶來很大的好處。當我們關注同樣的事物並以相同的方式處理，這種共享的神經活動應該會使我們更容易協調彼此的行動，使溝通更加順暢[20]。這在從事體力或創造性任務時非常重要，或許代表你能夠不必等合作夥伴開口，就準確地遞給他們所需的工具，或是讓你能夠快速理解對方的想法，而不需要他們詳細解釋其思維過程。

共感體驗的建立應該也有助於確保人們提供必要的情感支持。這對人的健康福祉有重要影響，研究顯示，感受到他人的理解（同時也能理解他人）是本書第一章探討的人際互動與健康關聯的基礎[21]。我們與某人建立的共感體驗感越強烈，我們的表現就會越好，正因如此，我們需要關注彼此之間思想和情感的共同點，這也正是本書的第二條正向人脈提升守則[22]。

正向人脈提升守則　58

# 用集體亢奮打造團隊歸屬感

共感體驗對於合作和協作的重要性可能如此之大，以至於人類進化出特定行為來促進其形成㉓。這個理論的起源可以追溯到十九世紀末和二十世紀初的社會科學先驅艾彌爾・杜爾凱姆（Émile Durkheim）的研究，他指出許多儀式都涉及大量群眾的同步行動，集體吟詠、擊鼓、唱歌和跳舞就是最明顯的例子，而即使是被動的觀看行為也能觸發人們的情感共鳴：想像一下群眾觀看火行者走過炙熱煤炭時發出的集體驚歎和歡呼聲。杜爾凱姆認為這些共享經驗有助於強化社會凝聚力，將此現象稱之為「集體亢奮」（collective effervescence）㉔。

理論上，任何能使人的生理和心理狀態保持一致的事物，都應該有助於促進共感體驗的感覺，至少暫時地模糊了自我和他人之間的界限㉕，甚至像是簡單的動作同步也能實現。史丹佛大學（Stanford University）的史考特・維爾特穆斯（Scott Wiltermuth）和奇普・希斯（Chip Heath）透過實驗測試了這個想法。在一項研究中，他們將參與者分成三人一組，要求他們在校園裡走一圈，有些可以隨意行走，而另一些人則被要求步伐同步。回到實驗室後，再請參與者針對自己與新同伴的連結感和信任度，以一分（完全不信任）到七分（非常信任）的等級進行評分。對於那些確保步伐節奏始終一致的參與者，評分顯著高於其他小組。這種更高的信任感也反映在實驗室中所進行的一個小額金錢遊戲中的合作行為上。在同步行走之後，他們更有可能分享獎品，而不是做出可能讓同伴吃虧的自私選擇。

維爾特穆斯和希斯針對這個想法進行第二次測試，要求參與者跟著唱加拿大國歌（對於生活在美國的這群學生來說，這似乎是很奇怪的選擇，但其實是刻意這麼做的，正是因為這不太可能引起參與者強烈的好感）。結果再次顯示，共同的唱歌行動引發了更強烈的親近感和更多信任行為㉖。

這些效應已多次在不同情境下和各類群體中經實驗證實，研究結果顯示，即使是微妙的節奏運動，例如手臂彎曲、指尖敲擊、或是在搖椅上搖擺、以及完整的唱歌和跳舞，都足以增加夥伴之間的好感、同情、和合作程度。參與者被允許交談時，通常會記得對方提供的更多訊息，而且從他們對羅西尼亞克－米隆測量共感體驗感的「自我與他人關係量表」的回答中，也可以看出增加的親近感。**很多時候，只需要幾分鐘的共同活動就能帶來更強的連結感**㉗。

根據這些研究發現，許多進化心理學家認為，節奏感的歌唱和舞蹈的演化是為了增強社會凝聚力；這些是早期人類群體的「社會黏合劑」的一部分，最終促成了我們所知的社會發展所必需的卓越合作和協調行為㉘。認為文明是在鼓聲的節拍中建立起來的，這是個美妙的想法。

## 擴展自我，成為更好的自己

在歌手帕蒂·史密斯（Patti Smith）的回憶錄《時光列車》（*M Train*）中，我非常喜歡有一段關於共感體驗的描述。她回憶自己早期與一九九四年去世的吉他手弗雷德·史密斯（Fred

正向人脈提升守則　60

Smith）的關係，她有時開玩笑說，她只是為了不必改姓才嫁給史密斯的，然而，他們共同創作、建立家園、在美國巡迴旅行、和養育子女，實在很難想像有任何比這更深刻的連結感。在彼此的支持下，他們取得的成就遠遠超出了獨自一人所能實現的。她寫道：「在他去世多年後回想起來，我們的生活方式似乎是個奇蹟，只有透過珍貴的心靈融合和默契同步才能實現的奇蹟」㉙。

我非常喜歡這段描述，不僅是因為措辭優美地描繪了帕蒂與弗雷德的共感體驗，更因為它捕捉到了**在最有意義的人際關係中「自我擴展」的重要性：能夠開拓並提升我們對自我的認知，使我們成為更好的自己**。夫妻檔研究人員亞瑟和伊蓮・亞倫（Arthur and Elaine Aron）一直致力於自我擴展的研究。他們指出，拓展個人能力和資源是人類的基本動機之一，而最成功的人際關係（無論是友誼還是浪漫愛情）都可以幫助每個人實現此一目標。

亞倫夫婦如今已經累積了大量證據來支持這個假設。例如，他們在一學期內追蹤數百名學生，要求他們報告自己的戀愛狀況，並盡可能多用形容詞來回答一個開放式問題「今天你是怎麼樣的人？」。正如所預期的，許多學生都會在這段時間開始談戀愛，墜入愛河的時候，他們會開始在描述中運用更多的形容詞和名詞：隨著伴侶幫助他們發現自己的新面貌，他們的自我概念確實有所擴展。

人際關係（無論是友誼還是浪漫愛情）會透過多種方式促進自我擴展。一旦我們開始與某人建立共感體驗感，並確定我們對世界的基本理解是相同的，我們會開始將對方的某些特質融入到自己身上，我們可能會發現，最初的一些差異成為學習和成長的機會。比方說，我在大學唸數學

系的重要性增加了。當我和一位環保主義者成為朋友時，我也開始更加關心自然環境，因為我看到這對他的重要性。

自我擴展也可能來自於相互鼓勵去追求個人目標。在朋友或伴侶溫和地鼓勵之前，我們或許沒有足夠勇氣去追求個人夢想。我們對他人成功的自豪感也能增強自我擴展的感覺。最後，我們可能與朋友或伴侶一起參加新的活動，像是去嘗試新鮮的美食、一起參加藝術課程、或是結伴去異國旅行等，這些活動對雙方來說，都可以達到自我擴展。經常一起參加新活動的伴侶，往往對關係的滿意度更高，在「自我與他人關係量表」的得分也更高，代表個人和伴侶之間的圓圈重疊度更大。在這些情況下，共同成長可以積極促進伴侶之間共感體驗的建立和維護。

無論是如何產生的，自我擴展的感覺都是各類型關係親密感和滿意度最好的預測指標之一㉚。我們希望與對方能夠相互理解，同時成為彼此成長歷程的一部分。

## 建立人際連結

對於共感體驗和自我擴展的這種新理解，為建立更好的人際關係提供了一些立即可行的建議。第一個啟示是，我們應該對新認識的人抱持更開放的心態，因為我們對於會不會喜歡一個人的預測往往是嚴重錯誤的。

例如，加州大學戴維斯分校的保羅・伊斯特威克（Paul Eastwick）要求參與者描述個人理想伴侶的三個最重要的特質。一週後，他將參與者配對、並安排了速配約會。正如你可能預料的，人們通常對自己的理想約會對象有很明確的想法。然而，無論對方是否符合這些標準，幾乎沒有影響到他們的浪漫情愫。事實上，伊斯特威克發現，對於符合自己理想標準的人，和具備三個完全不同特質的陌生人，參與者對對方可能產生的浪漫吸引力並沒有顯著差異，就好比他們去一家餐廳吃飯，點了一道特定的菜，然後將食物與隔壁桌的人交換：他們同樣有可能喜歡隨機交換的料理，和原先自己點的並沒有差別㉛。

這種行為模式不僅限於約會或性吸引力；對於友誼關係，人們的預測同樣是不準確的㉜。我們自然會尋找符合某些標準的人，會根據社會背景、教育、和職業等因素對他人做出各種假設。然而，共感體驗的建立取決於特定的想法和感受；這一切關乎某人的思想特質、和這些特質是否與我們自己的相似，而這很難事先預測。要確定某人是否與我們有相同的世界體驗，必須給他們一個展現自己的機會，而我們本身也要願意分享自己的想法和感受㉝。

一般來說，對於與人連結的可能性抱持更樂觀期待的人，更有可能忽略表面上的差異，並等待是否感受到連結的火花。他們通常會有更多樣化的人際關係，而那些抱持固定假設的人，往往有更有限的社交圈㉞。我們對於社交連結的信念可能成為自我實現的預言。

※ ※ ※

共感體驗研究的第二項啟示是關於我們與他人互動的時間、地點、和方式。我們之前看到，促進共同生理或情感反應的活動（如唱歌和跳舞），長期以來一直被用來促進大型群眾的凝聚力，我們也可以利用這一點來達到個人的好處。

至少，這項研究讓我們更有理由去安排與同事一起參加卡拉OK之夜、或找朋友去俱樂部（我發現有趣的是，在史密斯學院第一學期時所寫的家書中，普拉斯提到說，有一天晚上在鋼琴旁唱歌，她與室友之間感受到最強烈的友誼：共同活動驅散了她在其他夜晚感受到的存在孤立感）。

與幼兒一起生活或從事幼教工作的人可能會很有興趣知道，唱歌和跳舞甚至可以激勵最年幼的孩子合作。例如，十四個月大的嬰兒一起跟隨著披頭四樂團的《搖擺與嘶吼》（Twist and Shout）樂器版的節奏彈跳後，更願意幫助成年實驗者，更有可能遞給科學家所需要的記號筆、或是撿起研究人員「不小心」掉在地板上的衣夾㉟。

行為同步的好處甚至可以應用到職場上。最近，一家德國出版社發起了一項為期九週的員工運動計畫，溫和地鼓勵團隊進行協調動作。問卷調查顯示，參與該計畫的員工感覺與同事之間更親近，辦公室生活中無可避免的煩躁感也減少了。也許是因為壓力減輕，他們請病假的時間也減少了㊱。

如果在公眾場合唱歌跳舞不是你的風格，請不要絕望，還有許多活動也能幫助人在身體和情感上產生共鳴，引發基本的社交連結感。**任何能夠讓你與另一個人同時將注意力集中在同一件事**

上、並引起同樣本能反應的活動，都有助於加強彼此的連結。例如，喜劇會引發同步笑聲，也會是建立共感體驗的有效手段——前提是找到一些能吸引雙方幽默感的笑話，確保你們都能欣賞相同的笑點（坐在某人旁邊沉默不語，而對方卻對表演哈哈大笑，是不太可能建立連結的）。情緒高低的同步也能說明為什麼體育迷認為體育賽事是如此強烈的連結經驗。如果你們都支持同一個球隊，比賽時的緊張和激動會重新調整你們的內心狀態，使你們在活動結束時感覺更親近㊲。

即使是身體的痛苦經驗也可能達到這個效果。某些入會儀式可能就是這樣運作的：知道周圍的人正在經歷我們當時的感受時，這種痛苦就是共同的現實，我們對對方的喜歡和信任感也會因此增加。這種體驗不一定是極端的，對於比較不習慣辛辣食物的人來說，吃下讓人不舒服的辣菜可以達到這種效果。有一項研究發現，一起吃辣椒的陌生人通常比一起吃糖果的人顯示出更強的社交連結㊳，這也許可以解釋為什麼某些料理，例如在中國很有名、在西方也越來越受歡迎的四川火鍋，常被用作聚會共享經驗，讓我們暫時團結起來的，不僅是食物的美味和複雜的風味，還有辛辣香料帶來的共同不適感。

另一種方式是尋找能夠帶來成長和自我擴展感覺的活動，可能是觀星、寫生素描、或參加超級馬拉松比賽；怎麼選擇完全取決於個人的興趣，但理想情況下，你應該尋找一些兩人都沒有嘗試過的新鮮事物。多項研究顯示，一起從事具有挑戰性活動的人，通常比那些更被動共度時光的人感覺更親近、也更投入㊴。

無論你選擇哪種策略，都應該密切關注伴侶的反應，如果你也有同樣的想法和感受，應該表

達出來以示認同。你或許會對彼此的體驗如此相似感到驚訝，而這種情感認同將會增進彼此的親近感。

在一九三七年的一篇日記中，作家安娜伊絲·尼恩（Anaïs Nin）思索她與秘魯的活動家貢薩洛·莫雷（Gonzalo Moré）的關係，正是他喚醒了她的政治敏感性，她寫道：「與貢薩洛在一起，我重新發現了我的西班牙世界、我的西班牙血統、溫暖和個人投入，對經歷即時且熱烈的回應、火焰、狂熱、熱情、信念、全力以赴的決心、完整性、和關懷。每一個朋友在我們內心都代表著一個世界，這個世界可能在認識他們之前尚未成形，只有透過這種相遇，一個新世界才得以誕生」❹。

心理學家將這些世界稱為人們的共感體驗，正如尼恩所暗示的，我們可以與不同的人建立不同的共感體驗，每一個人都會激發出我們內在的不同特質。希薇亞·普拉斯、米歇爾·德·蒙田、和帕蒂·史密斯的作品，都說明了與他人是否建立起共感體驗如何地影響人際關係的緊密或疏離。

我們已經找到了一些建立共感體驗的不同策略，但作為指導原則，我們的第二條正向人脈提升守則可以總結如下：**與你認識的人建立相互理解，忽略表面上的相似之處，而是專注於你們的內心世界、以及彼此的思想和感受契合的奇妙之處**。在後續章節中，我們將進一步探討如何透過對話來維持和增強共感體驗，並學習如何修復小分歧所造成的小裂縫、和重大分歧所引起的嚴重裂縫。我們將從第三章開始探討「性格迷思」。由於害羞，你可能覺得自己根本無法突破障礙與

正向人脈提升守則　66

他人達成共同的理解。這種恐懼感是很普遍的，但這也是讓我們忽視連結機會的迷思。生活並不像青少年時期的普拉斯所說的那麼孤獨；生活其實充滿了豐富的可能性，可以發展有意義的人際關係，只要我們知道如何尋找。

## 你應該知道的關鍵訊息

- 共感體驗是指有人以和你相同的方式體驗世界的感覺。即使來自非常不同的背景，你們的思想和情感在某種程度上是一致的，而且是同步發生的。
- 兩個人的共感體驗感可以預測彼此之間的即時默契、以及長期的親近感和關係的承諾。
- 共感體驗反映在「腦波同步」中，也就是兩個人的神經活動開始對同一件事情產生相同的反應。
- 當共感體驗與自我擴展的感覺相結合時，雙方關係會變得更加牢固，因為彼此都在幫助對方成長。

第二章　如何打造正向人脈？

### 行動方針

- 利用52－53頁的普遍共感體驗量表評估你自己和幾個熟人之間的共感體驗感，這樣或許能幫助你找出需要更努力培養默契的情況。

- 想想自己是否有努力去肯定周遭人的想法和感受。例如，當你同意某人的觀點時，你會明確表示，還是傾向保持沉默？這些小舉動可能看似微不足道，卻可以突顯出彼此大腦正在同步運作的事實。

- 如果你希望與某人建立更深刻的情感連結，不妨考慮參加有助於建立共感體驗感的活動，包括音樂、舞蹈、或喜劇表演，透過動作或笑聲使彼此的情感和生理反應同步。

- 考慮與你深愛的人一起接受新的挑戰，以激發你們自我擴展的感覺。

正向人脈提升守則　68

第三章

# 你不是內向，你只是練習不夠

最新研究表明，無論是內向者還是外向者，都可以從更頻繁地訓練個人社交能力中受益。

珍‧奧斯汀（Jane Austen）的《傲慢與偏見》（Pride and Prejudice）書中的達西先生（Mr Darcy）以其出眾的外貌、傲慢和冷漠而聞名，但他的行為是否反映了普遍存在的社交障礙？在小說的中段，達西和伊莉莎白‧班奈特（Elizabeth Bennet）有一段關於社交技能本質的生動對話。伊莉莎白坐在鋼琴前彈奏，同時戲謔地調侃達西在社交聚會中顯得過於矜持和冷漠，他並沒有否認這項指控，但表示自己只是「不善於向陌生人展現自己」，他說：「我確實不像有些人那

## 第一印象

讓我們從一個哲學實驗開始，該實驗證明了人們多麼渴望建立連結、化解社交互動中的尷尬局面。這個研究的靈感來自於艾德蒙・羅斯坦德（Edmond Rostand）在十九世紀末首次演出的劇作《大鼻子情聖》（Cyrano de Bergerac）。在第二幕結尾，英俊但愚笨的克里斯汀（Christian）請求他的詩人朋友西哈諾（Cyrano）幫助他追求美麗的羅珊娜（Roxane）。西哈諾也暗戀著羅珊

娜，具有和陌生人輕鬆交談的天賦，我無法捉摸他們的談話語氣、或表現出對他們討論之事感興趣」。伊莉莎白諷刺地回答說道，「我手指彈奏鋼琴的方式，也不像我看到的許多女士那樣嫻熟，缺少同樣的力道或速度，情感表達也不同，但我始終認為這是我的問題，因為自己不願意下功夫練習，我不認為我的手指比其他女性的差、演奏不出超凡的技藝」。

多項研究顯示，達西的觀點如今是許多人普遍認同的。他們認為自己沒有足夠的社交能力認識新朋友，會讓大家的對話變得很尷尬又不自在，因此認為最好還是不要去嘗試。

在本章，我想向你證明為什麼伊莉莎白的看法是對的：就像學習彈奏樂器一樣，結交新朋友的過程會隨著練習而變得更容易。即使最初的嘗試有些笨拙，但付出的努力最終會得到回報。與他人建立共感體驗比你想像得更加愉快，你也會因此感到與人更緊密的連結，進而為個人健康福祉帶來各種好處，就算以後不會再見到那個人，這種練習也會增強你對自己社交技能的信心。

娜，但他覺得自己其貌不揚，沒有機會，因此同意為克里斯汀代筆寫出幽默機智的對話，以贏得她的芳心。在該劇最著名的一場戲中，羅珊娜站在陽台上，而克里斯汀在下方表達他的愛意，羅珊娜並不知道其實是西哈諾在克里斯汀耳邊低聲訴說著那些情話。

二〇一〇年代中期，倫敦政經學院（London School of Economics）的凱文・柯帝（Kevin Corri）和亞歷克斯・吉爾斯比（Alex Gillespie）決定重現羅斯坦德劇作的基本情節，但他們用了人工智慧聊天機器人取代西哈諾這位風趣的詩人，透過耳機給演員提供台詞，讓演員與實驗參與者聊天互動，這些參與者完全不知道這項實驗的安排，在交談結束後，隨即被詢問互動的情況。

人工智慧在過去的十年中取得了巨大的進步，但在二〇一〇年代中期，仍然非常笨拙，對話中充滿了不合邏輯的內容和奇怪的用語。然而，令人驚訝的是，大多數參與者在對話出現意外轉折時，都很努力地去建立共識和修復對話❶。

我在二〇一五年第一次接觸到這些「聊天機器人」（echoborg）的實驗，在寫那篇文章的研究過程中，我甚至自己也被這個實驗騙了。我進入實驗室時，一位名叫蘇菲亞・班-阿舒爾（Sophia Ben-Achour）的學生來接待我，在吉爾斯比和柯帝進入實驗室之前，她略顯生硬地和我開聊了一下。後來，我才知道其實是聊天機器人一直在透過蘇菲亞說話，和實驗中的許多參與者一樣，我也上當了，而且我對對話中出現的一些奇怪轉折也很寬容。對我個人的社交焦慮來說，我發現這是一種奇特的鼓舞，如果人們對一個笨拙的聊天機器人（甚至誤以為是真人）都能如此寬容，當然也會願意忽視我偶爾的失言，不是嗎？

71　第三章　你不是內向，你只是練習不夠

我並不知道其他社會心理學實驗室同時進行的相關研究也開始證明了這一點。在一項引人注目的研究中，芝加哥大學（University of Chicago）的尼可拉斯・艾普利（Nicholas Epley）和朱莉安娜・施羅德（Juliana Schroeder）招募了約一百名從當地霍姆伍德村（Homewood）出發的火車通勤者，這些人被分為三組，每組需要遵循不同的指示。被分配到「建立連結組」的人會收到以下的指令：「今天請在火車上找一位陌生人交談，試著建立關係，了解對方一些有趣的事，並分享一些關於自己的事。對話時間越長越好，目標是在今天上午試著了解你的社區鄰居」。第二組被告知「保持獨處，享受孤獨⋯⋯利用這段時間獨自沉思，目標是專注於自己和今天的事務」。第三組被要求像平常一樣行事──這樣的對比讓艾普利和施羅德能夠控制可能因打破日常慣例、嘗試新事物而產生的任何變化。

通勤結束後，參與者被要求填寫一份問卷，以了解他們即時的想法和感受。在「建立連結組」的人當中，沒有任何參與者報告說發生負面互動的情況，這代表真正的敵意反應極為罕見。事實上，這些對話都是令人愉快的，他們在旅程結束時感覺要積極得多，更勝於那些被要求享受獨處的人、或按照平時通勤習慣沒有任何明顯行為改變的人。這些體驗與參與者對不同通勤方式的預測形成了鮮明對比；事前他們被要求想像不同情景時，大多數人都希望享受額外的「獨處時間」，而不要有他人陪伴、以免增加一天的壓力。為了確認這個結果，艾普利和施羅德重複實施這項實驗，這次是找參與者坐公車前往實驗室，他們發現了相同的反應：事前，人們對於與陌生人建立關係的機會持悲觀態度，但實際體驗卻比他們原先預期的要愉快得多❷。

在艾普利和施羅德發表他們的研究結果之後，一些批評者質疑英國人是否也同樣樂於接受這樣的接觸，尤其是向來以保守和不友善聞名的倫敦人（特別是在地鐵擁擠的環境中）。然而，當這些研究人員實驗鼓勵英國乘客與人建立連結，對話再次被證明比原先預期的更愉快。所謂的英美文化差異並沒有減弱這種效果。一個主要的障礙是感受對方的意願：參與者不確定別的通勤者是否想要聊天，覺得他們試圖搭訕會令人討厭，但這種情況很少發生❸。

這種現象絕對不是只存在於公共交通這個特殊情境。在英屬哥倫比亞大學（University of British Columbia）研究期間，吉莉安・桑德斯特羅姆（Gillian Sandstrom）和伊莉莎白・鄧恩（Elizabeth Dunn）在星巴克咖啡店前進行一項實驗，他們請顧客與咖啡師友善地閒聊幾句，相較於那些快速點完咖啡就走人的顧客，這種小小的互動能暫時提振顧客的心情❹。

桑德斯特羅姆後來在一系列總共兩千三百多人參與的實驗中一再看到同樣的結果，志願參與的人包括實驗室的學生、參加個人發展課程的人、和一般大眾。這些三千預措施包括從單次對話、到為期一週與多個陌生人建立更多連結的任務等。在各情況中，人們對於社交連結的恐懼被證明是「過度誇大了」，而這些對話（無論是短暫的還是長時間的）結果都比預期更令人滿意❺。

## 好感差距

如果想要充分發揮社交潛力，我們還必須消除社交互動後出現的焦慮感。即使經過了非常愉

73　第三章　你不是內向，你只是練習不夠

快的對話，許多人會發現懷疑的烏雲仍持續籠罩在社交互動的餘韻中，無論我們覺得這次互動多麼愉快，還是會不由自主地擔心對方對自己的看法。就算彼此成功建立了共感體驗，這些疑慮也可能削弱相互理解的感覺，阻礙我們建立更深層的連結。

這就是我在導論中提到的「好感差距」。你可能還記得，好感差距的概念來自艾莉卡·布斯比和古斯·庫尼，他們請參與者在各種不同的情境下交談，然後詢問他們對彼此的喜歡程度，一般人在結束對話後，常常認為他們剛認識的人對自己的喜歡程度，遠低於他們對對方的喜歡程度，反之亦然。這是一個持續存在的鴻溝，代表我們對自己留給別人的印象和未來形成友誼的機會過於悲觀。

如果好感差距在第二次見面時就消失了，那就不會是太嚴重的問題，然而，這種對社交連結強度的懷疑，可能在剛認識後持續存在好幾個星期、甚至幾個月。例如，布斯比和庫尼的一項研究調查了耶魯大學一百零二位室友的印象，他們在九月（初次見面時）發放了問卷，隨後在十月、十二月、二月和五月進行了後續調查。參與者被要求針對以下問題根據一分（完全不）到七分（非常）的等級進行評分：

- 你是否有興趣與他們成為更好的朋友？
- 你是否有興趣進一步了解他們？
- 你有多喜歡你的室友？

- 你是否有興趣多花點時間和他們相處？

接下來，他們回答了一組同樣主題的問題，但角色互換，他們必須猜測室友對他們的喜歡程度、是否希望多花點時間和他們相處、想不想進一步了解他們、以及有多希望成為好朋友。

在剛認識的時候，大多數人都低估了室友對這些問題回應的熱情，再次印證了「好感差距」的現象，而這些疑慮消退得極為緩慢。事實上，直到五月（在他們初次見面八個月後），他們才不再低估室友對自己的欣賞程度❻。

「好感差距」可能是職場中疏離感和士氣低落問題的根源。布斯比和庫尼招募了一組工程師團隊，詢問每個人與其他團隊成員的關係。他們發現，即使團隊成員已經在一個計畫上密切合作了幾個月，這種「好感差距」在成員之間依然普遍存在，而這似乎成為有效合作的障礙。好感差距越大，人們越不可能向同儕尋求幫助或提供誠實的回饋意見，同時也會限制他們再次合作的意願。針對更廣泛的受試者群體進一步的調查發現，好感差距也會導致工作滿意度降低。

在參與者對同事關係的書面描述中，令人驚訝的是，他們能輕易列舉出周圍人的優點，卻對自己的特質感到懷疑。例如，他們會稱讚同事的「直率」，但卻會批評自己太過吹毛求疵。有個人寫道：「他可能覺得我很煩人，因為我過於在意要表現得完美和精確」。這位參與者似乎沒有考慮到，他的職業操守在同事眼中也可能是正面特質❼。

這種「好感差距」在各性別的人群當中似乎都很普遍，而且在小時候就出現了。荷蘭烏特勒

75　第三章　你不是內向，你只是練習不夠

支大學（Utrecht University）的沃特・沃爾夫（Wouter Wolf）發現，四歲的孩子通常不會擔心別人怎麼看待自己。然而，到五歲時，他們開始理解禮貌的概念，也越來越意識到別人可能在掩飾自己的真實感受；有人對他們說的話表現出興奮時，孩子開始明白這可能只是假裝感興趣。意識到這一點後，他們開始懷疑他人的反應，擔心任何相互理解和欣賞的感覺只是一種幻覺❽。

在與他人互動時，有時候難免會不小心說錯話。布斯比和庫尼關於「好感差距」的研究雖然沒有明確探討這些情況，但透過一個簡單的思考實驗可以幫助我們理解，我們對於失禮行為的擔憂也被誇大了。例如，想像一下，你是晚宴上的一位客人，也是唯一沒有給主人送禮物的人。你想像自己站在主人的立場，對於空手來參加聚會的客人，同樣以零到十分的評分標準，你會給他多少負面評價？

你可能會認為，別人對你的評價，會比你對客人的評價嚴厲許多。實驗中被要求考慮這種情境的參與者普遍認為，別人對於自己這種失禮行為所給的負面評價，會是他們自己給失禮客人的負面評價大約兩倍，在十級的評分中，平均分別為五・二六和二・四七。這數字聽起來或許不太顯著，除非我們更正面地表述這個結果：平均而言，別人對我們犯錯誤的負面評價，比我們預期的嚴厲程度少一半。令人欣慰的是，我們在許多其他情境中也看到了同樣的錯誤預測。無論是在商店或圖書館誤觸公共警報、還是在常識測驗中暴露自己的無知、或是被人看到穿著尷尬的衣服，別人對我們的評價並沒有我們自己想像的那麼嚴苛❾。

許多社交焦慮可能與我們對尷尬反應的擔憂有關,而非尷尬本身。比方說,我很容易臉紅,以前我會非常介意臉頰上升的灼熱感;我認為紅著臉只會讓人更注意到我的失態,讓我看起來更愚蠢。研究顯示,這類的擔憂很常見,但一樣是毫無根據的。雖然臉紅可能會顯示出缺乏自信,但並不會減少別人對你的好感,有時甚至還會增加好感度。研究人員曾要求參與者解讀各種可能讓人臉紅的失態情況,例如,在商店裡撞倒了一整排的酒杯。當參與者被告知這個人滿臉通紅、或看到一個人臉紅的照片時,他們通常會認為這個人更友善、更可靠。看到某人臉紅也會使人更感覺到此人道歉的誠意,認為過失本身沒那麼嚴重。❿

其他許多明顯的社交緊張跡象可能同樣具有吸引力。當你覺得自己成為他人關注的焦點、可能受到負面評價時,你或許會有摸摸臉、撥弄頭髮、舔嘴唇、或轉動結婚戒指等習慣。雖然你是想要壓抑焦慮情緒,表現出更自信的樣子,這些舉動通常會受到同情而非輕視。在一項研究中,參與者被要求參加一項名為「特里爾社會壓力測試」(Trier Social Stress Test)的嚴酷考驗,其中包括發表演講、參加模擬的求職面試、和現場心算等。在一群獨立評審的眼中,與表現比較冷靜的人相比,最明顯流露出緊張跡象的參與者反而是最討人喜歡的。⓫

## 錯誤的「後設感知」

對於熟悉認知偏誤心理學研究的人來說,這些發現與大量關於過度自信的文獻形成了鮮明

77　第三章　你不是內向,你只是練習不夠

對比，當被要求比較自己與他人的能力時，人們往往過於樂觀、不切實際。現在已經有許多研究證實了，從智力到駕駛技能、甚至是道德等各個方面的評分存在著「高估效應」（better-than-average effect）；一般人顯然沒有自我價值感低落的問題❷。這點與我們在社交場合中的自信不足似乎有所衝突，但仔細分析顯示，這取決於我們怎麼看待自己、與自認為別人會怎麼看待我們的不同視角。簡而言之，我們會戴著玫瑰色眼鏡看自己，但認定別人都是透過暗色眼鏡來看我們，過濾掉我們所有的優點。因此，我們私底下可能感到很有自信，但同時又害怕自己可能會受到挑剔眼光批判的情況。

如今有多篇科學論文已經證明，對於評估他人對我們的看法這個更普遍的問題，好感差距只是其中一個例子，**科學家將這些統稱為「後設感知」（meta-perceptions），意指對於他人對自己的看法的感知**。加拿大一項研究將超過兩千名參與者配對或分成小組，然後測量他們判斷彼此印象的準確性。例如，每個人都必須評估其他參與者對他們的智慧或幽默感的評價。對於幾乎每個考慮的特質，參與者都表現出「負面偏見」（negativity bias）。**他們認為自己給人的印象是不夠聰明、不夠有趣、不夠盡責、不夠開明、或不夠友善**❸。當他們想像自己在別人眼中的形象時，看到的是相當黯淡的人。

在社交技能方面，我們對自己的負面後設感知可能源於對兩種不同特質的考量：能力（例如，我們是否能言善道或風趣）和溫暖（我們是否顯得親切或慷慨）。就像《大鼻子情聖》中的克里斯汀一樣，我們可能會過分強調能力的重要性，聽從內心的批評聲音（期望自己在任何場合

正向人脈提升守則　78

都能展現完美的社交禮儀），並假設自己的任何失態都會受到嚴厲的評判。我們忽略了別人也會考慮我們看起來多麼溫暖：我們是否認同他們的想法和感受，並關心他們的需求❹。俗話說得好：「人們可能會忘記你說過的話，但永遠不會忘記你帶給他們的感受」❺。此外，當對話結束後，我們都會把任何尷尬局面歸咎於自己，而忽略了對方可能也是一樣。

不難看出這些錯誤的後設感知可能成為社交連結的嚴重阻礙。例如，大學新鮮人可能會在講座中與坐在旁邊的人攀談，但是會擔心新認識的人只是假裝感興趣，因此不會對方在課後繼續交流。在工作中，我們會擔心自己顯得不夠聰明或無能，可能阻止我們與其他團隊的同事洽詢。或是，在派對上插嘴之後，我們可能會對那微小的失態過度解讀，因而刻意避免再見到交談對象，但對方其實早已忘記我們的笨拙錯誤。在這些情況下，我們都錯過了擴展社交圈的寶貴機會、和伴隨而來的一切好處。

當然，有時候難免會碰到別人的態度不如我們想像中的那麼友善，認為自己能和每個認識的人都建立連結是不切實際的，我們理應尊重他人的界限，同時也必須留意可能冒犯到別人的情況。知道好感差距的問題和別人通常會原諒我們的社交失誤，並不代表我們可以不計後果地魯莽行事。但科學研究表明，我們不需要像現在這樣悲觀，我們比自己所想像的更受人喜愛和尊重，只要勇敢地略微調整一下我們的期望，或許會欣喜地發現自己能快速地縮小好感差距、建立新的人際關係。

## 性格迷思

我希望對好感差距的了解已經增強了你的自信心，對我而言確實如此。如果認識新朋友的想法仍然讓你感到害怕，請放心，久而久之，這會變得更加容易。

在一項為期一週的挑戰中，吉莉安・桑德斯特羅姆的參與者下載了一個應用程式，其中設定了各種「尋寶」任務。例如，他們被鼓勵在不同時日去尋找穿著有趣鞋子或頭髮造型醒目的人，與對方閒聊幾分鐘。桑德斯特羅姆發現，日復一日，參與者越來越享受這些經歷，也逐漸改變了他們的信念。他們與陌生人交談的次數越多，對於被拒絕的焦慮感就越低，而且越來越發現自己有能力與陌生人建立連結❶。

當然，普遍的真理不見得代表個人情況，世界上的達西先生們可能都認為自己是這條證明規則的例外。如果你一直都是很害羞低調的人，自然會懷疑自己是否有能力結交新的朋友。直到最近，科學界的普遍觀點似乎都還是認為人們無法主動選擇變得更外向。心理學家長期以來將社交能力列為外向性格的特徵之一（外向性格是所謂的主宰人行為模式的五大人格特質之一）。外向特質得分低的人（通常稱為內向ⅰ人）往往更加保守和壓抑，而在此特質上得分較高的人則更健談、更自信、也更容易交到朋友。由於外向ｅ人有更廣泛的社交圈，他們的整體幸福感得到了提升❶。過去，人們普遍認為性格在童年時期就已經形成，而且難以改變，這代表希望獲得這些好處的內向ⅰ人很難能夠違背自己的本性，變得更善於社交，就好像俗話說的，「江山易改，本性

正向人脈提升守則　80

難移」，天生內向 i 人最好還是接受自己的本性，而不是勉強擴展自己的社交行為。

然而，最新的研究表明，無論是內向 i 人還是外向 e 人，都可以從更頻繁地訓練個人社交能力中受益⑱。例如，加州大學河濱分校（UC Riverside）的塞思・瑪戈利斯（Seth Margolis）和桑妮雅・盧博米爾斯基（Sonja Lyubomirsky）進行的一項研究證實了這個結論。該研究邀請一百三十一名大學生，進行了為期兩週的挑戰。在前七天，一半的參與者被告知要「盡可能表現得健談、自信、即興」（典型的外向者行為），而另一半則被告知「審慎、安靜、內斂」（典型的內向者行為）。然後，參與者進行角色調換，那些試圖表現外向的人開始表現得更內向，反之亦然。這種干預效果是顯著的。無論參與者最初的內向或外向程度如何，當他們表現得更加外向時，他們的正面情緒和連結感都有所增加⑲。

進一步的研究顯示，內向 i 人和外向 e 人之間的主要差異不在於社交活動本身的影響，而在他們對於自己感受的預期。在參加雞尾酒會這類的社交活動之前，內向者往往對自己享受互動的程度有最不樂觀的預測；與外向 e 人不同的是，他們認為自己活動前感覺更糟。然而事後絕大多數內向的人發現這種經歷比自己想像得更有趣、更令人振奮。內向 i 人也預期社交活動會讓他們心力耗竭、無法集中注意力，但心理學測試並沒有發現這種信念的任何證據⑳。

正如蘇珊・坎恩（Susan Cain）在《安靜，就是力量》（Quiet）書中對內向性格有許多優點的精彩描述，我絕對不是認為任何人都應該感到必須變得更外向或主動，如果他們對自己的生活感到滿意的話。若只是因為想要迎合他人的期望而違背真實自我，這麼做只會適得其反。這項研

究只是表明，如果你願意的話，改變就在你的掌握之中，而對那些目前並不滿意自己社交能力的人來說，這樣的改變是值得的。

無論你的個性如何，你都可以選擇適當的情境來檢驗社交自信。你或許不想和公園的每位陌生人聊天，但可以在買咖啡時與咖啡師閒聊一下；或在每月理髮時和理髮師聊天；或是答應參加一個你曾經盡量避免的派對或工作聚會。明白自己的「情感預測」通常是不準確應該能讓你安心，你會發現這些經歷比你所預期得更愉快，你也會比自己想像得更受人喜愛。

如果你真心想要改變自己的習慣，不妨將行動步驟表述成具體的「執行意圖」（implementation intentions），這是一種廣泛認可的心理策略，有助於實現個人轉變。這通常是以「如果—那麼」的形式來表達，包括特定的觸發條件和具體的行動計畫。比方說，你可以決定：「如果我在公園看到有人在遛狗，那麼我會試著聊聊他們的寵物」；或是「如果我注意到有人在車站外迷路，那麼我會主動為他們指引方向」。儘可能多生成這樣的指示，然後設定目標每週執行若干次。研究顯示，練習得越多，獲得的益處越大㉑。

一旦你開始把握這些額外的連結機會，你可能會變得非常習慣自己新發掘的社交能力，以至於忘記以前曾經對新的互動感到緊張。艾普利和施羅德除了針對芝加哥的火車和公車乘客的研究之外，還與計程車乘客討論他們在搭車途中的交談情況。他們發現，與尚未養成這種習慣的人相比，經常主動與司機交談的人對這些互動的結果要樂觀得多。

正向人脈提升守則　82

# 提升社交自信

根據這些研究結果，我們的第三條正向人脈提升守則可以總結如下：相信一般人都會像你喜歡他們一樣地喜歡你，並準備好練習社交技巧，以提升自己的社交自信。

無論你打算如何應用這項原則，最近的心理學研究提供了一些策略，使這個過程更易於掌控。第一步應該是控制那些可能使我們忽略眼前潛在機會的自我批評。可以利用所謂的「認知重建」（cognitive restructuring）的方法來做到這一點，其中包括質疑自己的假設和對事件的詮釋方式㉒。比方說，要去參加一個不太熟悉的聚會之前，你可能會開始想像其他人會怎麼評判你，也會對自己說「沒有人會喜歡我」、「我會讓自己出糗」等。為了打破這種負面思維，你可以試著回想一個類似的情況，而當時的結果並沒有你所想像的那麼糟。如果你發現有人在看著你，你可能會開始覺得不自在，懷疑自己的外表有問題，但你可以試著提醒自己，可能還有很多其他原因，比方說，也許別人只是覺得你看起來很面熟，正在試著認出你。

正如我們所見，許多人對於微小錯誤或尷尬事件都過於執著，但是稍微思考一下宏觀局面，就可以減少這種傾向。這其實不難，只要快速列出所有可能影響第一印象的各種因素，包括那些自己無法控制的，比如對方的心情、是否有充足的睡眠、以及你是否讓他們想起所認識的某個人。你認清的因素越多，就會越明顯地意識到，光是笨拙的言談不太可能主宰他人的看法，你的焦慮感也就會相對減少㉓。

83　第三章　你不是內向，你只是練習不夠

你應該特別注意那些過於籠統、極度悲觀的想法。要克服這一點，不妨試著給自己進行一次「現實查核」，例如，不妨想想你所擔心的最糟糕的情況，然後問自己以下問題：

- 如果真的發生了那種情況，到底會有多糟糕？
- 那種情況發生的可能性有多高？
- 如果最壞的情況發生了，我該如何應對？

這麼做應該能幫助你更客觀地看待後果，認清自己有能力應對任何情況㉔。

在這個過程中，你可以試著在生活中培養一點自我同情。如果你目前對這個概念感到排斥，你並不孤單，正如英美喜劇演員茹比・韋克斯（Ruby Wax）在《全新六週正念練習法》（Frazzled）書中寫道：「每當我聽到有人說要善待自己時，我就會想到那些在浴室點著香氛蠟燭、沉浸在喜馬拉雅山羊乳浴缸中的人」㉕。實際上，**練習自我同情只是代表你以溫暖和理解的方式面對自己的失敗和不足感，而不是自我苛責、或是全面批判自己人生的整體價值**。這也包括體認到某種情況的「共同人性」：也就是許多人都有和你一樣的感受。

許多人誤以為這樣是自我放縱，也相信自我批評對於從錯誤中學習十分重要，但事實正好相反，高度自我同情、低度自我批評的人其實更有可能改變自己的行為。例如，高度自我同情的學生在考試失敗後，往往會更加努力，而在冒犯他人之後，也更有可能彌補自己的錯誤。這可能是

正向人脈提升守則　84

因為自我同情讓我們能夠更積極地思考壓力事件，而不被憤怒或羞愧所淹沒，這些負面情緒會鼓勵拖延和逃避事實㉖。

不難理解這會如何影響你的社交互動。建立新的連結可能會讓你感到有些脆弱，而那些高度自我批評的人會更害怕失敗，如果沒有得到期望的回應，他們會更嚴厲地評判自己，因此，他們會認為最好還是避免被拒絕的風險；他們會躲在自己的殼裡，而不是出去冒險㉗。相比之下，自我同情心較高的人發現受到別人批評時，往往比較不會出現焦慮感，這一點明顯反映在他們的壓力荷爾蒙皮質醇分泌中㉘。

你可以透過思考以下陳述來判斷自己的自我同情心高低程度，這些陳述是二十六項測試的一部分㉙。在科學研究中，這些陳述是根據一分（幾乎從不）到五分（幾乎總是）的等級進行評分的：

- 我心裡很痛苦時，會試著多愛自己一點。
- 我試著把自己的失敗看作是人類經驗的一部分。
- 遭遇到痛苦時，我會努力以平衡的角度看待情況。
- 我對自己的缺陷和不足持否定和批評的態度。
- 想到自己的不足時，往往會使我感覺與外界更加隔絕和孤立。
- 當我感到情緒低落時，我會過度執著和糾結於所有的問題。

第三章　你不是內向，你只是練習不夠

如果你比較認同第一組陳述，代表你有比較高的自我同情心；如果你更認同第二組陳述，則代表你比較傾向於自我批評。對於得分較低的人來說，好消息是自我同情心是可以培養的。試著察覺自己內心不必要的負面聲音，然後想想朋友或家人可能會怎麼說。例如，在尷尬的時刻，你可以避免對自己的社交能力做出片面的批判，而是提醒自己，幾乎每個人偶爾都會感到尷尬，這是一種普遍經歷，並不會貶低你的自我價值。

為了強化這種新的思維方式，你可以寫一封短信給自己，在信中刻意採取友善且不帶評判的態度，來描述一個令你不安的情況。研究顯示，這些寫作練習可以促成心態的轉變，有效地減輕人們對社交連結的焦慮。㉚

最後同樣重要的是，你應該思考一下自己的心態，也就是你對個人發展的信念，這種信念可以影響大腦如何去應對新的挑戰。這項研究源自史丹佛大學的卡洛．德維克（Carol Dweck），她最初關注的是人們對於智慧和學術成就的假設。她發現，有些人相信自己的能力是與生俱來不可改變的，他們抱持著所謂的「固定心態」，而有些人則認為自己的能力是隨著時間和練習而不斷增強的，這種人被認為具有「成長心態」。德維克及其同事發現，抱持成長心態的人在面對學業困難時更有毅力、更願意接受新機會，即使他們得走出自己的舒適區。那些抱持著固定心態的人往往更難應對挫折，也更容易灰心喪志。

如今越來越清楚的是，固定心態和成長心態不僅僅影響學術成功與否，也會影響許多其他重要的結果㉛。例如，抱持成長心態的人對於自己應對焦慮和抑鬱等問題的能力感到自信，這代表

他們對積極的干預措施反應更好。對於人們對自己社交能力的恐懼可能也是如此。例如，北伊利諾伊大學（Northern Illinois University）的心理學家開發了一個量表來檢視人們對自己害羞心態的看法。如欲了解這項研究，請思考以下陳述，參與者被要求按照一分（非常不同意）到五分（非常同意）的等級進行評分：

- 你有一定限度的社交能力，但你無法真正改變它
- 你可以學習好好地與人相處，但你無法真正改變別人對你的喜愛程度

你或許已經猜到了，較高的評分反映了對自己害羞程度的固定心態，而較低的評分則反映了成長心態㉜。固定心態的人往往對鼓勵社交的介入措施反應較差，而成長心態的人則看到更多的好處㉝。

幸好，知識就是力量，當人們了解到大腦的改變能力、和透過練習提高社交技能的方法時，他們更有可能發展出成長心態，並從中受益㉞。我們在本章探索的尖端研究應該已經讓你產生了更積極的心態，相信自己改變社交態度和行為的潛力，如果你帶著這些理解勇敢走出舒適區，並不時提醒自己的成長能力，你或許會對自己所達到的成果感到意外。正如《傲慢與偏見》中伊莉莎白·班奈特兩個世紀前對達西先生所說的，我們的社交連結能力就如同音樂才能一樣，絕非固定不變的。

87　第三章　你不是內向，你只是練習不夠

## 你應該知道的關鍵訊息

- 人們對於與陌生人交談的恐懼往往是毫無根據的，通常，你會發現這些互動比你所想像的更有意義。
- 社交互動後，我們低估了別人對我們的好感程度，這種懷疑可能會削弱共感體驗的感知，並阻礙潛在友誼或專業合作的形成。
- 我們對別人會怎麼評價我們的智慧和幽默感也過於悲觀。通常，你比自己所想像得更受人尊重。
- 內向 i 人對於社交互動的期望往往低於外向者。然而，在互動之後，他們報告得到的滿足感和外向 e 人一樣高。
- 各種性格類型的人都可以培養出更強大的社交自信。

## 行動方針

- 選擇一個你希望表現得更外向的情境，並設定具體目標改變自己的行為，例如，在員工餐廳與新同事交流、或是在公園裡與每個遛狗人士閒聊。

- 每當你發現自己的負面預期阻礙了社交連結時，不妨進行第83頁的認知重建練習。試著回想所有可能影響別人第一印象的多重因素，這樣可以幫助你轉移對自己的關注，減少自我意識。

- 如果你感到社交焦慮，試著在生活中建立更多的自我同情，例如，你可以試著給自己寫一封充滿關懷的信，像是在給朋友提供建議一樣。你會在本書附錄中找到其他資源清單。

# 第四章

# 如何擺脫自我中心的思維

NASA「火星氣候探測者號」太空船不幸在任務中途爆炸，追根究柢是基本溝通失誤，團隊沒有再次確認，就直接假設大家都用相同的單位標準。

如果有什麼是J‧埃德加‧胡佛（J. Edgar Hoover）的員工最了解的，那就是老闆的急躁個性：他沒有耐心和人辯論或討論。在胡佛領導下的聯邦調查局（FBI）從一個官僚化的落後單位，轉變成全球最受尊敬、也是最令人畏懼的情報和安全服務機構。他以鐵腕手段治理，他的判斷被認為是每個問題的最終解答。

因此，當他在內部安全的備忘錄上潦草地寫下「注意邊界」（Watch the borders）這句話時，

91　第四章　如何擺脫自我中心的思維

他的特工都知道要認真看待這則訊息，只是不知道該怎麼做，由於太了解他的脾氣，他們知道最好不要去請他說明。電話很快在整棟樓響個不停，所有人都在問墨西哥或加拿大發生了什麼事，但沒有人觀察到任何異常活動。他們聯繫了海關和移民歸化局，卻仍然毫無頭緒。

根據他的助手卡薩・德洛奇（Cartha DeLoach）所述，經過好幾天之後，直到一位主管注意到胡佛寫下的訊息是在邊距非常狹窄的備忘錄上，他的工作人員才解開這個謎團。這位局長習慣在頁面邊緣的空白處註記評論。對胡佛來說，這指令的意思再清楚不過了：「注意邊界」是在提醒注意頁面草率的格式。然而，其他人誤以為他指的是國家的邊界，擔心這是一場即將發生的地緣政治危機❶。

這則軼事可能揭示了胡佛管理風格的危險，但更清楚說明了所有人都面臨的溝通障礙❷。我們經常陷入自己的思維模式，錯誤地判斷他人會如何解讀我們的言行，這種傾向被稱為「自我中心思維」（egocentric thinking），可能導致我們對相同事件得出截然不同的結論。自我中心思維的影響有時顯得荒謬可笑：有如錯誤喜劇中充滿了角色各行其是的情節，由於對事件的片面觀點而引發的滑稽場面。但這對我們的人際關係來說，後果通常是嚴重的，如果不加控制，自我中心思維會侵蝕共感體驗感，造成不必要的分歧。

我們之前了解到，大多數人其實比自己想像的更擅長交朋友和加強人際關係，但如果要充分發揮這種社交潛力，就必須認清自我中心思維的各種表現形式，並加以防範。這將成為我們第四條正向人脈提升守則的基礎，只要稍加練習，就可以大幅降低誤解的風險，因而帶來更順暢、更

正向人脈提升守則　92

有意義的互動，加強我們所渴望的緊密社交連結。

## 你真的知道我在想什麼嗎？

要理解我們自我中心的錯誤根源，首先必須認識到理解他人觀點通常必經的心理過程、以及當中可能出錯的地方。

自一九七〇年代以來，心理學家將我們理解他人信念和觀點的能力稱之為「心智理論」（theory of mind）。對於大多數神經功能正常的人來說，這種能力是在幼年時期發展的。心理學家通常用著名的莎莉－安妮試驗（Sally-Anne test）來測量，以下透過漫畫形式呈現。

在測試中，四歲以下的兒童通常會說莎莉會在盒子裡尋找彈珠；因為他們知道球已經移到了這個新位置，他們假設莎莉也會知道，而沒有考慮到在安妮玩這小把戲時莎莉已經離開房間的事實。要正確回答這個問題，我們必須站在莎莉的角度思考，要想到她沒有看到安妮移動彈珠，因此會預期在原來的地方尋找。這種思維過程並不容易，科學家對許多其他動物也進行了類似的「心智理論」測試，但只有少數物種能夠通過這些測試。

心智理論（及其所引發的同理心）對於與他人建立共感體驗感十分重要，使我們能夠認清自己的信念是否與他人一致、何時可能需要更努力說服他人接受我們的想法。心智正常運作時，我們能夠察覺到別人的痛苦，並給予對方所需的支持和情感認同；在我們需要幫助時，也能夠以別

93　第四章　如何擺脫自我中心的思維

1

莎莉　安妮

莎莉把她的彈珠放進籃子裡

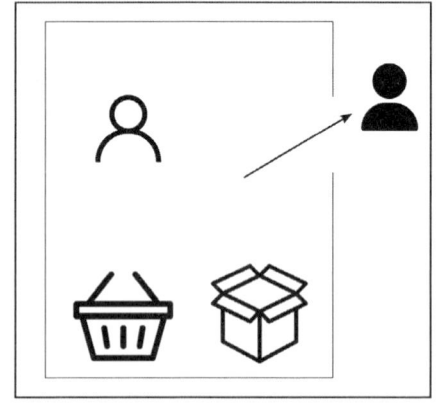

2

莎莉離開房間

3

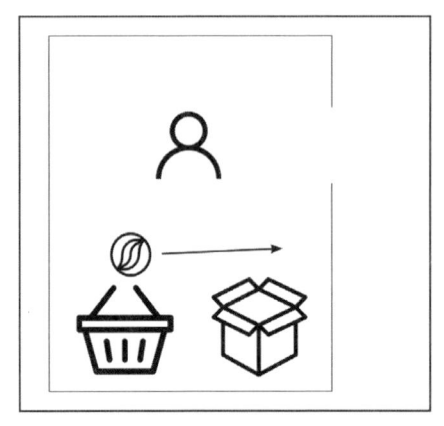

安妮把莎莉的彈珠移到盒子裡

4

莎莉回來了。
她會到哪裡尋找她的彈珠？

人容易理解的方式來表達自己的需求。理想狀態中，我們的心智應該始終準確地發揮作用，然而，就像其他眾多複雜能力一樣，它並不如我們所期望的那樣可靠。很多時候，尤其是那些充滿不確定性和干擾的情況下，我們可能會忘記考慮他人的觀點❸。

如果你認為自己可能不會犯這種錯誤，不妨試一試以下這個名為「指示任務」的心智理論測試，通常會讓成年人和兒童都出錯。在此測試中，兩名參與者被要求分別坐在擺滿各種物品的書架對立面，其中一人被指定為「指示者」，負責向「接收者」發出指令，請接收者根據指示移動這些物品。如下圖所示，書架上某些櫃子被遮擋住，因此指示者看不到，而接收者在執行動作時需要考慮到這一點。

你現在就可以嘗試一下，把自己當成接收者的角色，想像另一邊的人要求你移動 *mouse*（滑鼠／老鼠）。你會選擇移動哪一個？

有考慮到對方觀點的人會知道，指的不可能是倒數第二排的玩具老鼠

95　第四章　如何擺脫自我中心的思維

（因為發出指令的人看不到這個位置）。相反的，指示者所指的應該是第一列第二排中的電腦滑鼠。若從邏輯上思考，這個答案是很明顯的。然而，許多正常的成年人還是時常沒有考慮到對方的觀點；平均而言，大約有二五％的機會選擇被遮蔽的物品❹。

為了更深入了解這些決策背後的思考過程，研究人員架設了一台攝影機，追蹤參與者在做決定時的目光移動，從中發現，即使參與者成功地站在指示者的立場思考，他們的目光往往會先短暫地瞄向錯誤的物品，然後才選出正確的物品。作者總結說道，「自我中心主義並未完全消失，而是在每次嘗試採納他人觀點時需要逐步克服的」❺。在大約四分之一的實驗中，成年人未能做到這一點。

心理學家將這種現象稱之為心智解讀的「雙重過程」：本能反應（自我中心思維）需要透過有意識的深思（換位思考）來加以克服。由於第二步是需要付出努力且耗費心力的，因此當我們處於壓力或分心狀態、或是對自己的行為後果不太在乎時，更有可能失敗，例如，人在面臨壓力時，往往會更傾向於自我中心思考，而增加激勵措施則會產生相反的效果，當人們因準確理解他人觀點而獲得金錢獎勵時，他們思考就會比較少以自我為中心❻。

在日常生活中，我們可能不會察覺到自己何時自動陷入自我中心思維，如果沒有認識到自己的偏見，我們可能會根據自身經驗來形成對他人的看法，而未能充分考慮知識或環境差異可能導致彼此有截然不同的觀點。

不妨想想所謂的「虛假共識效應」（false consensus effect）的現象。在一項具代表性的研究

中，參與者被要求針對一系列普通的陳述進行認同程度的評分，例如：

- 我喜歡詩詞
- 我對色情故事感到尷尬
- 我不怕蜘蛛
- 我不擔心染上疾病

人們可能會表示強烈同意或不同意、或感覺中立，而這些答案強烈影響他們認為這種觀點在一般大眾中的普遍程度。例如，喜歡詩詞的人相信其他許多人也有同樣的品味，而討厭詩詞的人則認為大多數人也一樣覺得枯燥乏味❼。高估自己與一般大眾的相似性或許能減輕我們對存在孤立感的恐懼，但這是一種錯覺，當我們發現自己的觀點並不如所想像的那麼普遍時，就會帶來令人不快的意外。

你在結交新朋友時，可能已經注意到了虛假共識效應。對話好像進行得很順利，直到有個人突然拋出一個意外的觀點，像手榴彈一樣打破原本愉快的交談。虛假共識效應在討論道德價值觀時也很明顯，例如，服用增強表現藥物的運動員，往往會高估這種行為在競爭對手中的普遍程度❽，他們認為「每個人都這麼做」，所以何必擔心自己這麼做的後果呢？開種族主義、性別歧視、或反同性戀笑話的人也是如此……他們在表達個人意見時，好像以為這些看法是很普遍的，

97　第四章　如何擺脫自我中心的思維

而沒有想到別人可能會覺得深受冒犯。

任何過度自信的觀點，如果輕率地宣稱是普遍認可的真理，對於並不認同該觀點的人來說，可能會覺得非常不自在，也會打破他們的共感體驗感，比方說無意中貶低某人最喜歡的樂團、嘲笑某種政治信念、或是過度談論一位共同認識的朋友。我們在表達具爭議性的觀點，而沒有考慮到別人可能會強烈反對時，往往會出現一陣尷尬。事後回想，我們可能會希望在發言前多花一點時間，仔細評估各種潛在的意見。

## 透明度錯覺

除了讓我們誤以為自己能夠解讀他人的心思，自我中心思維也會使我們高估他人理解我們內心世界的能力，這種現象被稱為「透明度錯覺」（illusion of transparency）。康乃爾大學（Cornell University）的湯瑪斯・吉洛維奇（Thomas Gilovich）率先對此現象進行科學研究，他和同事將之比作愛倫坡（Edgar Allan Poe）《洩密之心》（*The Tell-Tale Heart*）故事中的一幕，無名敘述者犯了一起謀殺案，將屍體肢解藏在地板下，他在接受警方訊問時，相信自己當下聽到了受害者劇烈的心跳聲，當然，其實是他自己的脈搏聲在耳中迴響，但敘述者並沒有意識到這一點，相信警察一定已經察覺到他的罪行，於是自己坦白招供了。

就像經典的心智理論測試中的失敗一樣，**透明度錯覺源於我們無法忽視自身當下的觀點。儘**

管理智上知道別人無法洞察我們的內心，但還是難以擺脫這種錯覺，認為自己的想法或情感會很明顯地「流露」出來，因此，我們相信自己的情緒狀態會比實際上更為明顯。

研究團隊的第一個實驗採取測謊比賽的形式。參與者輪流發表關於自己生活真實或虛構的陳述，由其他人來判斷這些陳述的真實性。與其他多個測謊研究結果一致，參與者在辨別虛構陳述方面的表現，並沒有比隨機猜測好多少。然而，當他們自己在說謊時，他們認為自己的愧疚感會明顯表現在臉上，因此，他們顯然高估了別人能夠一眼看穿自己在說謊的能力。

第二個實驗的靈感來自於晚宴上最尷尬的情況，我們發現主人的食物難以下嚥，還是得勉強吃下去，雖然我們會盡力掩飾自己的感受，但還是擔心身邊的人能察覺到自己的尷尬。然而，我們的反應真的那麼明顯嗎？為了在實驗室中測試這種情況，研究人員要求一組食品評鑑員從十五個小杯子中品嚐幾口，其中五個杯子裝著用來醃製葡萄葉很難喝的鹽水溶液，而十個杯子裡裝著櫻桃口味的 Kool-Aid 酷愛飲料。參與者無論喝到了什麼，都必須掩飾自己的感受，同時會有攝影機錄下他們的反應。隨後，這些錄影片段會播放給十名觀察者看，他們必須判斷參與者所喝的飲料是喜歡、還是覺得噁心。受到透明度錯覺的影響，評鑑員對自己掩飾厭惡感的能力沒有信心，平均而言，他們自己估計大約有一半的觀察者都能看出他們掩飾的情感，而實際上只有三分之一的觀察者看出來。

研究團隊的最後一個實驗探討道德感的問題。參與者被招募參加一個表面上是要探討工作環境影響問題解決的實驗，負責的研究人員假裝這是他論文的最後一部分，因此要求每個人都盡可

99　第四章　如何擺脫自我中心的思維

能認真對待任務。在離開實驗室之前，他選了一名參與者負責主持會議，其任務包括將問題寫在白板上、記錄其他參與者的回答。這個人並非隨機選出，而是事先安排好的人，她被指示要打破實驗的所有規則，她不僅沒有保持沉默，還開始給人提示答案，而且在評估答案時，經常在參與者尚未完全解決問題時就表示認同，甚至還撥給他們額外的時間。

實驗結束後，許多參與者表示對助理的行為感到非常擔憂，雖然沒有大聲表達出任何意見，但他們認為周圍的人一定注意到了自己不認同的態度。然而，被問及時，許多參與者並沒有察覺到其他人的不安，以為自己是唯一不認同的人。從表面上看來，每個人的反應似乎比內心感受的不安要淡定得多❾。

了解這種錯覺的存在最初或許能讓人鬆口氣，畢竟，如果我們對別人拙劣的烹調流露不滿會冒犯到他人，能夠掩飾自己的感受也是好的。同樣的，當我們對面試感到緊張時，發現自己的不安並沒有想像的那麼明顯，也能讓我們如釋重負。**了解透明度錯覺的存在能讓我們對自己的外在表現多一點信心。**吉洛維奇的相關研究也顯示，教育人們了解透明度錯覺可以增加他們的自信，提升在公開演講中的表現❿。

然而，透明度錯覺也有許多不利之處，比方說，如果我們被工作壓得喘不過氣來，可能會希望老闆察覺到我們面臨壓力需要幫助。由於透明度錯覺，我們的壓力遠不如自己想像的那麼明顯，如果老闆沒有採取行動，那並不代表他們特別無情或漠不關心；我們所承受的巨大壓力及其對情緒的影響可能只存在於自己心中，而在外界看來並不明顯。

並非只有負面情緒會被隱藏,透明度錯覺也可能掩蓋更愉快的情感。看到親人時,我們內心可能會感到一絲喜悅,也相信自己身上每個毛細孔都流露著感激和愛。然而,在外表上,我們可能顯得無動於衷又冷漠。我們絕不能假設別人都能充份感受到我們的情感。

## 理解的錯覺

自我中心思維的最後一個例證是關於語言的限度、以及我們對於自己的話可能被錯誤解讀的無知。

想像一下,你的朋友馬克去了一家新開的義大利餐廳,那是他同事朱恩推薦的,她形容那頓晚餐「太棒了」,而馬克去那裡用餐後,覺得食物和服務都很普通。第二天早上,他在朱恩的桌子上留了一張便條,上面寫著「妳想知道那家餐廳怎麼樣,嗯,太棒了,真是太棒了」,你認為朱恩會把這句話解讀為諷刺嗎?

我們已經知道了馬克糟糕的經歷,可能會猜測他是想表達諷刺之意。然而,朱恩對此一無所知;根據她自己愉快的用餐體驗,她可能會認為馬克的話是真心的。至少,我們可以表示不確定她會怎麼解讀。然而,要得出這個結論,我們必須忽略自己對馬克在餐廳經歷的特殊了解,芝加哥大學的波亞茲・凱薩爾(Boaz Keysar)的研究顯示,大約六〇%的人沒有做到這一點,認為朱恩能夠察覺到他的諷刺。由於他們自己已經知道馬克的意圖,便假定朱恩也會知道,而未考慮到

101　第四章　如何擺脫自我中心的思維

她缺乏得出此結論所需的必要資訊❶。

從人們對虛構情境的評估中，我們只能得出有限的結論，但後來的一項研究顯示，人通常很難預測自己的文字內容會如何解讀。該實驗要求每位參與者寫出十個不同主題的相關訊息，包括嚴肅和諷刺的句子各五句，然後與另一位參與者交換這些訊息。參與者必須針對每一句話，事先預測搭檔夥伴會怎麼解讀自己的陳述。參與者都信心十足地表示自己的任何訊息都能被正確解讀，而事實上，搭檔夥伴大約有十六％的情況都誤解了他們的意思。

參與者被要求在句子中表達憤怒或悲傷等情緒時，結果也是如此：他們的情感表達並不如自己所認為的那麼清楚。

在所有的實驗中，我最喜歡的是研究人員將注意力轉向了幽默感。一半的參與者首先觀看《週六夜現場》（Saturday Night Live）的喜劇短劇，然後寄出一封電子郵件，講述其中的一個笑話。另一半的人則是在寄出郵件之前只有讀過這些笑話，而沒有先看過短劇。由於自我中心思維專注於自身的即時體驗，那些已經看過喜劇演員講笑話的人，更有可能高估收件人認為他們的郵件內容多麼有趣，他們忽略了幽默絕大部份來自於呈現方式，而這在電子郵件的文字當中是完全沒有的❷。

即使是簡單的事實陳述也可能隱藏著我們常常未能察覺的模糊性。比方說，想想這個簡單的英文句子：*Angela shot the man with the gun.*。我們可以將其解讀為安吉拉在眾多武器中選擇用槍來射殺一名男子，或是她射殺了一名持槍的男子。兩種解釋都是可能的，但大多數人往往忽略了這

種可能性，並假設別人會得出與自己相同的結論。

在口語表達中，我們可能希望透過聲音語調來澄清歧義，這是在文字交流中無法傳達的信號。錄下像 Angela shot the man with the gun 這類模稜兩可句子的人，往往認為他們的意思很清楚了，然而，當參與者聽到這些錄音時，他們通常無法猜出對方試圖傳達哪一種解釋❸。

在日常語言中也常常看得到這樣的歧義，例如 What have you been up to?（你最近在忙些什麼？），這句話可能被解讀為對某人近況表示真誠的關心，也可能在暗示某人行為不當。我們通常認定自己的語氣能讓對方聽懂意思，但事實並非總是如此。我們知道自己想要傳達什麼意思，因此而認定對方也會明白❹。

所謂理解的錯覺在與不同背景的人交流時，可能特別容易出現，我在和美國同事聊天時，經常注意到這種現象。雖然我很熟悉不同的文化和語言規範，但我時常忘記不曾在英國生活過的人很容易誤解英國委婉語的潛台詞（例如，如果聽到英國人說 that's a brave idea，字面意思是那個想法真勇敢，但很可能未必是鼓勵的意思❺）。

有一位義大利朋友說，他剛到倫敦的頭幾年就發現了類似的溝通問題，他常常對英國人不願意隨便接受別人的好意感到驚訝，像是在對方忙碌或生病時提供食物等。我不得不解釋說，我們英國人常常擔心「成為別人的負擔」，因此可能會等到對方解釋此舉並不會給他們帶來多少麻煩，才會願意接受好意。由於自我中心思維，即使已經知道這些差異的存在，我們還是很容易會忘記。

103　第四章　如何擺脫自我中心的思維

在最極端的情況下，理解的錯覺可能會導致我們與他國人士交流時忽略語言障礙。芝加哥大學的劉嘉穎（Becky Ka Ying Lau）及其同事請中文母語人士錄製訊息，然後播放給完全不懂中文的美國人聽。聽眾必須從四個選項中選出一個他們認為最能代表剛才所聽到的內容。雖然明顯存在詮釋障礙，但大多數的參與者仍對自己的判斷過於自信，錄音者相信聽眾會比隨機猜測更準確地理解主要內容，而聽眾則相信他們能從提供的選項中選出正確的意思。而事實上兩種預期都不符合實際情況❶。

正如 J・埃德加・胡佛對「注意邊界」的命令所顯示的，理解的錯覺有時可能會產生戲劇性的後果。芝加哥大學的研究人員在論文中描述通訊辦公室曾經收到大學醫院公關部的緊急訊息，通知說「校園內發生槍擊事件」（shooting on campus）。經過一陣混亂後，工作人員才發現，公關人員指的是校園內正在進行的電影拍攝活動（film shoot）。由於理解的錯覺，他以為自己發出的這則訊息意思很清楚，但幾乎引發了一場恐慌。

理解的錯覺甚至可能危及生命。醫生必須向下一位輪班同事交待病人的病歷細節，但與相關人員的詳細訪談顯示，這種交接過程經常充滿混亂。在一項針對兒科實習醫生的研究中，凱薩爾及其同事詢問每位醫生他們希望傳達的訊息，然後將之與下一位交班醫生的理解進行比較。他們發現，儘管第一位醫生認為自己已經有效傳達了事實（及其對病人的重要性），最重要的細節被第二位醫生誤解的情況，比例仍高達約六〇%❶。

我們可能沒有掌握著別人的生命，但在日常人際關係中，理解的錯覺可能會造成相當大的挫

正向人脈提升守則　　104

## 親密溝通偏見

到一九九九年九月，一艘名為「火星氣候探測者號」（Mars Climate Orbiter）的太空船已經花了九個月的時間，在太空中航行超過六・六九億公里，朝著這個紅色星球前進。每一步旅程都透過地面控制詳細協調、精心策劃，當月二十三日，這艘太空船準備好最後一次旋轉進入火星軌道。然而，當天早上九點零四分，NASA的科學家與太空船失去了聯繫，從此再也沒收到太空船的訊號。在災難發生後的幾天裡，全球媒體都很好奇，為什麼這樣充滿希望的任務會如此悲慘的結局收場，答案竟然是基本的溝通失誤。地面控制的軟體一直在用英制單位發送指令，而太空船上的軟體則以公制運作，由此造成的計算錯誤導致火星氣候探測者號偏離了精確預定的軌跡，進入了行星的大氣層，最終因空氣的摩擦而墜毀燃燒⓲。

雖然那個錯誤的後果發生在距離地球數百萬公里之外，但那完全是一個人為疏失。負責其中一套軟體的團隊並沒有針對這項關鍵細節與負責另一套軟體的團隊進行核對，而只是單純假設大家都在用相同的參考標準。

折，由於我們未能清楚表達自己的意思，發現別人的行為似乎與我們所說的話完全不一致時，我們會因此感到困惑。試想一下，如果我們願意多花一點時間，確認彼此對討論事項的理解，會有多少爭論得到解決。

105　第四章　如何擺脫自我中心的思維

了解到自我中心思維以及透明度和理解的錯覺後，我不禁想到太空船的命運完美地比喻了我們在社交互動時經常犯的錯誤。我們或許努力地想發展友誼，但卻用錯誤的參考標準來表達自己的，或解讀他人的想法和感受。這些錯誤並非總是以災難告終，但卻阻礙了我們以理想的方式與他人建立連結。

即使在熟人之間，溝通錯誤的機會也不會減少。例如，在指示任務中，比起接受陌生人的指令，參與者從朋友那裡接受指令時，需要花更多時間來糾正自己的自我中心思維，而且更有可能拿錯物品。一對朋友或配偶與一對陌生人一樣，都很容易誤解模糊話語和措辭的意思，主要的差別在於他們的自滿程度：事先被問到出錯的可能性時，朋友和配偶比陌生人更容易高估自己成功溝通的能力❶。

這種現象被稱為「親密溝通偏見」（closeness-communication bias），對於維繫人際關係是一個重大挑戰。在某些經歷中建立了共感體驗之後，我們可能會輕易假設彼此在各方面總是達成一致，因此會忘記有時候還是需要努力用心去建立相互理解。我們或許有相同的音樂和文學品味、或是一樣的道德價值觀（這些都增加了彼此的親近感），但朋友或伴侶可能還是需要我們解釋為何會有某種想法或行為模式。兩個人的思想不太可能始終完美同步，如果產生誤解都沒有得到解決，無論多小的事，都會成為彼此之間尷尬的隔閡。

最新的研究顯示，對身邊人的了解過度自信在許多領域都很普遍，人們對於伴侶的不同愛好、個人夢想、或話題看法（如治安管理），往往過於高估自己的猜測能力❷。無論我們多麼了

正向人脈提升守則　106

解對方，總會有新的面向等待發掘，承認這個事實比抱持錯誤的假設要好得多。

## 不再以自我為中心

如果你喜歡像戴爾・卡內基（Dale Carnegie）的《人性的弱點：卡內基教你贏得友誼並影響他人》（How to Win Friends and Influence People）這類的自助書籍，你可能會認為透過想像的力量可以克服自我中心思維。只要更仔細地考慮他人的處境，試著從對方的角度看世界。就像民間心理學中大多數的觀點一樣，「設身處地為他人著想」的想法聽起來很有道理，但真如我們所相信的那麼有用嗎？

刻意的換位思考（perspective-taking）確實可以糾正我們所遇到的一些自我中心錯誤。從虛假共識效應到言語上理解的錯覺，更仔細地考慮對方知道或不知道的事情，是很有幫助的，這種努力往往會帶來更緊密的連結感：光是聽到有人用心站在我們的立場思考問題，就足以增加親近感，這點是透過人們對自我與他人關係量表（參見第53頁）的回應來衡量的㉑。我們對於任何試圖拉近彼此距離、理解我們觀點的舉動，都會很感激。

有些人天生比別人更樂意練習換位思考。請用一分（不太符合我）到五分（非常符合我）的等級來評估以下的陳述：

107　第四章　如何擺脫自我中心的思維

- 我相信每個問題都有不同的觀點。
- 有時候，我會試著從朋友的觀點思考，以便深入了解他們。
- 在批評某人之前，我會試著設身處地，想像自己會有什麼感受。

這些是測量「換位思考特質取向」（trait perspective-taking）心理量表中的項目，得分較高的人通常在社交互動中會遇到較少的衝突和誤解㉒。換位思考特質取向也能預測已婚夫婦更高的關係滿意度㉓。

然而，換位思考並不能奇蹟般地解決問題，這點在本古里安大學（Ben Gurion University）的塔兒・埃亞爾（Tal Eyal）及其同事二〇一八年的一項研究中得到了有力證明。參與者被要求預測另一個人是否會喜歡特定的電影、笑話、藝術品、或休閒活動。有些情況，這個人是他們的戀愛伴侶；而在其他情況，則是透過書面介紹和短暫交談認識的陌生人。無論哪種情況，他們都被告知要站在對方的角度思考，仔細考慮對方的個性、背景、和喜好等因素，「想像一下對方會喜歡和不喜歡各個『活動等』的哪些方面，思考這會怎麼影響他們對各個『活動等』的評分。」

埃亞爾的調查發現，大多數人對於這種技巧充滿自信，被問及達成相互理解的最佳策略時，大約有七〇%的人相信自己可以光靠想像力來預測他人的內心。也許他們想像自己是像福爾摩斯（Sherlock Holmes）這樣的名偵探，對個性有如此敏銳的感知能力，因此能夠從少量線索中推測出整個行為模式。

可惜的是，這樣出色的表現只存在於虛構小說中，對於大多數參與者來說，換位思考的準確性顯然令人失望。事實上，有時候，嘗試換位思考的結果甚至比單純依賴直覺還要糟糕❷。他們的想像力可能是建立在錯誤的資訊來源上，如果不認識對方，可能會靠粗略的刻板印象來猜測對方的想法和感受；如果彼此已經是熟人，則可能依靠一段早已不再相關的經驗記憶。

想要徹底克服自我中心主義，我們需要成為多才多藝、思考靈活的人。如果我們沒有更好的資訊可供參考，那麼利用過去對某人行為的了解，透過換位思考來猜測他們的想法和感受是合情合理的，但我們需要對這些假設的準確性保持謙虛，而不是以完全確定的態度說話或行事。適當時機出現時，應該隨時準備與對方確認我們的理解，並根據需要更新我們的信念。無論我們認為自己多麼有同理心，要了解某人的想法和感受，沒有比直接詢問本人更好的方法了。

相對於「換位思考」，埃亞爾的團隊將這種方法稱為「觀點徵求」（perspective-getting）。不要被這簡單的區別所欺騙：兩者雖然看似明顯，卻常常被忽視。由於低估請求確認的好處，因而錯失許多機會來澄清可能導致彼此關係出現裂痕的歧見。

如果我們將別人的回答作為回饋意見，自然能夠訓練我們的心智更加準確和成熟，這樣就能在誤解造成彼此裂痕之前，更加敏感地察覺到。但這種學習過程只能從謙卑的態度開始做起❷，為了拉近與他人之間的距離，我們必須始終保持好奇心，準備好接受一切可能會讓我們感到驚訝之事。

109　第四章　如何擺脫自我中心的思維

※ ※ ※

除了糾正自身的錯誤之外，對於自我中心思維的這種新體認還可以幫助我們對他人的錯誤更加寬容。正如本書前幾章中所提到的，有時候會出現一些神奇的時刻，有人能確切地感受到我們的想法和心情、完全知道我們需要什麼，無論是在我們情緒低落時給予擁抱、挑選完美的生日禮物、還是安排一場完美的約會，我們會很珍惜那些偶然發生的時刻，並且將之視為彼此深厚連結的象徵。

當這種理解沒有自然而然地發生時，我們可能會感到沮喪和受傷，尤其是如果我們過去曾依賴那個人的支持，我們甚至可能將這些情況視為對彼此關係的考驗，認為對方應該了解我們的心思，如果他們無法正確評估情況，那他們可能並不像我們所想的那樣關心我們。

我自己也曾經這麼想過。當有人誤解我或忽視我的情緒狀態時，我會認為他們根本不夠努力去理解我的觀點。當然，我也可以直接告訴他們我當時的感受，但我卻有一種奇怪的想法，認為如果是由我自己說出來，這會在某種程度上貶低了他們的支持價值。我希望他們能夠自發地理解，不需要我明說。

我現在明白，這可能為對方的心靈感應能力設定了不切實際的期望。由於我自己的透明度錯覺，我可能沒有提供足夠訊息讓他們理解我的內心世界，同時又相信我的感受是顯而易見的。我在責怪他們缺乏同理心時，其實可能完全是我自己的錯。

因此，我們的第四條正向人脈提升守則可以簡單地表述如下：**檢查自己的假設；進行「觀點徵求」而不是「換位思考」，以避免自我中心思維和誤解。**

無論是剛認識某人、還是交往多年的朋友，總是會有新的機會加深彼此的情誼，進一步了解彼此。每個人都是多面向的存在，有無限的驚喜潛力，只要尊重這個簡單的事實，願意花更多時間和努力去發掘彼此的相似之處、理解彼此的差異，我們都可能建立更加牢固的關係。

## 你應該知道的關鍵訊息

- 心智理論描述我們預測他人心理狀態的能力，包括他們的信念、意圖、和情感。大多數正常的成年人都具備基本的心智理論，但這種能力往往不夠可靠。
- 當我們處於壓力或分心狀態時，許多人會受到自我中心思維的影響，假設他人的心理狀態和觀點與我們自己的相似，而沒有考慮到對方的特殊情況和經驗。
- 自我中心思維可能導致不知感激，因為看不到別人背後為我們所付出的努力，也會造成虛假共識效應，使我們誤以為自己的信念和價值觀比實際上更普遍。

III　第四章　如何擺脫自我中心的思維

透明度錯覺是一種錯誤的假設，認為在我們自己心中的強烈情感和意圖別人很容易看得出來。與之相對應的是理解的錯覺，會使我們高估他人理解我們的文字和言語微妙之處的能力，同時忽略了自己語言中的模糊性。

## 行動方針

- 當你希望傳達一個重要訊息時，試著養成這個習慣，思考你的訊息可能被解釋的方式。仔細檢查是否已經包含一切必要的資訊，使接收者能夠了解你的想法。考慮他們在相關事務上的經驗、以及他們將讀到或聽到該訊息的情境背景。
- 當你希望別人理解你的感受時，應該多花點心思表達出你的情感及其原因，而不是假設別人會從你的臉部表情或肢體語言中明顯看出來。
- 隨時練習換位思考，但要明白你對他人的信念、價值觀、和經歷的預測有可能是錯誤的，同時想辦法確認或更新自己的假設。直接要求更多細節是準確理解他人內心世界的最佳方式，然而，很少有人能自然地做到這一點。

## 第五章

# 如何在聊天時更加分？

無論是新知識，還是老朋友，我們所說的每一句話都是建立連結的關鍵，如何利用提問，運用自我揭露拉近距離，並避免陌生效應在對談間扣分。

如果你曾經與某人聊天，事後覺得還不如對著牆壁說話，那麼你一定會認同麗貝卡・韋斯特（Rebecca West）的觀察。這位小說家兼文學評論家在她的《刺耳的聲音》（*The Harsh Voice* 直譯）故事集中寫道：「對話本身並不存在，只是一種幻覺，其實只是交錯的獨白罷了」❶。韋斯特接著描述，每個人說的話猶如口中發出的圓圈，只是彼此交錯而沒有交集；沒有任何一方的思想會因此而改變。她的觀點讓人聯想到希薇亞・普拉斯對於自己永遠無法與他人建立關係的恐

懼。如果有人覺得自己的談話沒有給身邊的人留下任何印象，那就是存在孤立感的定義。你或許沒聽過這個術語，但可能在一次糟糕的約會、挫敗的晚宴、或無聊的家庭聚會中親身經歷過這種情況。

從我們在上一章中探討的透明度和理解的錯覺，可以說明對話為什麼變成了「交錯的獨白」，但這只是我們溝通問題的開端。心理學研究已經確定了許多其他的習慣和偏見在我們與他人之間造成了阻礙，如果我們希望與周圍的人有更多的連結，就必須學會如何克服這些阻礙。好消息是，這些改進方法都很容易付諸實行。從我們選擇的開場白、到關注對方的生活、以及描述個人經歷的方式，對談話風格的微小調整都能帶來巨大的好處。

## 有效提問

讓我們從注意力不集中的錯誤開始談起。十九世紀初的散文家威廉・赫茲利特（William Hazlitt）在他於一八二〇年出版的《論作家的對話》（*On the Conversation of Authors*）文中宣稱：「談話的藝術在於既能聆聽他人意見、也能表達個人想法。因此，有些最健談的人反而是最糟的同伴」。

赫茲利特指出，他的許多文學知己，包括塞繆爾・泰勒・柯勒律治（Samuel Taylor Coleridge）、威廉・華茲渥斯，都很愛炫耀自己的機智和才華，以至於缺乏傾聽他人的基本禮

貌。他建議我們效法畫家詹姆斯・諾斯科特（James Northcote），認為諾斯科特是他所認識的最佳聆聽者，因此也是最好的談話對象。赫茲利特寫道：「他會仔細傾聽你的觀察，好像你帶來了一則重要新聞，他參與討論的興奮和認真程度，有如此事與他切身相關。我從未與諾斯科特一同用餐過，但我記得我一直很享受與他的交談」，他接著說道：「每次離開時，我都會帶著比任何時候更輕鬆、更超然的感受走入大街」❷。誰不想讓自己認識的人有這樣的感覺呢？

**要達到這種效果最簡單的方法就是多提問題**，你或許曾聽過這種建議，這是基本的社交技能，但值得再次強調，因為最近的研究表明，令人驚訝的是，真正成功培養出這種習慣的人其實並不多。在哈佛大學研究組織行為學的博士生黃凱倫（Karen Huang）邀請了一百三十多名參與者進入她的實驗室，將他們分成兩人一組透過線上即時通訊軟體進行十五分鐘的對話。她發現，即使在這短短的十五分鐘內，參與者提問的頻率也有很大差異，從少於四個到多至九個以上的問題，而多多提問對於某人的好感度有很大的影響。在另一項獨立的實驗中，黃凱倫的團隊分析了參與者在速配活動中的對話錄音，有些人總是比別人提出更多問題，而這顯著地預測了他們成功獲得第二次約會的機會。

**從共感體驗理論看來，不難理解為什麼提問如此迷人**：這些問題表明你希望建立相互理解的意願，並給你機會來確認彼此的經歷。然而，與其他的社交偏見相關研究一致，黃凱倫發現大多數參與者都忽略了這些好處。在一項研究中，她向參與者介紹各種潛在策略來應對即將進行的對話，其中一種策略是多問問題，而另一種則是少問問題。儘管多問問題是建立連結最有效的方式

115　第五章　如何在聊天時更加分？

之一,幾乎沒有參與者意識到這個選項的好處。即使我們真的問了很多,也可能沒有問到真正有效的問題。在她的分析中,黃凱倫考慮了六種不同類型的問題,以下是一些範例:

| 寒喧性質 | 你好!<br>嘿,最近怎麼樣? |
|---|---|
| 後續跟進 | 我打算要去加拿大旅行。<br>哦,真棒。你以前去過嗎? |
| 完全轉換話題 | 我在乾洗店工作。<br>你喜歡什麼休閒娛樂? |
| 部份轉換話題 | 我不太喜歡戶外活動,但偶爾也不排斥參加健行之類的。你常去波士頓的海灘嗎? |
| 反問問題 | 你早餐吃了什麼?<br>我吃了雞蛋和水果。你呢? |
| 不求回答的問題 | 昨天我跟著一支遊行樂隊四處走動。他們要去哪兒呢?這是個謎。 |

正向人脈提升守則　　116

凱倫發現，比起「轉換話題」、或只是重複「反問」他人已經問過的問題，要求針對先前觀點提供更多訊息的「後續跟進」問題更有吸引力。最表面的是「寒暄性質」的問題，這些破冰問題可能是必要的社交禮儀，但幾乎很難表現出對別人真正的興趣，也不太可能引出有助於雙方建立共感體驗的細節。如果提問是我們引導對方分享更多想法或感受的方式（對許多人來說確實如此），那我們的談話風格可能需要徹底改變❸。

你可能也要避免「迴旋式提問」（boomerasking），這是一種利用提問把話題轉移到自己身上的習慣。例如，有人可能會問別人職業，倒不是因為真的在乎對方的工作狀況，而是想要吹噓自己的升遷。黃凱倫在她的分析中並未將這種行為視為一個單獨的類別，但新興的研究表明，這種習慣特別令人反感，而這類的人卻自認為自己表現出包容和好奇心❹。

深入提問的行為可能會自我延伸，一旦有人透過一個問題成功引導了對方，提出下一個問題就變得更容易。你會發現對話開啟了許多不同方向的新途徑，各自都可能發展成為新的互動和社交連結機會。

## 傾聽的訣竅

社交好奇心不僅僅是問對問題那麼簡單，人們會敏銳察覺到對方是否有在認真傾聽，而接收到他人積極關注的感知會影響到他們對此人的信任感，也有助於增進強大社交連結所帶來的幸福

117　第五章　如何在聊天時更加分？

感。道理很簡單：我們對他人越是關心，他們的幸福感也就越高❺。在工作場所中，因為感受到被人聆聽和理解而增強的信任和安全感，甚至能夠提升我們的創造力❻。可惜的是，很多人都用了錯誤的方式來表達對他人的興趣。

人們可以透過肢體語言來表達自己的關注，例如在座椅上向前傾身、點頭、或臉上表現出同情之意；也可以用「語音上的」提示，如發出同意或讚許的聲音；或是口頭確認對方所說的話。雖然非言語和語音提示線索通常是實在的關注跡象，但也有可能是偽裝出來的，以掩飾我們的心不在焉，如果只有憑藉這些信號，談話對象往往會認定最壞的情況。正如我們在好感差距的研究中看到的，在對話結束後，我們時常陷入這種懷疑中，這可能會削弱我們的連結感。

因此，社會心理學家認為，透過言語明確地表達你的關注要保險得多❼，例如，重述對方所說的話，直接證明你已經吸收並理解他們的談話內容，這種反應無法偽裝。這也是後續跟進問題如此有效的原因之一：你包含的細節提供了必要的確認，顯示出你更想要了解他們的想法，而不是只在乎自己的意見。

**請務必關注對方想要表達的重要訊息，而不是一些次要的細節**。例如，如果有人向你描述了一次糟糕的約會，與其詢問酒吧的環境、或對他們看過的電影發表意見，倒不如討論他們對未來伴侶的失望或挫折感❽。畢竟，共同關注是雙方有共感體驗的核心特徵之一；如果兩人對世界的理解是一致的，那麼應該會關注到相同元素。你可以先確認他們的想法和感受，或是在了解他們的觀點之後，提出一個不同的詮釋，幫助他們重新思考和看待這個情況。你不一定要完全同意他

正向人脈提升守則　118

們的看法，但在提出個人意見之前，必須顯示出你至少有試著理解他們的立場。

在與人交談時，要避免受到周圍環境所干擾。在我開始撰寫本章的那天，以前的一位同事邀我去喝咖啡，但是在我們的聊天過程中，我不禁注意到他的目光不斷地在店內四處飄移，幾乎每位經過的女性都會吸引他的注意力，也許並非巧合，他告訴我他和交往多年的女友即將分手。對我來說，看到他的思緒如此飄忽不定，讓我也無法專心，雖然我們的對話涵蓋許多有趣的話題，也發現許多共同點，但我離開咖啡館時，感覺他好像在和一個聊天機器人對話似的。你可能會在聚會上遇到類似的行為，談話對象的目光不斷地越過你的肩膀，試圖吸引其他熟人的注意力，這一類的干擾是不可避免的。然而，每當你表現出思緒飄忽不定時，都會削弱由更加專心傾聽所能產生的連結感。

「低頭族」（phubbing）總是在對話過程中不斷地檢查手機上的新通知，這種行為同樣會造成干擾，損害彼此的和諧關係。在一項觀察研究中，研究人員觀察了一百對參與者在當地咖啡廳交談的情況。有些參與者自然地將手機拿在手裡或放在桌上，而有些人則將手機放在看不見的地方。對話結束時，研究人員請每個人填寫一份問卷，探討他們的交流體驗，結果發現光是桌上手機的存在，就足以減少雙方對彼此的情感共鳴，使對話變得不那麼充實❾。研究人員稱之為「iPhone 效應」，這結果後來在一項隨機實驗中再次得到證實，參與者被要求在對話時將手機隱藏起來或擺放在桌上，正如所預期的，**將手機放在眼前會令人分心，降低互動的品質，而將手機放在視線之外的人往往有更愉快的對話**❿。

119　第五章　如何在聊天時更加分？

在掌握專注傾聽的藝術時，務必要記得有些規則是可以打破的。小時候想必有人告誡過你不要打斷長輩和尊長的對話，這也是許多禮儀指南中常見的建議，別人說話時插嘴打斷人家的思路被認為是極不禮貌的行為。很多時候，打斷別人說話將注意力轉回自己身上，這樣確實是很沒禮貌的，但也有重要的例外情況。當你感覺到與對方真正建立了連結時，可能會發現彼此思路相同，你們對當前問題的看法完全一致。在這些情況下，稍微插話來補充對方的論點，可以突顯出彼此的共同理解和心靈契合的感覺。

我們已看過一個例子；也許你還記得，在瑪雅‧羅西尼亞克-米隆的實驗中，互相接完對方的話、或雙方同時開口的參與者在普遍共感體驗量表上得分較高❶。史丹佛大學的丹尼爾‧麥克法蘭（Daniel McFarland）在他的速配約會對話錄音中也發現完全相同的結果：人們報告與那些會打斷他們的人互動感覺更有默契。仔細分析數據之後，他發現這些打斷是「協助補充」，也就是當有人表達不出自己的意思時，幫助對方填補其論點中的空白，例如：

女：所以你快要——
男：是啊，我正要出門——

或是透過強調共同的想法或觀點來肯定對方，比如：

正向人脈提升守則　120

女：（笑聲）是的，沒錯，我去年去那裡聽了電台司令（Radiohead）演唱會，他們一直是我最喜歡的——

男：哦，是啊，電台司令真的很棒！

或是：

女：是啊，聽好，不要把全部心力都投入進去，就像——

男：（笑聲）沒錯！對啊，我也是這麼想的❷。

我們的天性可能會影響自己在對話中運用這類插話的能力。如果你過於嚴格遵循禮儀規範，可能會刻意避免這種熱情的表現，就算此舉有助於建立人際連結也一樣。對於社交焦慮的人來說，這可能是個大問題，他們會太過在意別人的評判，因此錯過適當的插話時機，而且在對話中顯得過於被動❸。

社交自信的外向者可能面臨相反的問題。在史丹佛大學的一系列研究中，表現出強烈外向特質的人往往被認為是比較不專注的談話對象，這似乎是因為他們在表達時會讓人覺得不太真誠；他們的熱情和活力被解讀為虛偽的表現、隱藏他們其實並沒有真正關心和尊重對方期望之事。例如，你在談論最近的一次旅行時，外向的人可能會興奮地驚呼，「哇，那真是太有趣了！」這當

然比刻意忽視或將話題轉移到自己身上要好得多，但這種反應很可能是假裝的，除非他們隨後提出更多問題或用更深入的觀察來呼應你剛剛所描述的經驗⑭。

無論是內向型還是外向型，都應該盡力以最具體的方式表達我們的關注和興趣，專注於對方所說的特定細節，並努力加深他們對討論話題的理解。

## 速成好友方法

根據赫茲利特定律，我們可以斷言：**我們應該始終讓認識的人成為主角，享受對話的聚光燈**，而我們則在一旁觀察；我們的任務是給對方機會更深入表達內心的想法和感受，再確認他們所說的內容，而不必說太多與自己有關的事。

這些建議在許多有影響力的禮儀指南中都可以看到，但心理學研究顯示這種建議是錯誤的：我們應該隨意地享受公平的發言時間⑮。兩人之間共感體驗的形成有賴於雙方對彼此的理解——如果我們只是扮演傾聽者的角色而完全不談論自己的事，這是不可能達成的。

因此，我們應該努力創造一些對話機會，讓雙方都能敞開心扉，談論內心深處的想法和感受，這樣才能找到表面差異背後可能隱藏的共同點。亞瑟・亞倫（本書第二章所提到的自我擴展理論先驅）曾經利用一種所謂「好友速成方法」的實驗模式有效地證明了自我揭露的好處。參與者首先被分成兩人一組，「你們的任務很簡單，我們認為會很有趣，就是要和你的搭檔拉近距

正向人脈提升守則　　122

離。我們相信,最好的辦法就是彼此互相分享」。

然後,研究者會給他們一系列的問題,在接下來的四十五分鐘內討論。為了比較自我揭露高低程度的影響效果,亞倫準備了兩組不同的討論題。一半的配對看到的是激發輕鬆閒聊的問題,例如:

• 去年你是怎麼慶祝萬聖節的?
• 說說你之前養的寵物吧。
• 你是在哪裡就讀高中的?
• 你認為左撇子比右撇子更有創意嗎?
• 你上一次參加了什麼演唱會?你有這個樂團多少張專輯?你以前有看過嗎?在哪裡?

這是低度自我揭露的情況,這些都是非常合理的問題,就像在第一次約會時可能會開心聊到的那種,而答案也可能會引發一些愉快的討論,但不一定能深入了解某人的內心世界。

其餘的參與者被要求討論更深入的問題,例如:

• 對你來說,怎樣才算是完美的一天?
• 如果你能活到九十歲,而且在生命的最後六十年保持三十歲時的心智或身體,你會選擇哪

- 你對自己將如何死去有沒有一種神秘的預感？
- 如果有個水晶球能告訴你關於你自己、你的生活、未來、或其他任何事情的真相，你會想要知道什麼？
- 有什麼事情對你來說很重要，是不能拿來開玩笑的？
- 你的房子失火了，裡面有你一切的家當，拯救了親人和寵物之後，你有機會安全地再衝回去搶救最後一件物品，你會選擇什麼？為什麼？

這是高度自我揭露的情況，目的是讓雙方打開心扉，分享彼此特定的想法和感受，回答更是會直接反映雙方的思想特質。在每種情況下，參與者被要求平等地投入：「你們其中一人應該大聲唸出第一張紙條，然後兩個人一起按照上面的指示去做」。

四十五分鐘過後，參與者被要求描述他們對配對夥伴的親近感，類似於「自我與他人關係量表」的問題。你或許還記得，這個量表呈現了一系列逐漸重疊的圓圈，標記為一到七個等級，並要求參與者選擇哪一張圖片最能描述他們對對方的感受（參見第53頁）。

在第一個實驗中，高度自我揭露條件下的參與者將彼此的關係評為四級，而在閒聊條件下的參與者則將之評為三級，對於任何單一心理學干預措施來說，這都是相對顯著的效應，而若考慮到大多數人的持久友誼評分並不比這高出多少時，這結果更是引人注目。事實上，當亞倫將「自

正向人脈提升守則　　124

我與他人關係量表」的評等與對學生更廣泛的社交網路研究進行比較時，他發現這些新關係的評比，比許多人的親密關係更為深厚❶。（在媒體上，亞倫的實驗過程經常被稱為「三十六個快速墜入愛河的提問」，雖然這項研究並沒有明確探討浪漫愛情的意圖）。

透過好友速成方法進行自我揭露的好處如今已在大型研究中得到證實，而且已顯示出在遠距交流和面對面互動中同樣有效❶。德國遠距教育機構哈根大學（University of Hagen）的研究人員為八百五十五名修讀心理學學士學位的遠距學習者建立了該任務的線上版本。正如所預期的，速成好友方法增加了（虛擬）同學之間的社交連結感，並確保更多的學生繼續修讀課程直到期末考試，而不是中途退出❶。

**自我揭露甚至可以增加不同社會群體之間的連結，減少了通常與「我們和他們」心態相關的偏見和懷疑。** 例如，哈根大學的研究團隊發現，無論年齡或移民身分等可能成為友誼障礙的人口因素差異如何，該過程都能夠增加參與者的親近感。同樣的，美國紐約州立大學石溪分校（Stony Brook University）的科學家也表明，該過程有助於促進不同性取向的人之間的社交連結；與同性戀參與者進行了三十六個自我揭露問題之後，異性戀者在調查中表現出較少的偏見態度，並對對方表現出更多的親近感❶。該過程還被用來鼓勵中學生之間的跨種族友誼，也取得了一些成功❷。

如果你對自我揭露感到不自在，你並不孤單：許多人都害怕暴露自己。參與者被要求預測他們在交流過程中的感受時，大多數人都認為速成好友的過程會讓自己覺得很尷尬，很難想像這會

125　第五章　如何在聊天時更加分？

帶來親近感，他們認為閒聊會比較不痛苦。然而，當他們真正參與這項任務時，對話進行得比預期的更順利，事後他們報告說，與對話夥伴的連結感遠超乎自己的想像，因此，比原先預期的更加快樂㉑。

主要的心理障礙之一是預期的興趣：人們認為別人不會對自己有興趣，自我揭露會讓對方感到無聊。但速成好友方法的研究顯示，事實並非如此：別人對我們內心深處的想法和感受比自己所想像的要感興趣得多。自我揭露需要有勇氣，只要敢於嘗試，往往會有好的結果。

參與速成好友方法並進行高度自我揭露的人，會開始表現出一些社交連結的生理徵兆。你或許還記得，當我們與某人形成共感體驗感時，彼此的大腦和身體都會開始同步。例如，我們對壓力的荷爾蒙反應會變得一致，當我們對事件有相同的情緒反應時，皮質醇指數會同步上升或下降。這種現象在朋友、戀人、和家庭成員中都有記錄，而哥倫比亞大學最近的一項研究表明，這也發生在剛參加速成好友方法的人身上，那些進行一般閒聊的人不會以同樣的方式同步㉒。

**自我揭露帶來的溫暖和信任感似乎是由大腦中天然鴉片類物質的釋放所引起，並進一步促進了情感連結㉓**。顧名思義，這類化學物質包括和鴉片有相似結構的藥物，如嗎啡。二〇一九年，加拿大研究人員顯示，速成好友方法中增強的社交連結感也是透過相同的機制產生的。為了證明這一點，科學家們利用了一種名為納曲酮（naltrexone）的藥物，這種藥物能阻斷大腦的鴉片類訊號傳導，這代表服用了納曲酮之後再服用嗎啡的人，將不會感受到預期的疼痛緩解或通常伴隨

正向人脈提升守則　126

藥物而來的愉悅感。如果鴉片類物質的釋放能解釋我們從社交連結中獲得的一些快感，那麼服用了納曲酮的參與者應該不會從速成好友方法中獲得這麼大的好處。

為了確定是否真是如此，研究人員招募了約一百六十名參與者，將他們分成兩人一組，一半服用納曲酮，另一半服用安慰劑，然後每對參與者討論亞倫設計的三十六個自我揭露問題。在交談結束之後，每位參與者填寫一系列問卷，描述對話的進展。正如所預期的，服用了納曲酮的參與者（因此失去了內源性鴉片類物質的益處）在對話中顯得較為封閉；關係發展似乎不如預期那樣順利，也削弱了人們在溝通後通常會感受到的情緒提升。

除了促進對話夥伴之間的關係，自我揭露也可能提升更大群體之間的親密感。按照這個思路，當時在韋恩州立大學（Wayne State University）的羅伯特・史萊徹（Robert Slatcher）進行類似雙人約會的實驗，測試速成好友方法。正如所預期的，每對情侶在討論了三十六個問題後都感到與另一對情侶更加親近。而最重要的是，每對情侶本身也都感受到彼此更加相愛。其中一個原因可能是新認識的朋友幫助他們驗證了彼此的關係，增加對愛情步入正軌的信心。結交新朋友也能讓每對情侶有種自我擴展的感覺，覺得雙方都在共同成長，這對於關係發展很重要。換句話說，所有人都在享受找到新朋友的興奮感，這些朋友有著獨特的觀點，願意敞開心扉，一起努力創造共感體驗㉔。

我已經在本書延伸閱讀的部分提供了亞倫的速成好友方法三十六個問題完整清單的網址
──如果你有時間不妨試試看，我衷心推薦。不用說，這必須以巧妙和謹慎的方式進行。你可

以適時將一兩個問題融入對話中，但如果你試圖記住整份清單，每次遇到新認識的人時都拿出來用，可能會顯得有點突兀，當然，除非你有解釋你的動機。這個主意其實還不錯，特別是如果交談對象是對人類思維感興趣的人。我發現談論速成好友方法本身就是很好的話題開場白，而更重要的是，你應該利用這項研究的精神，更坦誠地表達自己內心深處的想法和感受，並給別人機會也這麼做。無論是描述一個祕密的夢想、表達對某新聞報導的意外情緒反應、還是談論一個特別珍貴的記憶，都要慷慨地與人分享訊息。

選擇深入的對話而非簡單的閒聊應該會提升你長期生活的滿意度。研究人員最近給四百八十六名參與者配備了一個小型的「電子感應錄音機」，用於窺探參與者全天的互動。在將對話量和品質與標準的生活滿意度進行比較後，結果發現，花在閒聊日常瑣事上的時間對參與者的生活滿意度幾乎沒有影響，而進行深入對話、分享彼此的近況和興趣等有意義的資訊，則產生了顯著的影響❷。當你敢開心扉時，別人往往會以同樣的方式回應，大家都會因此感覺更好。

## 隱含風險的機會

考慮到自我揭露和開放對話的強大作用，值得在此暫停一下審視我們友誼的多樣性。速成好友方法的相關研究顯示，自我揭露可以立即增進不同背景人士之間的親近關係，但我們還是可能會擔心正面討論彼此的差異。

正向人脈提升守則　128

心理學家基亞拉‧桑切斯（Kiara Sanchez）將這些互動描述為「隱含風險的機會」。例如，她與史丹佛大學的同事合作，採訪了黑人參與者，了解他們與白人朋友的友誼。許多人希望透過關於種族的公開對話來建立更密切的關係，但也擔心會被誤解。一位參與者向研究人員表示：「種族是個敏感的話題，因為沒有人會想冒犯他人或被冒犯。一旦越過那條界線，似乎就會定義你是什麼樣的人，並成為嚴格審視的對象」。儘管有這些顧慮，大多數參與者仍希望向他們的白人朋友透露自己的經歷：他們認為這樣做的好處會大於風險。同時，對白人參與者的採訪顯示，他們真心希望傾聽並了解黑人朋友的種族經歷，確實想要有更深入的理解，只是不知道該怎麼提出這些話題。㉖

我們在LGBTQ+群體中也能看到類似的報告。你或許會認為他們主要擔心的是明顯或隱含的偏見，但社會學家林‧雷切克（Rin Reczek）和艾瑪‧博斯利‧史密斯（Emma Bosley-Smith）的研究顯示，許多人的疏離感來自於缺乏明顯的關注，他們的親人可能因害怕冒犯而避免討論個人身份認同話題及其所面臨的挑戰㉗。同樣的情況也適用於宗教、殘疾、或神經多樣性問題：如果我們公開討論彼此之間的差異，就會發現雙方的關係更加緊密。

對於各種形式的自我揭露都需要謹慎和敏感一點。有時候，最好還是等待適當的時機，讓討論自然而然地發生，不要勉強的問題而成為一種負擔。你也應該專注、用心傾聽，給予對方應有的尊重。同時讓對方知道你願意在需要時隨時展開對話。

在她關於「隱含風險的機會」學術論文中[28]，桑切斯引用了哲學家兼作家奧德雷·洛德（Audre Lorde）的一句話，完美地捕捉了不同背景的人之間更開放和理解的對話所帶來的可能性。她寫道：「當我們定義自己時，或當我定義自己時，我與你之間的相似性和不同之處，我都不會將你排除在外，而是會擴大彼此的連結」。

## 陌生效應

在結束本章的討論之前，我們必須看看最後一個心理現象，亦即所謂的「陌生效應」，可能會成為討論不熟悉經驗時的阻礙。

這個術語來自於古斯·庫尼的一項實驗，他是發現「好感差距」的研究人員之一。他的團隊首先將參與者分成三人一組，每位參與者單獨觀看了兩段短片的其中之一：一段是關於烏鴉智慧的TED演講，另一段是對一家專業汽水店老闆的採訪。然後，三人以小組形式會面，其中一名成員（演講者）被要求在另外兩名成員面前描述自己所看的影片，而在其他小組中，聽眾都看過演講者描述的影片。

你或許會認為學習新事物比聽到已知的內容更令人覺得愉快有趣，但是在庫尼的研究中，聽眾的反應卻正好完全相反：他們比較喜歡聽自己已經看過的同一個影片，對包含新訊息的談話內容則沒有留下深刻的印象。這就是所謂的「陌生效應」：意指人們通常更喜歡聽到熟悉的經歷，

正向人脈提升守則　130

而非不熟悉的㉙。

你可能沒聽過陌生效應這個詞，但是當你從異國度假回來時，幾乎肯定會注意到這種現象。你腦海裡仍充滿了沿途所見所聞的景象、聲音、氣息、味道、以及旅途中所遇到的精彩人物。然而，你在描述這些經歷時，可能會發現別人的眼神變得茫然，並不是說你的談話對象不在乎，他們只是缺乏足夠的背景知識來深入理解你的描述，因此無法體會這次旅行為何對你如此特別。這些資訊缺失可能會造成一些距離感，削弱共感體驗感，相較之下，談論更熟悉的話題會比較容易建立這種感覺。

陌生效應或許可以解釋為什麼自赫茲利特時代以來，作家們一直在批評那些過度談論自己的人；即使對話主題看似新鮮有趣，也可能阻礙自我揭露促進連結的效果。如果確定自己的話題總是能引起對方的共鳴，你甚至可以佔據五〇％以上的對話時間㉚。然而，若對方覺得你所說的話與他們的自身經驗和知識完全不相關，那麼即便只是幾句話，也可能會令人感到厭煩。

**避免陌生效應的一個策略是將互動集中在雙方都熟悉的話題上，不要提及任何在彼此對話適圈「之外」的內容**。如果你提出冷門話題的主要動機是為了給對方留下深刻印象，那麼這一點尤其值得三思。你或許認為談論沒人聽過的音樂或沒人看過的電影很酷，但由於陌生效應，這可能會產生不如你預期的反效果。無論你是與新認識的人還是老朋友交談，尋找共同的興趣或經歷來討論，才是更健康的做法。

然而，完全避免不熟悉的話題也絕不是建立社交連結的理想方式；如果某個話題是你的生活

131　第五章　如何在聊天時更加分？

重心，也代表著你性格的重要元素，你就需要想辦法表達出來，否則你與對方的共感體驗將永遠缺少一個重要部分。在這些情況下，你可以透過生動的故事來避開陌生效應，幫助對方站在你的立場上思考，能更理解為什麼這個事件或知識對你如此重要、為什麼對他們應該也很重要。例如，如果你知道對方是位美食家，那麼從討論旅途中所享受的美食開始會比較好，可以成為連接到他們個人興趣和經歷的橋樑。

當你提到不太熟悉的領域時，你必須確保提供足夠的細節，以避免造成不必要的資訊缺失。仔細考慮對方的基本知識，以免讓他們感到被看輕，必要時，你應該問問對方對話題的熟悉程度，再根據這一點來判斷你需要包含哪些部分來幫助他們理解。你的估計不見得會完全準確，但考慮到陌生效應的研究，還是應該謹慎一點，重複一些熟悉的事實比較好。

在庫尼的實驗中，如果演講者對所討論的影片提供更完整的敘述，就能減少陌生效應。例如，當他們講述關於烏鴉智慧的最新科學發現時，最好是先描述研究的靈感和主要結論的概述（烏鴉很聰明！），然後再深入介紹各個發現。最後，描述我們如何訓練烏鴉在體育場館裡撿垃圾，以及對烏鴉智慧的理解如何改變我們對人類心智的看法。有了這樣的細節，演講者幾乎可以像討論熟悉話題一樣享受討論的樂趣。

對於生活中大多時候都在用書面溝通的人來說，精心敘述的重要性是顯而易見的，但許多人卻忘記將相同原則應用在日常對話中。我害羞的天性常常使我匆忙地描述新奇或令人興奮的經歷；我以為我故事講得越快、越簡潔，就越不會讓對方感到無聊。這種交談方式就像是呈現一幅

正向人脈提升守則　132

鉛筆素描，完全沒有色彩：我簡潔的描述根本無法給人足夠的訊息來理解那些事件對我的意義，這為建立連結帶來了不必要的障礙。我尤其不願意透露我自己對事件的情緒反應，而這些正好是建立連結必要的自我揭露。庫尼的研究使我能夠更自信地傳達自己的觀察、想法和感受，因為我知道這些細節能幫助對方與我一起重溫那段經歷。

除了重新檢視自己敘述故事的方式之外，當角色互換，你在試圖理解對方的經歷時，你也應該記住陌生效應的影響。過去，你可能不太願意提問，因而錯過尋找其他訊息、縮小理解差距的機會（你甚至可能認為對方很無趣）。然而，一旦體認到陌生效應是這些感覺的根源，你可以利用這個機會表明你願意建立共感體驗，有意融入對方的世界。如果你鼓勵他們敞開心扉，讓你深入了解他們的經歷和對他們最重要之事，或許會發現他們的故事比你原本想像的更有吸引力。你也可以適時地對他們描述的事情提出個人詮釋，並分享你的經驗故事，這可能為彼此增加更多連結點。

無論是和誰交談、在談論什麼事，我們都應該在對話交流的過程、討論的深度、和話題的熟悉度中尋求平衡。**這是第五條正向人脈提升守則的核心要點：在交談時，表現出積極的關注、進行自我揭露、並避免「陌生效應」，以建立相互理解、促進彼此思想的融合。**無論我們是和剛認識的人還是和老朋友見面，我們所說的每一句話都提供了建立更緊密連結的新機會。

133　第五章　如何在聊天時更加分？

## 你應該知道的關鍵訊息

- 「提出相關問題」並且「表現出仔細聆聽的跡象」,是建立人際連結兩種最簡單的方法。

- 不同於傳統的建議,「適時的插話」有時可以提高對話的流暢性,只要打斷的時機恰當、並且表達了共同的理解。

- 「自我揭露」比閒聊更能快速地建立融洽關係,別人對你內心深處的想法更感興趣,遠超乎你的想像。

- 「陌生效應」代表我們常常為了保險起見喜歡聊一些熟悉的話題,而不是新奇有趣的經歷。這是因為資訊不足,使人難以對你所說的內容產生共鳴,然而,精彩的故事敘述能夠幫助你克服這個障礙。

## 行動方針

- 想想自己的交談風格、以及你對他人提出的問題類型,是不是針對對方剛剛提出的觀點而精心挑選的後續提問,還是又將話題轉回自己身上?

- 你如何表達對他人的關注?非語言提示(如點頭或低聲同意)通常不足以使人相信你

正向人脈提升守則 134

真的在乎；更有效的方式是透過實際語言表達你的興趣，比方說，重述對方剛才所說的內容。

- 找個有意願的朋友或熟人嘗試進行好友速成方法，並試著在日常對話中增加更多的自我揭露。

- 當你發現自己覺得對話很無聊時，要有同情心，問問自己可以做些什麼來幫助對方表達出主要的興趣點、以及該主題對他們的重要性。

# 第六章　如何有效表達讚賞、感激？

慷慨地讚美他人，但在表達讚賞時要非常具體。
你將會看到自己社交網路的規模、強度、和幸福感都在不斷增長。

探討完交談的藝術之後，我們下一條正向人脈提升守則是關於如何表達對他人的讚賞／感激之意。在所有的社交互動中，讚美和感激應該是最容易表達、也是最令人愉悅的，然而，西方文化長期以來一直告誡我們要小心甜言蜜語。

想想伊索寓言最著名的故事之一，有一隻狐狸飢腸轆轆地在森林裡徘徊尋找食物，此時發現一隻烏鴉停在樹枝上，嘴裡叼著一塊奶酪。烏鴉一開始很警覺，轉身要離開，但狐狸用一連串的

讚美攻勢，誇獎她羽毛的光澤和翅膀漂亮的形狀：「這麼美妙的鳥兒想必有非常悅耳的嗓音，因為其他一切都如此完美」，狐狸最後說道：「如果她能唱首歌，我知道我一定會把她譽為鳥中之后」。烏鴉被迷惑住了，開始鳴叫，這塊奶酪直接掉進了狐狸張開的嘴裡。這個故事的寓意很明顯，讚美是一種工具，可以用來欺騙虛榮和容易上當的人❶。正如尚·德·拉封丹（Jean de la Fontaine）在他寓言版本中所指出的，「阿諛奉承者因傻瓜的輕信而得以生存，這個教訓值一塊奶酪，可不是嗎？」❷

但丁（Dante）在《神曲》（Divine Comedy）詩中提出了更可怕的警告，他將阿諛奉承者置於第八層地獄的第二個坑中，他們被浸泡在一條糞便河流中，這種外在污穢是對這些罪人在世時的虛偽言行應有的懲罰。這些馬屁精（包括但丁的政治對手之一）被深深埋在排泄物中，幾乎無法辨認❸。當然，但丁遵循的是一句聖經箴言：「諂媚奉承的嘴臉會招致毀滅」。

其他的例子包括《傲慢與偏見》書中阿諛奉承的柯林斯先生（Mr Collins）、《塊肉餘生錄》（David Copperfield）的烏利亞·希普（Uriah Heep）、以及《魔戒》（The Lord of the Rings）的葛力馬·巧言（Gríma Wormtongue）。也許正是因為這些故事持續的影響力，許多人對他人表達讚賞時都會非常謹慎，以免顯得過於奉承諂媚。這點確實令人遺憾，因為當前心理學研究證明，真誠的讚美或表達感激可以為雙方帶來巨大的好處。彼此說一些好話不僅能激勵我們表現得更好，還可以緩解我們的壓力反應，增強應對變化的抗壓能力，並減少心理疾病的風險。然而，要做到這一點，我們必須克服對於被人誤解的恐懼。

## 讚美比金錢更有價值

讓我們先來探討一下讚美對協同合作的一些好處。許多關於這方面的研究都是在職場上進行的，其中令人驚訝的發現是，口頭稱**讚可能比金錢獎勵更有價值**。

在以色列英特爾工廠的技術人員身上，測試了各種獎勵方案。他們在不同週次分別獲得一百謝克爾（譯註：shekels 謝克爾，以色列的貨幣單位）的現金獎勵（當時相當於二十五美元）、同等價值的披薩券、或是來自高階主管的感謝信。在試驗開始前記錄員工的生產力，然後每八天進行一次記錄；如果員工生產力超過了研究開始時的平均表現，就會獲得獎勵。

如你所預期的，所有的獎勵都提高了員工的投入程度（以工廠生產的半導體數量來衡量），而簡單口頭表揚與現金獎勵一樣，都能激勵員工付出更大的努力。感謝信的措辭甚至沒有特別精心修飾，只是不帶個人色彩簡單地說道：「感謝你們在昨天輪班中辛勤地工作和出色的表現，我非常欣賞你們的努力」。然而，這小小的感激之情對收信者來說，似乎意義重大。值得注意的是，員工在收到感謝信之後還是繼續努力工作，而那些獲得現金獎勵的人在獎金被取消後，生產力明顯下降了，也許是因為他們開始對自己不再因額外努力而得到報酬一事感到不滿❹。

對於相對枯燥的行政工作，如資料輸入，稱讚似乎特別有效。在這種情況下，一封簡單的感謝信不僅能激勵受到表揚的人；也能激勵周圍的人更加努力工作❺。在鼓勵荷蘭員工採取節能政

139　第六章　如何有效表達讚賞、感激？

策方面，公開表揚也比現金獎勵更有成效❻。

可惜的是，許多雇主都忽視了這些好處。一項針對兩千名美國公民的調查發現，六三％的人大多時候都感到不受重視，而五九％的人表示他們從未遇過真正認可他們工作表現的雇主❼。另一項針對超過二十萬人的研究發現，普遍缺乏賞識是員工離職的主要原因❽。

從大腦對讚美和金錢回報的反應可以看出這兩種獎勵的同等效力。日本研究人員邀請參與者進入實驗室，請他們在 fMRI 掃描儀中進行一個簡單的機會遊戲，同時提供小額現金獎勵，使科學家能夠辨識哪些大腦區域會對金錢獎勵產生反應。隨後，再請參與者填寫性格調查問卷，寫一篇關於政治或社會問題的短文、錄製一分鐘自我介紹影片、並拍照留影，他們被告知這些活動都將交由八位陌生人進行評估，而事實上，所有回饋內容都是研究人員自己編造的，其中有些回饋比其他的更具讚揚意味。幾天後，參與者被邀請回實驗室，收到了所謂的回饋意見，同時透過 fMRI 掃描儀記錄他們大腦對這些評論的反應。正如行為實驗所顯示的，大腦對現金獎勵和社會讚美的反應顯示出驚人的相似性，尤其是在與基本愉悅感相關的大腦深層區域（如紋狀體）都顯得特別活躍❾。

在許多不同的情境中，給人這種獎勵感都有很強的說服力。事實上，根據加拿大皇家山大學（Mount Royal University）娜奧米‧格蘭特（Naomi Grant）的一項研究，即使是最簡單的讚美也能促使陌生人更願意合作。格蘭特首先邀請參與者參加一項「印象形成」的研究，在他們填寫一份相當枯燥的問卷時，有一位假裝成心理學基礎課程學生的演員開始交談，隨意地稱讚了參與者

正向人脈提升守則　140

的衣著。在聊天結束後，該演員提到他們正在發送有關職業活動的傳單，詢問參與者是否願意拿一疊幫忙分發。讚美的效果非常顯著，七九％的參與者表示願意協助該活動的宣傳，而在聊天中沒有受到讚美的對照組中，只有四六％的參與者願意幫忙❿。格蘭特後續的研究表明，這種現象源於互惠的感覺：如果你幫我，我也會幫你⓫。在這方面，讚美就像我們早期靈長類祖先的「社交梳理」行為，猴子和大猩猩可能透過為彼此清理身上的跳蚤、或在衝突中提供支持來鞏固彼此的關係，我們也透過交換良言和善舉來做到這一點⓬。

**即使讚美者隱藏的意圖已經顯而易見，讚美還是可能發揮說服作用。**例如，香港科技大學（Hong Kong University of Science and Technology）的心理學家邀請每位參與者參觀一家新開的百貨公司，並請他們評估其服務，信中寫道：「我們直接聯繫您，是因為我們知道您是一位很有尚品味的人，您的穿著不僅高雅、也很時髦。作為一位對服裝有獨特品味的人，您一定會喜歡我們新系列的設計，其中包含了本季必備單品」。在隨後的調查中，收到邀請的人表示，他們非常清楚這些讚美的目的是要鼓勵參與，然而，對許多人來說，他們還是隱約感覺受到欣賞，並預測在幾天後更樂意去該商店購物⓭。

如果你有馬基維利式的傾向（意旨善於操縱他人），可能會對藉助奉承來影響他人感興趣：伊索寓言中烏鴉和狐狸的故事或許蘊含著一絲真理。然而，就本書的目的而言，我更關心的是讚美對促進社交連結的好處，而非其說服力。對陌生人一句簡單的讚美或許是展開有意義對話的好方法，甚至可能促成一段友誼的發展。**在既有的社交關係中，真誠的讚美能使人感到更被理解，**

141　第六章　如何有效表達讚賞、感激？

並提供了進行開放溝通所需的安全感。至少，一句讚美或感謝的話應該能立刻提振心情，讓原本沉悶的一天變得愉快許多。⑭

可惜的是，許多人對於讚美他人總是十分吝嗇。想想自己的生活中，你是否曾經欣賞過某人的衣著品味，卻沒有說出你的想法？或是曾參加過一場演講，卻從未告訴演講者你有多麼喜歡他們的演講內容？身為記者，我深知對我所寫的文章收到簡短的感謝信多麼有意義，然而我卻很少主動向我敬佩的人送出這樣的心意。我們對自己親近社交圈中的人也只是稍微慷慨一點，例如，被問及對自己最親密的朋友或家人的行為時，一般人估計自己會壓抑掉約三六％的讚美，這似乎不受與此人親近程度的影響。

康乃爾大學的艾莉卡·布斯比和凡妮莎·博恩斯（Vanessa Bohns）是最早揭示心理偏見如何阻礙人們傳達善意的科學家之一。在第一項研究中，參與者被要求走到校園的指定區域（如餐廳或大廳），稱讚他們碰到的第四個人所穿的某件衣物。在進行這項任務之前，他們先填寫了一份問卷，預估對方對他們的讚美會有什麼反應，例如，會有多麼高興或受寵若驚，評分範圍為一分（一點也不）到七分（非常）。他們讚美完後，會交給對方一個密封的信封，裡面包含一組類似的問題，測試對方實際的感受。最初的參與者再帶著填寫完畢的問卷返回實驗室。正如預期的，讚美者總是低估接受者的感受，完全沒有意識到自己友善的話語能大大提升對方的心情。⑮

與最初好感差距的概念相呼應，進一步的研究顯示，參與者也高估了對話帶來的麻煩，他們事前預測接受稱讚的人會覺得這種互動很尷尬，也認為自己會惹人厭。事實上，大多數人都很高

正向人脈提升守則　142

興聽到別人讚美，而在交流中也很少感到不自在。

博恩斯和布斯比的最後一項研究顯示，這些擔憂來自參與者對自己整體社交能力普遍缺乏自信並感到焦慮。參與者認為自己特別不擅長表達讚美，因此對別人會如何看待自己的讚美過於悲觀。然而，在考慮其他人執行類似任務的成效時，他們的預測往往更接近實際情況❶。正如我們一再看到的，我們的社交連結潛力遠超乎自己的想像，只是需要給自己更多發揮的機會。

如同最初的好感差距，這似乎也是個非常穩固的現象。在芝加哥大學尼可拉斯・艾普利和史丹佛大學趙軒（Xuan Zhao）的一項大型研究中也得到驗證。博恩斯和布斯比的樣本主要是由學生組成，而他們從當地社區招募參與人員，證明結果適用於不同年齡和背景的族群。而且，他們的研究並非專注於隨機陌生人之間的交流，而是要求參與者稱讚已經在自己社交圈中的人。

為此，艾普利和趙軒在當地公園設置一張桌子，上面貼著一張宣傳人際關係研究的海報，這使他們得以招募到一對對一起散步的熟人。在簡短介紹之後，研究人員要求每對其中一人寫下三句讚美同行友人的話：「你已經注意到同行伴侶的優點，但因為某種原因，還沒有機會稱讚對方」。然後，他們填寫一份問卷，預測朋友聽到這些讚美的話會有多高興。接著再將他們讚美的話轉交給對方，並附上一份問卷，請對方評價對這些讚美之詞的感受。參與者對朋友反應的預測還是過於悲觀，而朋友的實際反應比預期的要熱烈得多。他們認為自己無法找到恰當的言語來充分表達讚美，然而，在熟人眼中，這份溫暖的情感表達得非常清楚❶。

143　第六章　如何有效表達讚賞、感激？

## 讚美永遠不嫌多

我們是否有可能對他人過度讚美了呢？畢竟，過多的糖分會破壞最美味的蛋糕，因此不難理解，如果甜言蜜語說得過於頻繁，熟人可能會覺得有點膩。然而，這種反應發生的可能性遠低於我們所認為的。在這項實驗中，趙軒和艾普利進一步的研究顯示，這些讚美一一傳達給接收者，並要求他們填寫問卷調查，描述自己每次收到新讚美時的感受。他們的快樂感在這一週內並沒有顯著下降；而且，與第一天相比，最後一天的讚美也沒有被認為更不真誠；事實上，每句讚美的話都為他們的生活帶來了新的喜悅⑱。

這麼穩定的情緒提升在心理學上是相當罕見的，某些愉悅的感受如果出現得過於頻繁，我們往往會變得習以為常，需要尋找其他快樂來源，這個過程被稱為「心理適應」，然而，並沒有證據顯示對人的讚美來說也是如此。若考慮到社交連結就像食物或水一樣，是人類的基本需求，必須不斷補充，而不是很快就會失去光彩的奢侈品時，也就不令人意外了。不時地對別人說一些好話，你其實是在積極地幫助別人滿足其社交需求。

這些結論與歷史上大多數的禮儀建議形成了鮮明對比，以十八世紀作家塞繆爾・詹森（Samuel Johnson）的話為例。詹森就和威廉・赫利特一樣，對談話藝術非常感興趣，他認為讚美的話應該儘量少說，他在《漫步者》（The Rambler）雜誌的一篇文章中寫道：「讚美就如同黃

金和鑽石一樣，正是因為稀缺而有價值，一旦變得過於庸俗，也就變得廉價，不再引起期望或激發動力。因此，邪惡行為即便無法公開譴責，也不該給予任何讚美，同時，對善行的讚揚應與實際貢獻相匹配；務必確保讚譽只歸於對人類有重大貢獻之人，而不該讓只能吹噓小恩小惠和簡單美德的人分享同等榮耀」❶。

詹森認為讚美可以像珍貴的禮物一樣，這一點是對的，但我們沒必要照他所建議的方式，而是可以更慷慨地表達讚美之情，不必擔心會因而耗盡讚美庫存、或減少對接收者的影響力。

## 感恩差距

如果你已經受到啟發，想要向周圍的人表達更多的讚美之意，你可以從表達你的感激開始，現在就給最近曾幫助過你的人發一封電子郵件或簡訊，這麼做會讓雙方都感覺更好，而且，我們很快就會發現，這個簡單的行為可能會增強身體的抗壓能力。

我們常常假設別人都知道他們的行為對我們來說有多重要，但我們的情感很少像自己所認為的那樣明顯，因此值得明確表達出來。例如，芝加哥大學的工商管理碩士（MBA）學生被鼓勵寫一封感謝信給某位對其生活有深遠影響的人，信件內應該描述這個人為他們做了什麼、此舉對他們的影響、以及自己為何感謝對方的行為。隨後，學生們回答了一系列問卷，衡量自己有效表達感激之情的能力、對方收到信後的感受、以及對方是否早就知道他們的心意。研究人員表示：

145　第六章　如何有效表達讚賞、感激？

「我們也想了解，你認為這封信的收件人對於你所寫之事的了解程度。也就是說，你認為他們在聽到你表達感激的具體原因時，會有多驚訝？」參與者可以依零分（一點也不驚訝）到十分（非常驚訝）的評分尺度回答。然後，尼可拉斯・艾普利及其同事阿米特・庫馬爾（Amit Kumar）將這些感謝信轉交給收件人，也請他們填寫一份問卷，詳細說明對信件內容的感受。

與讚美他人的研究結果相呼應，大多數寄出感謝信的MBA學生都低估了對方對這份感激之情的重視程度，同時，也誤判了收信者對他們感受的了解程度。寄信的人都自認為收信人應該早就知道他們的善行對自己意義重大，但事實並非如此，大多數的收信人在得知寄信人有這樣的感受時，都感到相當驚訝[20]。

**令人驚喜的是，表達感激之情的好處不僅限於接收到這些好話的人，在幾乎所有提及的研究中，說出好話的人在這之後都明顯感到更加快樂。**如果時常練習這一點，可以提升自己的心理健康和抗壓能力。例如，在三週內寫下三封真誠感謝信的人回報說，他們的生活滿意度更高，憂鬱症狀也減輕了[21]。

透過撫慰焦慮的心靈，表達和接收感激之情也能平息身體的生理壓力反應。加州大學聖地牙哥分校（UC San Diego）的古玉萌（Yumeng Gu，音譯）和克里斯多佛・奧維斯（Christopher Oveis）邀請大學室友參加受到電視節目《創智贏家》（Shark Tank，英國稱為 Dragons' Den）啟發的遊戲，在此遊戲中，創業夢想家得向一組專業投資人提出新的商業計畫。這些室友只有六分鐘的時間來準備他們的提案，而賭注相對較高：表現最好的一組將獲得兩百美元的獎金（對學生來

正向人脈提升守則　146

說是一筆相當可觀的金額），這代表學生會面臨巨大的壓力以求發揮最佳水準。

在學生進行提案之前，研究人員要求每對室友其中一人回想對他們生活產生正面影響的一次經歷，並透過簡短對話向對方表達這份感激之情。然後，他們被接上測量心臟活動的電極和血壓袖帶，使研究人員能夠觀察參與者的身體如何應對規畫和推銷商業提案的挑戰。作為比較，另一組室友經歷幾乎相同的過程，只是沒有先進行感恩練習。大多數學生在執行任務時都顯示出壓力反應的跡象，但聽說過讚美之詞的那些學生表現出更健康的反應。這組組合的兩位成員都顯示出比較好的血液循環，全身血流更順暢，因此心臟負擔較少，與對照組的參與者形成了鮮明對比，後者表現出戰鬥或逃跑反應的特徵，亦即身體血液減少流向四肢，以減少潛在傷害的影響㉒。

戰鬥或逃跑反應通常與較差的認知表現有關，如果我們經常經歷這種反應，會導致整體健康狀況較差。我們無法完全避免生活中的壓力，但任何能夠減輕生理反應的策略都應該能減少其長期影響。古玉萌和奧維斯的研究顯示，**簡單地分享感恩時刻可以是減緩壓力影響的有效方法，無論我們是表達感恩還是接受感恩一方，都會有幫助**。為什麼感恩會帶來這些好處呢？最簡單的解釋是，額外的社交連結感不知不覺增加了室友對自己可利用資源的感知；無論是表達還是接受感恩的一方，參與者都知道他們可以互相扶持，可以依賴彼此的知識和相互支持來應對當前的挑戰，因此，他們覺得自己受到的威脅減少了，身體也做出相應的反應。

不管是什麼原因，每當你或熟人面臨個人或專業挑戰時，都值得牢記古玉萌和奧維斯的發現。在壓力大的情況下，很容易忽略像給予讚美和表達感激之情等社交禮儀，然而，正是這些

147　第六章　如何有效表達讚賞、感激？

行為能夠提升你的抗壓能力，幫助你以最有效的方式應對困境。在這方面，北卡羅來納大學（University of North Carolina）有一項研究，要求夫妻定期進行二十至三十分鐘的對話，表達對彼此支持的感激之情。他們被告知說：「你伴侶的積極舉動，可能是發生在過去但仍讓你心存感激，或是目前還在發生之事，比方說，幫助解決問題、送你一份驚喜禮物、耐心傾聽你的憂慮、願意花時間做平常不會做的事，諸如此類」。他們被要求在一個月內進行四到六次這樣的對話。對照組的人被要求進行更廣泛的自我揭露。這是一個很高的比較標準，因為自我揭露本身就應該能加強我們的連結感。

可能正如你預期的，這些好處取決於夫妻對這項干預措施的投入程度，如果沒有定期練習，他們的幸福感並不會比對照組更好。然而，那些認真對待這項任務並經常進行開放和積極討論的人，心理韌性會有所增強，更能夠適應生活中的變化，整體關係滿意度也會更高㉓。

如果你有在閱讀報紙的健康專欄或觀看日間脫口秀節目的健康報導，你一定聽說過「感恩日記」是改善情緒健康的一種策略，歐普拉‧溫芙蕾（Oprah Winfrey）一直是最大的支持者之一。令人遺憾的是，到目前為止，還是很少有人採取像寫感謝信的做法，儘管有大量證據顯示這能帶來更多的好處，不僅對我們的健康福祉有益，還能提升周遭人的感受和人際關係的品質。這種偏好並不令人意外：我們的錯誤直覺使我們更有可能尋求像寫日記這樣的孤立活動，而不是會引發社會評價恐懼的自我揭露形式㉔。然而，科學研究顯示，這些擔憂是毫無根據的，如果我們已經對某人有善意的想法，實在沒理由將這些想法藏在心底。

正向人脈提升守則　148

## 見證效應

我們要表達對他人的讚賞時，必須決定是要私下進行還是公開表揚。如果我們面對的是特別害羞、也不喜歡成為關注焦點的人，選擇私下表達可能更為合適。你可能也會擔心公開表達會激起那些沒有得到你讚揚的人的嫉妒和不滿。

然而，公開表達我們真誠的讚賞也有一些實質的好處，這可能會促使我們更坦率、不再那麼保留。在一系列關於感恩的研究中，北卡羅來納大學的莎拉・阿爾戈伊（Sara Algoe）及其同事發現，**目睹表達感恩的人會更願意與表達感恩的人合作，而且能夠更自在地分享自己的內心深處的想法和感受**。阿爾戈伊及其同事將這種現象稱為「見證效應」（witnessing effect）。

在第一個實驗中，參與者被要求閱讀一篇電影評論，在文中標出最重要的句子，他們相信這些回饋會被交給原作者。在自己完成任務之前，他們查看了先前的範例（表面上來自另一位參與者），其中包含作者感謝對方發現一些錯字的評論注釋。儘管沒有明確指示這樣做，但真正的參與者現在更有可能在自己的任務中留意拼字錯誤。如果他們看到的是追蹤變更顯示錯字修正的舊文件、或是只寫著「恭喜完成編輯」的文件，他們的行為就不會受到影響。他們必須親眼看到明確的感激表達，自己才會受到激勵去做好事。

進一步的實驗顯示，看到陌生人表達出一點點感激之情會使人更願意與此人建立友誼。參與者觀看了一段有人描述自己最近參加一場跑步比賽的影片，在一些影片中，跑步者提到自己的愛

149　第六章　如何有效表達讚賞、感激？

侶在比賽過程中一直為他們加油打氣，並強調對此舉的感激之情；在其他影片中，跑步者則只談到自豪和成就感。參與者看完影片後，被要求給影片中的人寫一封簡短的信，描述自己最近的一次正面經歷。如果看到的是包含對自己愛侶表達感激的影片，他們往往會分享更多的私人訊息，有關自己內心深處的想法和感受。**由於自我揭露對於建立連結非常重要，這被認為是一種跡象，代表感激之情表達已經促使他們準備建立密切的連結。** 確實，這些參與者也更有可能認同「我會想要見到影片中的人」和「我可以想像自己和影片中的人成為朋友」這樣的說法。㉕

我們都可以從見證效應中受益。透過對他人表示讚賞，我們發出了關於自身人格特質的重要信號，顯示出我們對自己社交圈中的人都是能迅速回應和提供支持的，這在任何人際關係中都是寶貴的特質。

## 如何做到真心讚美而不虛偽

體會並表達我們對他人感激之情的能力提升，或許推動了祖先時代的社會變革。隨著我們開始生活在更大的群體中，需要發展新的心理機制來加強關係並確保合作。我們已經看到一些這樣的機制，比方說，可以充當社交黏合劑的音樂、舞蹈、和同步活動，而表達感激也是其中之一。

莎拉‧阿爾戈伊針對見證效應進行研究，提出了她的**「發現―提醒―連結」理論**，她認為這是透過三個主要機制來實現的：

正向人脈提升守則　150

一、**發現**：感激之情幫助我們辨識出值得結交成朋友的陌生人。

二、**提醒**：感激之情提醒我們留意已經在自己社交圈中提供支持和幫助的人，而不會將之視為理所當然。

三、**連結**：感激之情激勵我們對這些關係投入更多心力。

我們已經探討了讚美達成這些功能的一些例子，接下來將了解科學能提供哪些額外的建議，以大大地發揮表達讚美的好處㉖。

這些形成了我們的第六條正向人脈提升守則：**慷慨地讚美他人，但在表達讚賞時要非常具體**。這又回歸到共感體驗的概念，別人想要知道你有用心在關注他們，這樣你才能更加理解他們的想法與感受。雖然人們可能會大方地接受社交禮節上常見的客套話，但這些含糊的話並不能表現出你對對方個人特質的興趣，而且又很容易偽裝。空泛的讚美所帶來的喜悅，遠不及你發現並欣賞對方未曾被人注意到的獨特特質。

表達感激之情也是同樣的規則。我們可以透過兩種方式表達自己的謝意：一種是描述某個行為帶給我們的好處，另一種是讚揚促成慷慨之舉的個人特質，你應該選擇後者。例如，想像一下，你的伴侶剛送給你一本你最喜歡的作家所寫的珍貴書籍，你可以說「謝謝你，這本書看起來很棒，我迫不及待地想讀了」，這是一個禮貌的說法，表達了他們的行為對你的好處，但如果你進一步觀察他們在選書時所投入的心思，並承認他們真的很了解你，才知道要買這本書，這麼說

的效果會更強大。同樣的，如果你仔細想想對方此舉所反映的人格特質，你可以說「謝謝你，這讓我省去了搭公車的時間」，但如果你仔細想想對方此舉所反映的人格特質：「我真的很感激你總是不辭辛勞地幫助我」，這麼說可能會更有意義。莎拉‧阿爾戈伊的研究證明，這些小小的改變可能會大大影響你的話帶給別人的感受㉗。

我們可以在一項研究中看到這一點，該研究鼓勵夫妻在一個月內多多向彼此表達感激之情。這項干預措施成功提高了參與者的平均幸福感和關係滿意度，但效果取決於讚美者的「回應程度」：亦即他們的對話使伴侶感受到被理解和認可的程度㉘。光是說「你看起來很不錯」或是驚呼「做得好！」這種效果遠不如仔細留意你欣賞的個人特質。同樣的道理，我們應該節制地使用誇大的說法，沒有人願意跟與自己毫無相似之處的名人作比較。

**我們應該要特別小心，不要讓隱含的偏見影響到對他人的讚美。** 那些基於「正面刻板印象」的陳腔濫調，表面上好像是在恭維，實際上卻反映了隱含的偏見，這種讚美更有可能冒犯他人，而不是帶來愉悅。如果你只是因為男同性戀的時尚品味而表達讚美，那麼你的稱讚並不是針對他這個人，而是他所屬的類別，這樣的讚美不太可能會增進彼此的社交連結感㉙（當然，除非你的讚賞是真正經過深思熟慮，準確反映了個人成就和價值觀，而不是你對他們的偏見）。

**我們也應該留意某人的自信程度，並根據他們對自己的看法來調整我們的讚美。** 自尊心比較低的人傾向於忽視讚美，甚至可能在聽到與其信念相抵觸的話時感到焦慮或羞愧㉚。一項研究甚至發現，自尊心較低的人在伴侶的負面評價與自身信念相符時，更容易展現出對關係的承諾，而

正向人脈提升守則　　152

當伴侶給予讚美時，他們的承諾感反而較低㉛。請記住，與某人形成共感體驗感時，我們會希望對方能證實我們對世界的看法。如果有人嚴重懷疑自我價值，可能會認為對方的讚美不夠誠實，或是擔心這種讚美只是基於錯誤的假設，很快就會被揭穿，或是認為對方「只是在說客套話」，並不是真心的。這些想法都會削弱彼此之間的連結感。

**在這種情況下，最好是詳細描述我們所欣賞的相關特質、並解釋這對整體關係的重要性。** 由於自尊心較低的人往往認為別人的感受只是一時的，我們可能要更努力地強調「持續的」欣賞之意。例如，告訴對方每當你遇到問題時總是欽佩他們的創造力，並描述他們幫助你擺脫困境的幾次經歷，這可能比只在當下感謝更能激發他們大腦的獎勵中心。

鼓勵自尊心低的人以這種方式思考他人的讚美，會增加他們在關係中的安全感。例如，加拿大滑鐵盧大學（University of Waterloo）的研究發現，參與者在接受讚美後，被要求深入思考伴侶讚賞他們的理由，隨後他們更有可能認同像「我的伴侶無條件地愛我和接受我」、「我相信我的伴侶會希望永遠維持彼此的關係」之類的說法㉜。光靠言語無法消除某人根深柢固的不安全感，但我們可以幫助他們透過我們的觀點來看待自己，這能讓他們相信我們的讚賞是真誠且持久的。

在工作場所表揚他人時，必須考慮組織的層級結構和權力動態，如果我們告訴實習生，「對一個實習生來說⋯⋯你的想法還不錯」，這會顯示出我們非常在乎自己的形象，顯得高高在上，也損害了我們之人的動力。更糟糕的是，告訴實習生，「上司對初階員工」（比如說，上司對初階員工），或許會想對讚美稍加修飾，以維持層級關係，例如，經理可能會告訴實習生⋯⋯這種間接的讚美往往會降低受到表揚

的可信度㉝。如果我們想對某人說些好話，就應該直接表達這種情感，而不需要添加任何苦澀的語氣。

最後，我們不該忽視對我們的「弱關係」（也就是那些我們幾乎不認識、但將來可能成為親近社交圈成員的人）表達感激之情。在一項引人注目的實驗中，研究人員要求大學生對高中生的寫作給予簡單的回饋意見。一週之後，大學生被隨意問及是否願意與他們指導過的學生見面，如果願意，就提供聯繫方式。有些指導者在這之前就已經收到了一封感謝信；而有些則沒有得到他們幫助對象的任何感謝。效果非常顯著：如果接受幫助的人事後有簡單地表達感謝，那麼指導者傳訊息以便日後見面的可能性提高了約六三％。正如「發現—提醒—連結」理論所預測的，這種感激之情的表達會讓參與者更想建立社交連結㉞。

許多人已經與真正傑出的人定期保持聯繫：但往往因為太害羞而不敢表達自己的感激之情。一旦我們克服了這個障礙，應用第六條正向人脈提升守則，我們將會看到自己社交網路的規模、強度、和幸福感都在不斷增長。

正向人脈提升守則　154

## 你應該知道的關鍵訊息

- 人們通常都很重視感謝和讚美的話,如同收到實質禮物,在工作場所,這也會是積極的動力來源,有助於提高生產力。
- 由於擔心自己無法恰當地表達讚美,我們對他人的讚美總是不夠,甚至還錯誤地認定別人應該早已了解我們的心意。
- 向他人表達感激之情時,會增強我們對社交支持的感受,因此,雙方的幸福感都會顯著提升。在充滿挑戰的情況下,對他人表示感激甚至可以緩解我們的壓力反應。
- 公開讚揚不僅對直接受惠者有好處,也能顯示出你有意與人建立穩固的社交連結,進而強化你與團體其他成員的關係,這種現象被稱為「見證效應」。

### 行動方針

- 傳送訊息給許久未見的人,告訴對方他們對你的重要性,並回憶你感謝他們陪伴的某個時刻。你可能會驚訝於此舉多麼有效地重新建立彼此的聯繫。
- 避免空洞的客套話和敷衍的陳腔濫調。想要建立連結感,你的讚賞表達必須以雙方的共感體驗為基礎,要表現出你對對方獨特的特質和行為的細心關注,並具體說明你讚賞的理由。

- 如果有人立刻駁回你的讚美，可能是因為你所說的話挑戰了他們對自己的負面看法，引發了他們的焦慮，而非愉悅感。你可以透過強調你的欣賞並不是一時的，而是一直持續著，同時更仔細地表達此一特質對彼此關係的重要性來克服這個問題。

第2部

維持人際連結

# 第七章
## 謊言與祕密對人際關係有害

坦誠和信任會換來對方的感激和更親近的互動，世界也不像以前那樣充滿敵意。

十九世紀德國哲學家阿圖爾·叔本華（Arthur Schopenhauer）的作品，似乎不像是尋找社交連結祕訣的理想來源。由於童年時期就患有嚴重憂鬱症，叔本華以消極的人生觀和不討喜的性格而聞名。根據所有記載，他不夠寬容又缺乏耐心，對個人才華自視甚高，但往往與他實際成就並不相符。叔本華的嫉妒心有時會驅使他採取荒謬的手段。在柏林教書時，他刻意與競爭對手、哲學家格奧爾格·威廉·弗里德里希·黑格爾（Georg Wilhelm Friedrich Hegel）在同時段安排了講

叔本華形容黑格爾是「笨拙的江湖騙子」❶。雖然叔本華對黑格爾的評價不高，但其他許多知識份子卻認為他是歐洲最偉大的思想家，學生們蜂擁而至聽他講課，而叔本華的演講廳則幾乎空無一人❷。有一次，因作品未能贏得重要獎項，他還寫了一篇文章譴責評審的無能❸。

然而，正如我們在牛頓身上也看到，好鬥的性格並不代表不會有深厚且有影響力的友誼。叔本華的社交圈包括他童年時期就認識的商人尚・安蒂岡・格雷戈瓦・德・布萊西梅爾（Jean Anthime Grégoire de Blésimaire）、博學多才的約翰・沃夫岡・馮・歌德（Johann Wolfgang von Goethe）、學者卡爾・維特（Karl Witte）、和美國商業大亨威廉・巴克豪斯・艾斯特（William Backhouse Astor）❹。他的著作顯示他對人際關係的重要性、和阻礙人建立親近關係的心理障礙有著敏銳的認識，這反映在他所提出的「刺蝟困境」（porcupine's dilemma）。

叔本華在他的《附錄與補遺》（Parerga and Paralipomena）哲學論文集中寫道：「一群刺蝟在寒冷的冬日裡擠在一起取暖；但身上的刺開始互相刺傷，迫使刺蝟分散開來，然而，寒冷再次來襲，又讓刺蝟聚集在一起，同樣的情況又再發生。最後，在多次的分分合合之後，刺蝟發現彼此最好還是保持一點距離」。

叔本華認為，人類的行為也很相似，**我們越是試圖與他人親近，就越可能被他們的行為所傷害，這使我們選擇保持「適當的距離」，以相互禮貌的態度來保護自己，防止任何一方受到傷害。**「透過這種安排，雙方相互取暖的需求只能得到非常有限的滿足；但沒有人會被刺傷。內心有些熱情的人更願意留在外面，這樣既不會刺傷別人，也不會被人刺傷」❺。

正向人脈提升守則　160

我們現在已經學會了許多加強關係的方法，包括**克服好感差距、避免理解的錯覺、掌握交談的藝術、和成功地表達讚賞之意**，這些都是社交連結的基礎。然而，與人的親近關係難免會有不自在和衝突情況，在本書第二部分中，我們將探討如何應對這些困難。我們對這些挑戰的直覺反應往往會擴大我們與他人之間的隔閡，但也並非必然如此。根據最新的社會心理學研究，有許多方法可以克服刺蝟困境。

我們將從討論真相、謊言和祕密開始。社交連接是建立在雙方都誠實行事的前提之下，否則就無法創造共感體驗。然而，當我們開始更深入地了解彼此之後，必然會害怕透露某些事情，因為擔心這些事會損害對我們的印象，甚至更糟的是，會給對方帶來情感上的痛苦。應該「讓往事塵封」、還是應該坦白我們想要忘卻的過去？我們可以合理地說一些善意的謊言嗎？

我認為這麼說並不算洩露太多，幾乎對任何可能的情況，答案都是要比內心實際感受更勇敢地行動。這就是本書的第七條正向人脈提升守則：**坦率表露自己的脆弱，重視誠實勝於仁慈**（但如果可能的話，兩者都要兼顧）。

## 隱藏祕密造成沉重心理負擔

和LGBTQ⁺社群大多數的人一樣，我從小就體會到對別人隱藏自己性向的感受。我不記得我是什麼時候開始領悟到自己是同性戀的，但我清楚記得第一次體會到對外公開我的性向有多

麼困難。當時我大約十歲，我們一家人去一些年長的親戚那裡住了幾天，有一天晚上，我和哥哥坐在電視前看情景喜劇時，大人的話題談到了以前的一位房客。我的叔公說他因為房間裡有男人而被趕出去了，他的語氣以及我父母的沉默，讓我確信我對男明星的迷戀應該是個禁忌話題。

起初，這個祕密並沒有太難以承受，但知道自己有些事情不能跟任何人分享，讓我感到很孤獨。由於時刻警覺任何可能揭露我性向的情況，使我不得不在談話中壓抑自己；擔心被人發現幾乎使我沒有任何自我揭露的餘地。在青少年時期向朋友出櫃時，我知道那不是我想要過的生活，那是我第一次真正理解了安德烈・吉德（André Gide）所說的真理——被超脫樂團主唱柯特・科本（Kurt Cobain）著名地重複——「寧可因真實的自我而被人討厭，也不願因虛偽的自我而受人喜愛」❻。

心理學研究證實，隱藏祕密可能是巨大的壓力來源，對人的健康和人際關係都有嚴重影響，這也是幾乎每個人都會經歷的事。根據哥倫比亞大學邁克・斯萊皮安（Michael Slepian）及其同事進行的一項詳細調查，一般人平均有十三個祕密，其中有五個沒有任何人知道，只有不到百分之三的受訪者在填寫問卷時表示說他們沒有任何祕密❼。正如你所預料的，一些最常見的祕密涉及性欲和感情不忠，但參與者也提到了不為人知的野心、自我傷害、職場作弊、個人創傷、和不受歡迎的政治信念❽。

最明顯的壓力來源正是想盡辦法要隱瞞。隱藏自己性向的人自然會對約會的話題感到不自在；默默忍受著飲食失調的人，當話題轉到飲食和食物時可能會感到很痛苦；對自己的大學學歷

正向人脈提升守則　　162

撒謊的人，在提及教育時可能會嚇出一身冷汗。而斯萊皮安的研究顯示，這種壓力甚至在我們休息的時候仍然存在❾，就像舌頭似乎忍不住去觸碰疼痛的牙齒一樣，當我們心裡藏著重大祕密時，思緒會不斷回到怕被揭露的恐懼中❿。

隱藏祕密的心理壓力可能會削弱人的智力表現。加州大學柏克萊分校和康乃爾大學的研究人員要求異性戀參與者進行十分鐘的對話，不得透露任何有關個人性向的線索。比方說，如果聊到自己的約會偏好，必須用性別中立的詞彙來描述伴侶。顯然，這個經歷只是稍微模擬一個害怕社會污名而決定隱藏自己重要身份的人。畢竟，如果他們不小心說出來，也不會有真正的敵意，而一次十分鐘的互動也幾乎無法與壓抑的一生相提並論。然而，異性戀參與者發現這種心理警戒和認知迴避顯然令人非常疲憊，導致他們在後續的非語言推理智力測驗中的得分顯著下降。

我們通常將這種壓力視為一種身體負擔；當一個意義重大的祕密攸關個人的自我認知時，真的會令人感到萬分沉重。在一系列引人注目的研究中，斯萊皮安的團隊要求參與者回想自己隱藏許久的一個祕密，而不透露具體細節，有些人被要求回想的是無關緊要的小事，而有些人則被要求回想隱藏在內心深處的重大祕密。然後，參與者需要估算一個正面顯示的山坡陡度。先前的研究已經表明，對背負額外重量的人來說（如沉重的背包），山坡似乎比實際上更加陡峭。斯萊皮安指出，那些隱藏著重大祕密的人也有同樣的反應：他們對於斜坡坡度的估計，比起想著瑣碎小事的人高出了四〇％。

在第二個實驗中，研究人員觀察了距離感知。同樣的，先前研究已經表明，人在背著沉重背

163　第七章　謊言與祕密對人際關係有害

包時，往往會高估距離，而斯萊皮安懷疑，沉思一個重大祕密也會有相同的效應。為了進行調查，他的團隊要求參與者朝距離二·六公尺的目標投擲一個豆袋。正如預期的，與想著瑣碎小事的人相比之下，那些剛回想重大祕密的人往往不太準確，超出目標大約十六公分。接下來，科學家招募一些曾經對伴侶不忠的人，讓他們回想自己的背叛行為，然後詢問他們將雜貨搬上樓、遛狗、或幫別人搬家需要消耗多少體力。結果發現，參與者對自己的行為反思越多，對於這些任務所需的體力消耗估計就越高。

最後，研究人員邀請同性戀參與者到實驗室參加一項有關印象形成的研究，參與者需要在錄影情況下回答一些問題。有些人被告知不要透露自己的性向，而有些人則被告知可以隨心所欲地公開。在結束之前，其中一位研究人員隨口問了參與者是否能幫忙搬運附近的一堆書籍。那些被要求隱瞞自己重要身份的參與者（因此感受到保守祕密的心理負擔），搬運的書堆數量約為其他人的一半❶。

除了隱瞞的壓力外，祕密還會降低我們對可用社交資源的感知。當人們想到自己所隱瞞的一些私事時，在衡量孤立感、疏離、和孤獨程度的問卷中評分都高出許多❷。我們在渴望與人連結和害怕被揭露之間不斷地糾結，這是一場極度疲憊的內心掙扎，最終可能導致心力交瘁。正如你可能預料到的，壓力再加上孤立感對我們長遠的健康福祉造成了不良影響。一個人認為自己的祕密越重大，越是會心神不寧，一再陷入沉思和懷疑，在生活滿意度和身體健康測量方面的表現就越差❸。

在適當的情況下，我們可以透過敞開心扉和說出實話來釋放這種壓力。斯萊皮安擴展他對身體負擔感知的研究，不僅要求參與者回想一個祕密，還要向研究人員透露具體細節。他發現，那些清楚說出隱藏祕密的人，不再誇大山坡的斜度、或目標的距離。事實上，他們的表現非常接近於根本沒有被提示思考祕密的人❶。換句話說，那種身體負擔感似乎隨著自我揭露而消失了。

選擇何時以及如何透露祕密是一件非常私人的事；我們不應該覺得有任何義務在還沒準備好之前就吐露訊息。然而，最近的心理學研究確實提出一些充分的理由，要我們在適當時機變得更加勇敢，因為有證據顯示，揭露那些讓人感到羞愧或尷尬的事，人們通常會給予更多支持，遠超乎自己的想像。接下來我們會發現，坦誠自己的脆弱往往被視為真誠和勇氣的表現，能夠加強與人之間的連結。

## 美麗的困境效應

戴安娜王妃自一九九七年去世之後，她的人生和性格一直是受到爭議的話題，然而，即使是她最嚴厲的批評者也承認她在與人連結方面的非凡能力，而這種受歡迎的程度多年來幾乎沒有衰退。在二〇二二年，YouGov 一項調查發現，她仍然比剛登基的前夫查爾斯國王更受歡迎❶。她的不完美似乎反而成為她受到人民愛戴的原因。例如，在一九九五年備受爭議的 BBC Panorama 訪談中，她公開談論丈夫的婚外情，也提到了自己的心理健康困擾和戀情，其中一些

165　第七章　謊言與祕密對人際關係有害

是媒體報導過的「公開的祕密」，但戴安娜從未在公眾面前或正式場合提過這些事。對於一九九〇年代中期如此顯赫的公眾人物來說，這是一場極其坦率的對話。許多戴安娜的批評者認為，她徹底摧毀了自己的形象，其中一位評論者正是現任王后卡蜜拉·帕克·鮑爾斯（Camilla Parker Bowles）的前夫，宣稱她已經證明自己「瘋狂、愚蠢、也許應該被關起來」。他們預期公眾會認同這些看法。

這樣的預期可能大錯特錯了。在接受採訪之後的幾天裡，戴安娜受歡迎程度飆升，《每日鏡報》（Daily Mirror）報導，高達九二％的公眾支持她上節目。幾週後，《星期日泰晤士報》（Sunday Times）進行的一項調查顯示，七〇％的人認為應該授予戴安娜一個海外親善大使的正式職務❶。

在過去幾十年來，我們或許已經習慣了名人的自白式訪談，但似乎並沒有將這種做法融入到個人生活中。我們高估了透露自己的弱點或失敗時會受到的嚴厲評判，也低估了別人會多麼欣賞我們的誠實或勇氣。**一般來說，人們對脆弱的看法比我們想像的要正面得多**，這種現象有時被稱為「美麗的困境效應」。

這種現象最初的一個證據來自一項研究，參與者首先被要求填寫一份有關生活中各種經歷的問卷，必須說明自己是否曾經騎過獨輪車、去過外國城市、或尿過床。在參與者填完資料後，他們被告知電腦正忙著準備一份自動生成的傳記，研究人員隨後會列印出來交給他們。事實上，文本是事先計畫好的，有些內容令人感到非常尷尬，文中寫道：「雖然這位學生有

正向人脈提升守則　166

一些缺點,偶爾有尿床的問題,但他一直是康乃爾大學優秀的學生,也自認為是個親切、活潑外向、又體貼的人」,文中還列出了一些愛好和興趣。參與者拿到文件時,被告知有一份副本會交給另一位學生評估,接著,他們需要在一分(比一般學生的印象更負面)到一百分(比一般學生的印象更正面)的範圍內,預估新認識的人對他們的看法有多正面。而研究人員確實將介紹訊息交給另一位學生,也要求他們以相同的尺度評價對此人的喜好程度。

我們可以想像那些所謂的尿床者在閱讀影印資料時的尷尬,然而,別人對這些尷尬訊息的解讀,遠比他們自己預期的要正面得多。除了夜間失禁的暗示外,當新認識的人獲得有關學生的嗜好和興趣的額外資訊時,這種差異變得特別明顯。由於有更多的細節需要考慮,他們對稍微令人反感的訊息似乎不太重視;在一百分的評分範圍內,他們給了六十九分,這是一個相當正面的評價。請記住,在這個評分系統中,學生的平均分數應該是五十分,因此表示他們還是非常希望認識這個人⑰。

我們的自我中心思維可能是這些錯誤預期的根源;我們專注於對自己而言最顯著的細節(自己的羞愧感或尷尬來源),而別人看到的則是整體全貌。如果別人知道你是一個經常幫助朋友、考試成績優異、或音樂品味出眾的人,就不太可能想到你尿床的問題。然而,我們很容易忘記這一點,認定尷尬的細節會掩蓋所有其他訊息。

在許多情況下,人們會將坦承自己的脆弱視為真誠的表現。因此,即使我們提供的訊息本身不是正面的,至少向對方表明了我們正努力想建立必不可少的共同理解,這對形成密切關係非常

重要，可能會促使人們想要建立連結。

普林斯頓大學（Princeton University）的丹娜·格羅梅特（Dena Gromet）和愛蜜莉·普羅寧（Emily Pronin）要求學生挑選一些可能向陌生人表達自己內心世界的陳述。有些人被要求從表達恐懼和缺乏安全感的清單中選擇：

- 我很容易感到沮喪，而且常常會半途而廢。
- 我對自己過於苛刻，常常在別人面前感到自卑。
- 我可能對與自己不同的想法和意見持保留態度。
- 我可能很衝動，經常後悔自己所做的決定。

其他人則被要求從優點清單中挑選幾個合適的陳述，例如：

- 我對自己相當有自信。
- 我對不同於自己觀點的想法和意見持開放態度。
- 我頭腦清晰，在面對艱難決策時總是能保持冷靜。
- 我不會輕言放棄，總是努力堅持到最後一刻。

在每種情況下，他們被告知這些陳述會給另一位學生看，同時回答以下問題：你認為這位學

正向人脈提升守則　168

生會有多喜歡你？評分範圍為一分（不太喜歡）到七分（非常喜歡）。

你可以自己試試，哪些陳述更有可能促進連結？如果你像我一樣，你會期待特別人更重視優點而不是缺點，普林斯頓大學生也是這麼想的，他們以為承認自己的壞脾氣、狹隘思維、和衝動行為會令人非常反感。

為了測試這些假設是否成立，格羅梅特和普羅寧隨後將每組陳述交給了一組不同的參與者，要求他們用同樣的標準來評估自己會有多麼喜歡寫下這些陳述的人。他們的答案與第一組參與者的預測完全相反。讀到某人的優點陳述時，這組參與者的平均好感度為三・八；而讀到缺點陳述時，評分則提高到了四・三。正如之前的假設，這些差異與參與者對真誠度的印象直接相關。**有人在讀到缺點陳述時，認為對方更真實和誠懇，進而提高了對此人的好感度[18]。**

現在，多項心理學實驗已重複驗證了這些結果。無論是表白暗戀、揭露對自己外表的自卑感、還是承認工作上的重大錯誤，我們都認為這些坦白會受到嚴苛的批判，但許多人其實會更同情我們的處境，並欣賞我們開誠布公的勇氣[19]。坦承自己的脆弱甚至可以使居權力地位、試圖向追隨者展現強大且完美形象的人受益。領導者若是公開承認可能讓自己感到尷尬的弱點（如害羞、對公開演講的焦慮、或是飛行恐懼），在真誠度的評分方面得分更高，也更能提高員工的忠誠度[20]。

這些發現與作家布芮尼・布朗（Brené Brown）的質性研究相呼應，她花了多年的時間探索人們對羞恥感的感受。她在《脆弱的力量》（*Daring Greatly*）一書中寫道：「**我們喜歡看見別人**

的坦誠和真心，卻害怕讓別人看透自己的真實面⋯⋯我被你的脆弱所吸引，但卻被我自己的脆弱所排斥」㉑。我們都不應該對自身的不完美感到羞愧，而最新的科學研究結果應該能讓我們更有信心，在生活美麗的混亂中與人建立更深的關係。

## 逃避問題、閃爍其詞、含糊回應並非上策

當我們有一些事不想讓別人知道時，或許會希望能夠避免自我揭露而不必公開說謊。我們可以乾脆拒絕回答令人尷尬的問題、試圖轉移話題來分散注意力、或是做出表面正確、但卻避開核心問題的陳述。可惜的是，每種策略都存在不少風險，而且沒什麼好處。

讓我們先從逃避問題開始。哈佛商學院研究人員要求參與者思考人們對（虛構的）交友檔案的反應，檔案中揭露了個人生活中的一些黑暗面，比方說對他人隱瞞性病、偷錢、詐騙保險理賠、或是幻想著折磨某人。檔案沒有提供詳細的細節，但每位成員（表面上）回答了關於自己從事多少次相關活動的選擇題，選項包括「從未」、「一次」、「有時」、「經常」、或「選擇不回答」。

由於這些都是純粹不道德的行為，我相信大多數人都會希望認識一個沒什麼污點的人。但是，如果你必須在坦承一些不當行為的人和選擇不回答的人之間做出選擇，你寧願選哪一個呢？在哈佛大學的研究中，**誠實幾乎總是勝過逃避問題**。人們更有可能接受公開承認錯誤，而非

正向人脈提升守則　170

逃避問題。例如，拒絕回答是否曾經對伴侶隱瞞性病的人，會受到與承認「經常」這樣做的人一樣嚴厲的評判，甚至比承認「有時」或「一次」這樣做的人得到更差的評價。

如果人類是完全依靠邏輯的決策機器，這種結果就不太合理。畢竟，拒絕回答的人可能只是一次犯錯，因此會比承認「經常」做出不道德行為的人更為可靠。但人並不是權衡機率的計算機，我們希望與人建立有意義的連結，拒絕回答似乎讓人對此人的整體誠信產生嚴重懷疑。有趣的是，研究團隊在考察工作場合時得出了大致相同的結果：潛在雇主更願意聘請承認曾經吸過毒的人，而非選擇不披露此一訊息的人❷。

其他逃避事實的策略也沒有太大的效果。我們可能選擇將對話轉移到較少爭議的話題以便迴避問題，比方說，表面上好像回答了問題，實際上卻避開了關鍵點。這是政客們常用的一種策略，研究證明，如果你的回答與原來的話題相去不遠，那麼這種策略有時可能會奏效，因為不注意的聽眾可能沒有察覺到你的閃避，然而，細心的人還是可能注意到這種手法，也會對你進行嚴厲的批判❷。

相關的含糊回應策略（運用看似正確的說法來營造錯誤的印象）同樣也有風險。美國前總統比爾‧柯林頓（Bill Clinton）與莫妮卡‧陸文斯基（Monica Lewinsky）醜聞案高潮時期的言論也許是最好的例證。一九九八年他接受美國公共電視網（PBS）採訪時，記者吉姆‧萊勒（Jim Lehrer）提出了一個非常直白的是非題：「你和這個年輕女子沒有發生過性關係嗎？」對大多數觀察者來說，萊勒問的是柯林頓與陸文斯基是否曾經有過性關係，但柯林頓的回答用詞非常謹

第七章　謊言與祕密對人際關係有害

慎，使用了現在式：「沒有性關係，這是真的」。這個答案可能滿足了一些觀眾，雖然柯林頓的說法在技術上是正確的（這段風流韻事現在已經結束了），但他顯然讓人誤以為這段關係從來沒發生過。㉔

柯林頓的案例是特別極端的含糊回應實例，而你自己也可能在不太嚴重的場合中用過這種技巧。例如，在商業談判中，你可能會被問及對未來成長的預測，即使你知道銷售已經開始停滯不前。誠實的人會坦率地陳述事實，而採取含糊回應的人可能會強調過去的成功──「嗯，正如你所知，過去十年來，我們的銷售一直穩步成長」，而不會承認如今成長已達瓶頸。

被問及最佳對話策略時，大多數人傾向選擇含糊回應，而不是公開說謊，也認為這樣比較有道德，然而，一旦對方發現自己被欺騙時，就會帶來嚴重後果。實驗證明，人們對含糊回應的看法和其他任何形式的欺騙一樣負面，而且不太可能再次信任這個人㉕。一旦真相被揭露，任何想要隱瞞事實的企圖都可能有損聲譽。

## 善意謊言的迷思

即使是為了顧及他人感受而編造的「利他的謊言」，也可能會有負面後果。

所謂的善意謊言（white lie）強調的是說話者的純潔意圖，這個概念可以追溯到至少十六世紀前，亨利八世的大法官湯瑪斯‧摩爾（Thomas More）寫給荷蘭神學家伊拉斯謨（Desiderius

正向人脈提升守則　172

Erasmus）的信件中曾稍微提及，摩爾承認他並不會「迷信到將每一個善意謊言都視為像謀殺一樣的罪惡」㉖。和摩爾一樣，如今大多數人都認為善意謊言是一種重要的社交潤滑劑，可以幫助對話更順利地進行。如果少了這些，你可能會認為人際互動會因過多摩擦而陷入停頓或被摧毀。

然而，這些假設真的成立嗎？

芝加哥大學的艾瑪・萊文（Emma Levine）和卡內基梅隆大學的塔婭・科恩（Taya Cohen）進行一系列研究以找出答案。在他們第一項實驗中，招募了大約一百五十名參與者，分成三組。第一組被要求在接下來的三天裡，在家裡和工作中的每次對話都「絕對誠實」，「在與他人分享你的想法、感受和意見時，要真正做到完全坦誠和開放⋯⋯雖然可能不容易做到，但你應該盡最大努力保持誠實」。第二組被告知在同一段時間內要對人表現出善良、關懷和體貼，而第三組被要求照正常表現。然後，他們在實驗期間每天晚上都填寫關於自身經歷的問卷，兩週後被要求反思他們從這次經歷中學到了什麼。

當被要求預測誰會表現得更好時，大多數人都認為那些優先考慮善意的參與者會有最好的經歷，而誠實的群組則很難維持友誼。然而，與這些期望相反，誠實的參與者在衡量這三天中的快樂感和社交連結度上的得分，與被告知要待人友善的參與者一樣高，他們常常在交流中找到很多意義，例如，負面訊息似乎帶來了更深入的對話，而沒有損害他們的整體關係。

研究結束時收集到參與者對經驗的書面描述，清楚地表達了這一點。一位參與者報告說：「能夠提出我想問的任何問題，並誠實地回答，使我和交談對象感覺更加坦誠又自在」。他們回

想起與熟人的尷尬互動，但認為這次真誠的交流彌補了尷尬的感覺。這個人補充說道：「有人問你有何感受時，假裝有什麼意義呢？我認為誠實通常有助於建立更好的關係和更深的信任。自那次經驗後，我一直努力在日常生活中更加坦誠」。也有人說得到解脫的感覺：「別人的反應和我預期的大不相同，他們很喜歡也欣賞我的誠實，我真不敢相信有這種事，令我感到很振奮，這代表我會很樂意談論我的心事，而不用擔心說錯話」。

在後續實驗中，萊文和科恩要求一對朋友、同事、室友、或戀人坦率地討論私人問題，例如上一次哭泣或最尷尬的時刻，而且要盡可能誠實。對於各種情況，誠實的溝通都引發有意義的對話，並不如想像中那麼困難，而且坦率表達對整體健康的益處在干預結束後，至少又持續了一週。最後，研究人員也要求他們向親近的人分享負面回饋意見：「告訴這個人你認為他們應該採取不同做法、改變自己、或需要改進的事」。同樣的，反應比預期的要好得多[27]。

這似乎是我們對情況的看法過於狹隘的又一個例證[28]。我們太在意負面的回饋及其可能造成的傷害，卻忘記了朋友會根據彼此的交情來理解負面評論。如果我們已經表現出善意，他們會記得我們以往的表現，應該會覺得放心，知道我們是為他們著想。這種了解可能足以減輕負面看法所帶來的打擊；最起碼，能避免他們「遷怒於傳遞壞消息的人」。

當萊文更廣泛地詢問人們對「善意欺騙」（prosocial deception）的看法時，她發現善意的謊言只有在極少數情況下會被容忍：也就是說，當情況超出一個人的控制，而說實話並不會帶來任何好處時。最明顯的例子就是，如果新娘或新郎在婚禮當天走上紅毯前已無法改變外表，實在

正向人脈提升守則　174

沒必要告訴他們看起來很糟糕。然而，若說實話有助於避免未來的尷尬時，誠實就是最好的選擇，而善意的謊言會被認為過度保護、且太過自以為是❷。

**實際上，善意的謊言可能會阻礙學習和成長。**例如，哈佛商學院的研究人員邀請成對的參與者參加公開演講比賽，並提供現金獎勵。其中一人擔任演講者，另一人擔任教練，在排練時給予回饋意見。大多數教練都低估了自己的同伴對得到誠實反饋的渴望，通常偏向給予正面的鼓勵，而不是改進建議，這導致了表現不佳；在練習階段收到的建設性批評越少，最終演講得到的評分也就越差。這裡的激勵因素相對較小，優勝的演講者只獲得五十美元，教練則獲得二十五美元，但在現實中迴避誠實卻可能導致銷售簡報失敗、或面試表現不佳而失去夢想工作。令人擔憂的是，進一步的研究顯示，若潛在後果越嚴重，人們提供誠實批評的意願也就越低❸。

## 如何降低批評帶來的衝擊

這些困難的對話需要巧妙地處理。先清楚表達你的善意後再傳遞可能令人難受的真相，這有助於緩和壞消息或批評帶來的衝擊，同時盡量以建設性的方式說明，讓對方明白能從中學習到什麼。例如，告訴別人他們的簡報「很沉悶」與讓他們誤以為簡報「很精彩」其實沒什麼不同；只是讓人更難受而已。具體說明哪些部分讓你分心，並解釋你覺得無法引起共鳴的真正原因，這樣才能提供更有用的改進方向。在日常語言中，我們常常將「誠實」與「直白」混為一談，但在提

175　第七章　謊言與祕密對人際關係有害

## 如何建立信任感

我們現在已經看到了大量的證據支持第七條正向人脈提升守則。你在試著對自己的生活更坦誠和開放時，不妨也思考一下你是否給他人一種安心的感覺，讓他們也能這樣做。例如，你對八卦的熱愛可能會讓對話變得有趣，但如果你過於頻繁地參與其中，就會讓別人在分享秘密之前更加謹慎。他們會過濾自己想分享的內容，這會導致錯失建立深刻關係的機會。

當別人願意敞開心扉時，你可以透過表現出積極的關懷和興趣來支持他們的感受，但不要認為這個話題可以在日後對話中隨意提及。有些人可能會因為吐露心事而感到解脫，但這並不代表他們會想要每次都談到這個話題。事實上，在決定是否透露個人私事時，有沒有可能暴露出自供真實的回饋意見時，更是需要用精確和細膩的語言來表達。最後，你可以主動協助對方處理後續的問題，無論是情感支持還是實際幫助（比方說，你可以提議一起去喝咖啡、提供更多的寫作建議）。

出於好意但基本上效果不大的一種策略是「回饋三明治」，也就是把批評夾雜在虛假的讚美之間（因此，你或許也聽過這被稱為「胡說八道三明治」），這種做法會貶低讚美的價值，也不會使負面回饋變得更容易接受，這是一種雙輸的局面❸¹。與其用空洞的安慰話包裝令人失望的消息，倒不如直接坦白地說出事實。

正向人脈提升守則　176

已脆弱之處往往是一個關鍵考慮因素㉜。因此，要再次提及這個話題之前，請務必謹慎行事。通常，最好是讓對方知道，只要他們覺得準備好談心，你隨時都願意跟他們聊聊，然後由他們來主導對話。

基於相同的原因，你在收到壞消息或負面回饋時，應該注意自己的反應。一聽到批評就立刻惱羞成怒，只會讓別人以後不願意再誠實表達意見。如果別人真誠地提出建設性意見，不妨試著提醒自己對方的一片好意，並將對話轉向如何有效利用他們的觀點以求改進。

最後，你可能需要考慮一下你對他人可信度的看法，因為這會大大影響你對他人自我揭露的反應、以及你是否願意真誠回應他們所說的話。請以一分（完全不同意）到五分（完全同意）的尺度，針對以下陳述進行評分：

- 大多數人基本上都是誠實的。
- 大多數人會信任一個對他們表現出信任的人。
- 大多數人基本上都是很親切善良的。

這被稱為「普遍信任量表」。如果你是多疑的性格，可能會認為分數較高的人容易輕信，也容易受人操控，但事實並非如此，信任他人的人似乎在品格判斷上更為準確。

在一項引人注目的研究中，加拿大研究人員要求一群MBA學生參加模擬面試，爭取一個

177　第七章　謊言與祕密對人際關係有害

真實的工作機會。一半的學生被要求絕對誠實，而另一半則被允許隨意虛報自己的資歷。這些面試被錄影之後，播放給第二組參與者看，請他們評估面試學生的誠實度、以及是否該獲得聘用。結果發現，信任程度較高的參與者在判斷誠實與虛假上更為準確，而性格多疑的人反而不善於察覺可能的欺騙「跡象」，也更有可能推薦虛報資歷的候選人得到工作。

看來，由於較不設防的心態，信任他人的參與者學會了更敏感地察覺細微訊號，例如，某人語調的變化可能暗示是否在說實話或撒謊。在生活中，這些人可能經常讓自己面臨需要依賴他人誠實的情況，因而訓練出更強的品格判斷能力。相比之下，**性格多疑的人可能因為過去一直擔心受人欺騙，因此減少與他人的互動，結果未能充分觀察人的行為，無法區分他人的真誠或虛假**。

較高的信任程度可能會增強我們的社交智慧，使我們更能應對周圍人的複雜行為㉝。

對他人坦誠相待，相信他們會以同樣的方式回應，並不是一件容易的事。正如同叔本華描述的刺蝟在寒冬中互相靠攏取暖一樣，我們每次想與人親近時，都會有被刺傷的風險，然而，這些風險遠不及所帶來的益處。當你學會以誠意待人時，你會發現，自己的坦誠和信任通常會換來對方的感激和更親近的互動，世界也不像以前那樣充滿敵意，造成人際疏離的刺往往是虛幻的。

正向人脈提升守則　178

## 你應該知道的關鍵訊息

- 祕密會造成身心沉重的負擔和社交孤立感，這些都會影響我們的健康。
- 在我們覺得準備好時，自然地向他人吐露祕密可以促進雙方的連結感。
- 別人往往比我們所想像的更正面地看待我們的自卑和尷尬，這種現象被稱為「美麗的困境效應」。
- 試圖逃避事實的行為（如閃避問題或含糊回應），往往被視為與直接撒謊一樣糟糕。
- 為了避免傷感情而說的善意謊言，可能會顯得有點過度保護、或自以為是。只有當此人無法控制相關情況時，善意謊言才是可接受的。
- 我們常常低估別人對誠實回饋的渴望，尤其是對於那些誠實意見可能帶來重大影響的情況。

### 行動方針

- 花一週時間試著絕對誠實地對待每一次的社交互動，記錄下來，並留意你的對話和電子郵件交流是否比你最初預期的更加自在和充實。
- 在給他人回饋意見時，避免採用在正面鼓勵中夾雜負面訊息的「胡說八道三明治」，

這會貶低讚美的價值，也不會使負面回饋更容易被人接受。

- 避免直白的批評，而應該專注於問題的具體細節。如果可能的話，提出可能解決問題的積極步驟。

- 避免惡意八卦，讓別人知道他們的祕密在你這裡是安全的。在別人自我揭露之後，請注意不要太常提及令人痛苦的話題，但要清楚表明，只要他們想聊聊，你隨時都願意與他們談心。

# 第八章 拋開嫉妒心，共享喜悅

只要我們坦誠地談論自己所面臨的困難，就不必害怕表達自己的成就；共享喜悅是人際連結重要的組成部分。我們的快樂是有感染力的。

如果你有用過社群媒體一段時間，你一定很熟悉「故作謙虛自誇」（humblebrag）這種現象，這是一種看似自貶的評論或抱怨，而其實只是要向人炫耀自己的美貌、財富、教育、或成功事業：我記不得有多少次聽到有人說我看起來像個名人，真的哦！或是畢業於兩所大學代表你會接到雙倍的請求贊助、捐款的電話，緊迫盯人，真是煩人啊！

故作謙虛自誇在名人中尤其普遍。以演員傑瑞德・雷托（Jared Leto）因其出眾的服裝品味獲

得頂級時尚雜誌認可後的一則推文為例：

剛剛榮獲德國GQ時尚品味獎，他們顯然是搞錯了，我很好奇他們要多久才會來收回這個獎項。❶

或是梅麗‧史翠普（Meryl Streep）在領取她第三座奧斯卡獎時的演說：

他們喊出我的名字時，我有一種感覺，好像聽到半數的美國人都在說：「哦，不，拜託，為什麼又是她？！」……唉呀，無所謂啦！❷。

故作謙虛自誇的習慣並不限於英語世界。在中國社群媒體上，用來將某些貼文貶為「凡爾賽文學」（Versailles literature）❸。這個術語來自於漫畫系列《凡爾賽玫瑰》（The Rose of Versailles），描繪瑪麗‧安東內特（Marie Antoinette）奢華的生活方式，現在用來形容那些炫耀自己的財富和社會地位、又假裝不在乎或失望的貼文，例如：

社區內沒有足夠的電動汽車充電站，我們也不能夠自行安裝，所以我們別無選擇啊，只好搬到更大的房子，有私人車庫，好讓我老公的特斯拉可以充電❹。

正向人脈提升守則　182

我們可能會會莞爾一笑，但故作謙虛自誇的動機不可等閒視之，這可能是為了克服社交互動的一個主要困境而做出的錯誤嘗試。

## 嫉妒是人類的天性

人都會想要得到他人的尊重：在人類進化過程中，一個人在同儕中的聲譽對生存至關重要。那些被認為聰明、勤勉、慷慨、又合群的人，會成為受重視的團隊成員，也可能更容易與同儕形成有價值的合作關係；他們也會是更具吸引力的伴侶。然而，一個人的成功可能導致另一人的失敗，因而使那些努力追求相同地位的人心生怨恨。在演化史中，人類祖先對於那些顯得過於自信卻未付出應有努力的人特別有疑慮，這些都是變得過於自大而不再分擔責任、或不再為集體利益做出貢獻的人。因此，我們演化出嫉妒等情感，促使我們懲罰那些可能獲得太多關注但缺乏真正實力的人，同時也激勵自己努力爭取同樣的成就。

每當我們展現出對新戀情的喜悅或談論工作上的升遷時，都可能引發那些我們想留下深刻印象的人不愉快的感覺，這是社交連結一個主要的障礙，或許也說明了為什麼那麼多成功人士都覺得非常孤獨。故作謙虛的自誇試圖透過幽默或同情來減輕不滿，但最近的研究表明，此舉可能只會放大一直想要避免的情緒。所幸，還有許多其他方法可以公開分享我們的成功，這些方法能取代怨恨和惡意嫉妒，激發對彼此成就的「共享喜悅」（confelicity），進而加深雙方的關係。根據

第八條社交連結法則，不要害怕嫉妒心，公開個人成就，但要準確表達，避免與他人做比較，享受「共享喜悅」。我們將了解為什麼應該公開慶祝自己的成就而不必擔心招來嫉妒。

## 過度自誇的危險

在探討假謙虛的心理學及其結果適得其反的原因之前，讓我們更全面地探討一下自誇的問題所在。不必我說你也知道，沒有真材實料的自誇行為很可能會造成尷尬局面。正如莎士比亞在《終成眷屬》(All's Well That Ends Well)劇中的名言：「終有一天，每一個吹牛的人都會被人發現是一頭蠢驢」。

心理學研究顯示，人的自誇行為會在兩個主要層面受到評判，首先是準確性。比方說，自我吹噓的學生如果能提出一些證據來證明學術潛力（如最近考試取得高分），就會得到更正面的評價，遠勝於沒有事實依據的自誇。如果有相反證據顯示他們不僅沒有優異成績，反而表現得很糟糕，他們將受到特別嚴厲的批評❺。從演化的角度來看，這是有道理的：若說有什麼比試圖提升社會階級或炫耀新地位更糟糕的事，那便是採取不誠實的做法，因為這會立即引起別人對其整體行為的質疑，此舉暗示他們可能會不擇手段地尋求認可。

許多人自然就能明白這個道理，但還是會有人忍不住炫耀不存在的成功，自認為真相不會被揭露，正如佛羅里達大學（University of Florida）的巴里・施倫克（Barry Schlenker）在一九七〇

正向人脈提升守則　184

年代的一項經典研究中所證明的。參與者首先接受一系列個人能力測試，然後參加一個團體活動，活動是以測驗形式進行，每位成員可以投票選擇正確答案。在一些小組中，是採取匿名祕密投票方式；在另一些小組中，就算答錯了，也必須向全體成員公開自己的答案。

施倫克很想了解匿名投票是否會改變參與者向其他成員介紹自己的方式，結果並沒有讓他失望。與那些必須公開答案的人相比，匿名投票作答更可能誇大自己的智力才能。他們知道沒有人能檢驗他們的說法是否符合實際表現，因此更樂於自我吹噓。即使是一開始的能力測試中表現很差的人也不例外：只要沒有被人揭穿的可能，參與者很樂意吹噓自己並不存在的才能。❻

在現實生活中，我們很難預測別人什麼時候會看穿我們真正的能力和成就。我們可能會向家人吹噓自己在同事中受歡迎的程度，自認為這兩個社交圈永遠不會有交集，結果卻發現我們的表兄弟恰好和我們的同事上同一家健身房；或者，我們向同事吹噓自己精通某種語言，結果被要求翻譯母語者的話時感到尷尬無比。

更糟糕的是，我們對自身能力的判斷往往存在嚴重的偏差，這代表我們可能根本沒有意識到自己的吹噓有多麼誤導人❼，而且通常是那些最沒天賦的人最過於自信，這種傾向被稱為「鄧寧－克魯格效應（Dunning-Kruger Effect）」，是以發現此現象的兩位研究者大衛・鄧寧（David Dunning）和賈斯汀・克魯格（Justin Kruger）而命名的❽。

記者和喜劇演員很快就用這個詞來形容許多政客的荒謬吹噓，但事實是，大多數人都有這種高估自身能力的傾向。**我們必須確信自己有足夠的本事才能自我吹噓，否則我們都面臨著「被人**

185　第八章　拋開嫉妒心，共享喜悅

發現是一頭蠢驢」的風險。

## 傲慢假說

除了準確性之外，我們在吹噓當中有沒有拿自己和他人進行直接比較也會受到評判。根據所謂的「傲慢假說」（hubris hypothesis），如果自我讚美暗示對他人的負面評價，可能更容易引起別人的反感，反之，如果避免這種比較，個人的自誇就會受到更正面的看待。

如果想了解這項研究的精髓，不妨看看以下的陳述：

一、「你知道嗎，我比別人更適合做朋友……我時常比別人更有動力去享受歡樂時光……我也比別人為朋友圈付出得更多……如果要我跟別人比較的話，我敢說自己更投入、更忠誠、更開明，你和我在一起也會更開心」。

二、「你知道嗎，我會是一個很好的朋友……我時常很有動力享受歡樂時光……我也會為我的朋友圈付出很多。如果我觀察自己，我敢說我是個很投入、很忠誠、很開明的人，你和我在一起會很開心的」。

你會比較想跟上述哪一個人見面呢？

正向人脈提升守則　186

無論再怎麼善良，你也不能說上述任何一種說法是謙虛的：兩者都是在吹捧一些人人都想有的理想特質和行為。唯一的區別在於這個人有沒有將這些自稱的優點與他人的特質進行比較（如第一個例子所示），還是避免了明確的比較（如第二個例子所示）。魯汶天主教大學（Katholieke Universiteit Leuven）的維拉・霍倫斯（Vera Hoorens）透過多項研究證明，比起那些只是自我吹捧而不牽涉他人的人（含蓄自誇者），做直接比較的人（明顯自誇者）更不討人喜歡❾。

為什麼會這樣呢？從邏輯上來看這似乎毫無道理，但霍倫斯進一步的研究顯示，答案與我們對評價的恐懼有關。如果有人明確地將自己和他人進行社會比較，我們會假設他們對我們個人也會有負面的看法，這會讓我們感覺自己的地位受到威脅，因此我們會本能地避開他們❿。我們對明顯社會比較的反感可能強烈到會引發敵意和攻擊行為。比方說，在考慮不同的大學宿舍室友時，參與者會想要把最討厭的家務分配給明顯自誇者，也會樂於破壞這些人贏得金錢獎勵的機會⓫。

你或許會認為平等的說法會比公開的自誇更受青睞。如果謙虛總被認為是一種美德，那麼寫下「我和其他人一樣是個值得結交的朋友⋯⋯我也是時常有動力享受歡樂時光」的人，應該會比聲稱「我會是一個很好的朋友」的含蓄自誇者更受人歡迎。然而，事實似乎並非如此。雖然聲稱平等的人絕對比自認為高人一等的人更討人喜歡，但受歡迎的程度並沒有比含蓄自誇者更高。**自我吹噓似乎沒什麼害處，只要你不明確宣稱自己優於他人，以免引發人們對負面評價的恐懼**⓬。

這些發現應該是適用於任何對話，不論你是在炫耀新房、誇讚自己的育兒技巧、還是描述自己的健身計畫，都沒有必要把別人牽扯進來。理解這點在職場中特別有用，自我展現可能對個人

升遷機會有重大影響，你在努力證明自己的時候，可能會很想要說明自己和同事的排名比較，但這種明顯的比較會適得其反。只要好好地描述你個人成就的細節，讓你的上司自行衡量即可。

你是否經常犯這種錯誤，可能與你的性格有關❸。自戀特質的測量方式是讓人去比較成對的陳述，然後選出最符合自己的描述，例如：

- 我喜歡成為眾人關注的焦點，或我喜歡隱沒在人群中。
- 我堅持要求得到我應得的尊重，或我通常會得到應得的尊重。
- 我比別人更有能力，或我可以從別人身上學到很多東西。

這些陳述取自於自戀人格量表（Narcissistic Personality Inventory），如果你發現自己更認同每對中的第一個陳述，你的自戀傾向可能高於一般人❹。不過，不必太沮喪：自戀的人絕對也能夠建立親近關係，但可能需要更加注意自己對情感認同和尊重的需求。由於需要得到尊重，自戀的人更容易自我吹噓，同時貶低他人，又不太能察覺到自己的言論可能會帶給別人什麼感受，因此，可能特別容易做出會引發疏離感的社會比較。

如果你發現自己是很自戀的人，你可能需要更努力避免這種壞習慣，你或許希望在人群中脫穎而出，但過度的社會比較會阻礙自己給人留下美好的印象。

正向人脈提升守則 188

## 假裝謙虛的風險

這項研究應該令人感到安心；只要遵循這些簡單的原則，我們可以慶祝自己的成功，也能避免通常因毫無憑據的自誇而招致的社會批評。然而，我們可能還是會想知道，淡化自己的成就不會比較好。畢竟，人們應該會更尊重謙遜的人，而不是那些經常吹捧自己的人吧？然而，這是有風險的，因為假裝謙虛只不過是另一種「親社會謊言」，正如我們已經看到的，這樣的謊言會損害人們對你誠實與否的看法。正如十七世紀的法國哲學家尚・德・拉布呂耶爾（Jean de la Bruyère）所說的名言，試圖顯得很謙虛本身就是極度虛榮的表現，而人們不太可能對這種試圖欺騙的行為產生好感❺。

這或許可以解釋為什麼故作謙虛的自誇這麼令人反感。針對人們臉書貼文的分析顯示，與直接的自我吹捧相比，故作謙虛會降低別人對真誠度的感受❻，這些人可能認為，那些自我貶低的評論會讓他們顯得平易近人、或更接地氣，但其實往往被視為是一種操縱的表現。

基於類似的原因，試圖對別人隱瞞成功可能會適得其反，正如行為科學家安娜貝爾・羅伯茨（Annabelle Roberts）在最近一系列研究中所顯示的。在一項初步調查中，她發現超過八〇％的人承認曾對身邊的人隱瞞好消息，比如優異的考試成績、工作升遷、或高調的消費行為。當被要求解釋時，大多數人都表示是出於善意：他們不想引起嫉妒、或讓對話變得尷尬。然而，羅伯茨後續的實驗顯示，隱瞞這些事通常無法達到預期的效果。**隱瞞個人成就或幸運之事並不會表現出**

謙遜，反而暴露出你低估了對方的自尊心，也暗示你可能會高度意識到彼此之間的地位差異。

在一項研究中，羅伯茨的團隊招募了大約一百五十對已經彼此熟識的參與者，包括朋友、戀人、家人、或同事。研究人員在取得他們關係的基本資料後，要求每對中的一位成員描述最近一項讓他們感到很自豪的成就，但出於某種原因，還沒有告訴實驗同伴。他們的回答包括煮了一頓高難度的大餐、或在舉重訓練中突破個人最佳紀錄、在大學取得優異的成績、或吸引了大量社群媒體粉絲等，任何可能會讓人心情愉快好幾天的成就。

在收集完這些回答之後，研究人員接下來將注意力轉向了朋友、同事、或戀人（在實驗報告中被標記為「目標對象」），告知向他們同伴所提出的問題，然後提供關於同伴是否選擇對回答保密的虛假訊息。如果目標被告知自己的同伴選擇隱瞞此事，他們就無法看到對方寫下的回答；反之，如果同伴選擇分享成就，就能看到回答內容。在每種情況下，目標都會收到一系列問題，探討他們對自己同伴此刻的感受。他們還可以選擇花一美元購買一張電子卡作為對同伴的感激之情、或是把錢留給自己。

你或許會認為自我宣傳的言論所引發的嫉妒感，會使雙方關係蒙上陰影，減少參與者之間的連結感，然而，隱瞞個人成就從各方面看來似乎都引發了最糟糕的反應。目標對象都表示對這個決定明顯感受到侮辱，因而感覺與同伴的關係不再那麼親近，進而影響他們的行為。當有機會給同伴發送一張電子賀卡時，他們傾向拒絕這個機會，反而將一美元留給自己，這種瑣碎又小氣的舉動表明了他們不太願意珍惜彼此的關係。

正向人脈提升守則 190

坦白說，這是相當人為的安排，而後續的研究要求參與者思考日常生活中的各種情境，報告他們在類似情況下會如何反應。在每個情境案例中，隱瞞成功事蹟的人都受到了嚴厲的評判。比方說，想像一下你母親告訴你，你弟弟最近升職了，得到兩萬英鎊的加薪。如果你隨後遇到你弟弟，而他卻沒有提及自己的近況，就好像他的生活自上次見面以來沒有任何改變似的，你會作何感想？如果你像羅伯茨研究中的大多數人一樣，你會因為你弟弟避談這個話題而感覺受到侮辱和疏遠。

這種苦澀的感覺似乎源於對一個人隱瞞成就的動機解讀：認為這種作為帶有過度保護的心態。例如，羅伯茨讓參與者思考兩位同事的故事，兩人都在尋找新工作，其中一位名叫亞歷克斯，有機會向潛在雇主做簡報，但後來和同事見面時，雖然聊到了各自的求職情況，亞歷克斯卻沒有告訴對方這件事。這種行為可能有多種解釋，包括純粹忘了，但參與者認為亞歷克斯的行為帶有自以為是的保護意味，認定亞歷克斯之所以隱瞞真相，是因為他認為別人「無法接受事實」，會因為他的成功而感到受威脅。參與者認為他有點在試圖操控他人情緒的感覺。

研究人員想了解，這種解釋是否會削弱人們對亞歷克斯的整體信任。為此，他們要求參與者針對一些陳述進行評分，例如「在這次互動之後，我會很自在地向這個人分享我最瘋狂的想法和希望」或「在這次互動之後，我會很自在地向這個人承認我最嚴重的錯誤」。他們的假設是正確的。當亞歷克斯對他們隱瞞了這個潛在的工作機會，參與者預測自己更不可能向他揭露自己的心事，未來也不會願意與他合作。

191　第八章　拋開嫉妒心，共享喜悅

正如你所預料的,人們的反應取決於具體的對話進展。在上述例子中,我們可能直接問亞歷克斯有關他的職業前景(你的求職申請怎麼樣了?)或是間接問(你最近有什麼新鮮事嗎?)。無論哪種情況,忽略提及好消息都是令人受傷的,尤其如果我們給了別人明顯的機會談談他的好運,那種疏離感就會特別強烈,在這種情況下,幾乎無法不感到被排除在他人生活之外。

很少有人願意被當成脆弱的孩子看待,自尊受到一點點威脅就崩潰,但我們在選擇隱瞞個人成就時,似乎忘記了這些風險。羅伯茨的團隊也研究了隱瞞成功對社交圈以及人際關係親近程度造成的影響,他們所有實驗得出的結論都是一樣的⋯⋯與其隱瞞,還不如坦率地談論自己的成就❼。只要我們選擇適當的措辭,避免直接與他人比較,人們的情感其實並沒有我們想像的那麼脆弱。

## 共享喜悅

為了正確詮釋這些研究結果,我們或許需要重新理解同理心。科學家在研究情感共鳴時,傳統實驗往往集中在負面情感⋯⋯我們感受他人痛苦或悲傷的能力。畢竟,「同情心」(compassion)這個詞源於拉丁文,意指「共同承受的痛苦」,在充滿殘酷的世界中,探索如何增加對他人的關懷似乎是明智的選擇,然而,分享他人成功或幸福的「共享喜悅」(confelicity)卻很少受到關注,但這對我們的人際關係來說卻可能同樣重要,是提供和接受社交支持的一種重

要方式。

弗里德里希・尼采（Friedrich Nietzsche）也有類似的看法，你可能會對這位德國哲學家也這麼認為感到驚訝，在大眾想像中，尼采經常被視為一位飽受折磨的天才和堅定的個人主義者。然而，他也創造了德文 Mitfreude 這個詞，字面意思等同於英文的「共享喜悅」，對應於 Schadenfreude 一詞，意指「幸災樂禍」，對他人的不幸（Schade）感到高興（Freude）。

他在《人性，太過人性》（Human, All Too Human）書中寫道：「蛇咬我們時，就是故意要傷害我們，並以此為樂；即使是低等的動物也能想像他人的痛苦，然而，能想像他人的喜悅並為此感到快樂，是最高等動物才有的至高特權，而其中只有最優秀的典範才能獲得這種特權，因此是一種罕見的人類特質：以至於有些哲學家否認了 Mitfreude 的存在」。尼采認為，作為友誼的基石，Mitfreude 比同情心更重要，他在其他地方寫道：「Mitfreude 增加世界的力量，真正的友誼建立於彼此共享的喜悅，而非共同的痛苦」⓲。

不管如何稱呼這種現象，最近的心理學研究證明，共享喜悅可能比我們想像的更為普遍，而敵意反應的可能性則小得多。如果雙方已經建立了相互信任和尊重，那麼共享喜悅的情緒感染將提供更多機會來加強這些感受。

多項實驗證明，當別人以興奮和熱情回應我們的好消息時，會提升我們的好心情，而透過建立的共感體驗，他們的情感認同會使這件事變得更有意義且難以忘懷。相對地，**聽到這個消息的人會因為我們願意與之分享而感覺受到重視。透過公開分享那些讓我們感到自豪、喜悅、或興奮**

193　第八章　拋開嫉妒心，共享喜悅

的事，我們表現出信任，相信他們心中惦記著我們的最佳利益。正如同其他形式的自我揭露一樣，這顯示了我們的真誠和加強關係的意圖，想邀請他們進入我們內心世界，這是個非常有意義的經歷⓳。

共享喜悅的結果是雙方感覺更加親近，可依據第53頁的「自我與他人關係量表」測量。例如，戀愛情侶越能分享彼此快樂時，代表其個人身份的同心圓重疊度就越高，彼此關係品質的評等也就越高⓴。正如你所預期的，由於增強的連結感和接受度，定期的共享喜悅能提升情緒健康。如果因為不確定對方是否在乎、或擔心顯得自我吹噓而避免與所愛的人分享好消息，我們等於剝奪了自己這一切的好處㉑。

許多人目前錯失了共享喜悅的機會。密西根大學（University of Michigan）的研究人員要求參與者思考以下情境：「想像一下，你最近在工作中獲得升遷。此時，你和一位好朋友一起去吃飯，在晚餐交談中，你的朋友問你：『最近工作怎麼樣？』」參與者必須先回答這個問題，然後再依各種心理衡量標準預測朋友的反應。你可能會認為升遷的好消息會是最明顯的討論話題，然而，有四〇％的參與者表示他們不會告訴朋友最近升遷之事，因為擔心顯得自我炫耀。但研究證明，與朋友分享自己的興奮和快樂只會使彼此關係更親近㉒。

即使我們分享的消息確實引起了一些嫉妒，也不一定帶有苦澀的感覺：反而可被視為激勵人們改變現狀並追求相同成功的動力。心理學家稱之為「善意嫉妒」（benign envy），與可能引發怨恨和憤怒的「惡意嫉妒」（malicious envy）形成鮮明對比。在演化過程中，善意嫉妒會幫助我們

正向人脈提升守則　194

## 不被嫉妒的實際做法

根據這些研究發現，我們的第八條人脈提升守則如下：不要害怕嫉妒心，公開個人成就，但要準確表達，避免與他人做比較，享受「共享喜悅」。這必須小心謹慎地練習。例如，你不應該在朋友配偶的葬禮上宣布自己訂婚的消息、或者在姐姐失業的那一天炫耀你的新車。即使在最理想的情況下，自我慶祝最好也要適可而止。你的談話對象通常還有很多更感興趣的話題。

每當你想要自我讚美時，應該先自問一下，這個事實對你個人是否重要、能不能幫助別人更加了解你，例如，你周圍的人真的需要知道你被誤認為是模特兒，才能和你有共感體驗嗎？還是有其他更貼身相關的事實可以分享呢？如果你唯一的動機只是想突顯你較高的社會地位，而未能提供任何有關個人思想、感情或夢想的深入見解，你最好還是保持沉默。

然而，當個人的快樂時刻提供了自我揭露和相互理解的絕佳機會時，這些最新的心理學研究可以提供一些有用的指導方針，幫助你充分利用這種經驗。你的首要考量應該是真誠表達自己的情感、和真心想建立社交連結的願望。很多時候，你應該盡快讓別人知道，以免讓人誤會你是因

195　第八章　拋開嫉妒心，共享喜悅

為顧慮他們的感受而故意隱瞞訊息。在你描述個人成就時，務必誠實地表達自己的感受，但不要誇大你的喜悅、或憑空捏造事實。同時，你必須避免明顯與任何人比較。正如我們所見，宣揚自己的才華或許是可以被接受的，但應該以絕對的方式表達，而不是相對於他人的比較。

如果你還是擔心自己的成就會引來惡意嫉妒，那麼討論成功的歷程（包括一路上遭遇過的失敗），可能會有所幫助。例如，如果你剛出版了一本暢銷小說，就可以借鑑 J.K. 羅琳（J.K. Rowling）的經歷，描述在找到出版商之前所面臨的所有拒絕：羅琳經常描述《哈利波特：神秘的魔法石》（*Harry Potter and the Philosopher's Stone*）被十幾家出版商拒絕之後才成為有史以來最受讀者喜愛的書籍之一，她甚至分享了她收到的一些拒絕信㉓。

在取得巨大成功之後回顧困難時期，可能會顯得有點像是故作謙虛的自誇。為了避免過度炫耀，你需要描述具體的挫折和困難。承認一連串令人沮喪的拒絕（是許多辛苦奮鬥的作家必經的歷程），絕對不同於抱怨自家車庫裡特斯拉豪華汽車數量、或被評選為世界最性感的男人而感到「尷尬」的情況。這麼做之所以有效，是有充分理由的。首先，你描述自己所面臨過的巨大挑戰，會讓人更容易理解你為何對所取得的成就感到自豪，進而增進彼此之間的相互理解。你的成就從一個引起嫉妒的來源轉變為靈感的泉源。

在一項針對創業家爭取投資的「商業提案競賽」研究中，這些好處得到了證實。每當有人坦誠自己的錯誤或失敗、並分享自己所學到的教訓時，其他競爭對手對他們的惡意嫉妒就會減少，來實際的好處，為那些希望效仿你的人提供真正有用的訊息。

正向人脈提升守則　196

而善意嫉妒會增加，對於「下次有機會我會更努力為我的初創企業爭取資金」、「這位企業家的成功鼓勵了我」這類的陳述，有更正面的反應，代表他們將同行的成功視為一種鼓勵而非威脅。

最重要的是，承認失敗和成功的表述有助於塑造真實的驕傲感，同時減少傲慢的感覺。例如，參與者往往會將這些人評價為「滿足」、「成就卓越」和「自信」、「感覺有自我價值」，這正是我們在成功時希望給人的印象。而且對他們也極少給出「自負」、「傲慢」、「自我中心」、或「自以為是」等負面評價。你可能會擔心承認失敗會減少他人對你的尊重，影響對你個人才華或技能的評價，但事實並非如此。當參與者了解到這個人在追求目標過程中所遇到的挫折時，並無損於他們對該成就的敬佩程度❷。

這些發現挑戰了幾個世紀以來的哲學教條。布萊茲·帕斯卡（Blaise Pascal）在他的《思想錄》（Pensées）中告訴我們：「如果你希望別人對你有好印象，就不要自我吹噓」❷。許多人都是在這種信念中長大的，然而，這是錯誤的，只要我們坦誠地談論自己所面臨的困難，就不必害怕表達自己的成就；共享喜悅是人際連結重要的組成部分，我們的快樂是有感染力的。

## 你應該知道的關鍵訊息

- 如果能以事實證明自己的說法，自我吹噓就會更容易被人接受。例如，如果在最近的

197　第八章　拋開嫉妒心，共享喜悅

- 半程馬拉松比賽中取得了勝利,那麼吹噓自己的運動能力就會更容易被接受。
- 直接和他人比較會讓人覺得你過於在乎階級,會引發人們對負面評價的恐懼,減少對你的好感,也容易對你產生敵意。
- 假裝謙虛會顯得不夠真誠,使你比公開自我吹噓的人更不受歡迎。對於那些試圖把成就包裝成抱怨的故作謙虛自誇者,尤其如此。
- 當你分享個人成就時,人們會感受到重視和信任。透過展現自豪並與他人分享,你可以創造出一種「共享喜悅」,這是強大的幸福感來源。

## 行動方針

- 反思一下自我吹噓的動機。如果只是想突顯地位,那最好還是保持沉默。如果這些訊息能真正幫助別人了解你的經歷和內心世界,那就放心地分享你的故事吧。
- 仔細斟酌你所說的話,要避免誇大自己的才能或運氣,同時又不會淡化事實。在適當的時候,要承認別人的貢獻。
- 你在分享自己最近的成功時,不妨提及你為了達成目標所面對的挑戰,並承認自己在過程中所犯的錯誤,這樣有助於減少惡意嫉妒。
- 要隨時注意對話內容的平衡。如果忽視他人需求,別人可能會不想與你共享喜悅。

正向人脈提升守則　198

## 第九章
# 如何有效尋求幫助？

如果我們想建立真誠且長遠的關係，就必須了解如何適當表達我們的請求，讓對方可以真心提供幫助，而不會感到有壓力或過度困擾。

歷史上很少有人能像班傑明·富蘭克林（Benjamin Franklin）那樣，展現出如此高超的社交技巧，在對立政黨之間搭起橋樑，徹底地改變了美國政治的格局。一七七八年，他成功協商簽署了《同盟條約》（Treaty of Alliance），正式確立法國在獨立戰爭中正式承認美國，五年後，他又擬定了美國脫離大英帝國獨立的條款。作為資深元老，富蘭克林在起草國家憲法方面發揮了關鍵作用，解決了可能造成聯邦分裂長期存在的派系糾紛。

然而，每一段輝煌的事業都得從謙卑的起點開始，一七三六年，富蘭克林剛踏上從政之路，只是賓州議會的一名低階書記員。他受到其他成員的普遍青睞，最初在無人有異議的情況下獲選擔任該職位。然而，這個職位每年都需要重新任命，第二年，富蘭克林遇上了一位對手，發表長篇演說反對他。富蘭克林最終獲勝，再次當選，但他懷疑對手的敵意如果持續下去，可能會阻礙他未來的抱負，因此決心要爭取對方的支持。他後來寫道，這是受到一句古老諺語的啟發，即「曾經幫助過你的人，會比你自己曾幫助過的人更願意再次幫助你」。

兩人對文學的共同愛好提供了絕佳的機會來施展這個策略。富蘭克林在自傳中說道：「聽說他的藏書中有一本極為珍貴且奇特的書籍，我寫了一張紙條給他，表達我想閱讀那本書的心願，請求他借給我幾天」。對方答應了，一週後富蘭克林將書歸還，並附上一封熱情洋溢的感謝信。他報告說：「我們後來在議會見面時，他跟我說話了（這在過去從未發生過），而且還非常客氣；從此之後，他在任何場合都表現出樂意幫助我的態度，因此我們成了摯友，這段友誼一直延續到他去世」❶

我們都可以從這些觀察中學到很多。請求幫助並不是件容易的事，然而，心理學研究顯示，大多數人都比我們想像得要慷慨得多，很多時候，正如富蘭克林觀察到的，我們的請求甚至可以提升他們對我們的尊重。這將引導我們到**第九條正向人脈提升守則：在需要時請求別人幫助，相信你的求助能夠促進更深厚長遠的關係。**

然而，任何權力都伴隨著責任，如果我們想建立真誠且長遠的關係，就必須小心避免濫用影響力，了解如何適當表達我們的請求，讓對方可以真心提供幫助，而不會感到有壓力或過度困擾，是改善社交生活最重要的技能之一。

## 為何羞於向人求助？

害羞可能是成功的巨大阻礙。在學校裡，太害羞而不敢向老師尋求幫助的學生，可能會陷入困惑和挫折之中、或對學習失去興趣。無論是哪種情況，比起那些在需要時勇於請求幫助的學生，他們更有可能考試不及格❷。這種情況也延續到職場上，雖然對大多數職業來說，一定程度的自主性是必要的，但那些不向他人求助、獨自掙扎的人，長期看來表現更差，而且由於缺乏支持，他們的身心健康也會受到影響❸。

在極端情況下，我們害怕打擾他人的心理可能成為隱形的殺手。想一想美國醫生亨利·J.海姆利奇（Henry J. Heimlich）的挫敗感吧，他發明了著名的急救法移除卡在氣管內的異物。他指出，「有時，窒息的受害者會因為感到尷尬而悄悄離開用餐區域。在附近的房間裡，他可能會失去意識，如果無人救助，最終可能會死亡或遭受永久性的腦部損傷」❹。

你可能期望那些肩負重任的人已經克服了不願向他人尋求幫助的心理，其實未必如此。一九九〇年，從哥倫比亞波哥大起飛的哥倫比亞航空〇五二號班機因耗盡燃料而墜毀在長島。事故

201　第九章　如何有效尋求幫助？

的記錄顯示，機組人員和JFK機場的航管員之間存在嚴重的溝通問題，因為副駕駛未能傳達緊急迫降的必要性，航管員並未意識到情況很緊急，所以讓他們等跑道讓出來，直到飛機最後盤旋墜落在紐約科夫內克（Cove Neck）的山坡上。副駕駛對機長的最後幾句話是「那傢伙生氣了」，他擔心自己因過於強硬而冒犯了同事。事故後的分析得出的結論是，如果飛行員能更堅決地請求幫助，則乘客和機組人員都可能倖免於難 ❺。

這樣戲劇性的事故很少見，但在日常生活中，**我們排斥向他人尋求幫助會使朋友和家人無法幫我們減輕壓力，因而影響到我們的健康。** 如果想要克服這個障礙，必須先了解我們的恐懼從何而來、以及在什麼情況下這些焦慮是有道理的。

康乃爾大學的凡妮莎·博恩斯主導了許多這方面的研究，她的靈感來自個人經歷。她在紐約市唸研究所的期間，在賓州車站為一項學術研究計畫收集調查數據。每次她接近路人時，都預期會碰到不耐煩的反應，然而，這種敵意反應卻很少出現；願意填寫問卷的人其實比她預期的要多得多。博恩斯開始懷疑這是否又是另一種認知偏見，亦即我們總是低估他人的合作意願。在接下來的十年裡，她進行了多項研究，證實了這一點。

其中一個實驗直接複製了她自己在賓州車站的經驗：參與者必須在大學校園裡去接觸陌生人，請他們完成一份問卷調查。大多數人估計如果想要得到五個回覆，需要詢問到至少二十人，而實際上接洽人數更接近十個人 ❻。在另一項實驗中，參與者離開實驗室時，需要請路人指引如何去哥倫比亞大學的健身房，健身房的入口處位於街道下方，不太容易找到。如果路人指引了

正向人脈提升守則　202

方向，參與者接著必須問對方是否願意親自帶他們去，解釋說：「我剛剛就在那裡，但找不到。你能帶我去嗎？」參與者在距離健身房大約三個街區的地方提出這項請求，這代表陌生人需要稍微繞路忍受一些不便才能滿足這項要求。參與者懷疑大多數人不會願意抽出時間來幫助他人，因此認為自己大概必須接觸七個人才能找到一個願意繞路的人。然而，當他們實際執行這項任務時，發現每兩個人中就有一個人願意主動繞路來幫助他人。

試著向陌生人借手機會怎麼樣呢？我們一定都曾經歷過在需要打重要電話之前，看到電量不足的警告所帶來的焦慮，但有多少人敢向路人借手機呢？這可不是個小小的請求；把手機交給陌生人有一定的被盜風險。參與者必須遵循非常嚴格的腳本，不能用甜言蜜語來達到目的。他們可以向路人提出要求，如果被迫詳細說明，只要簡單地解釋說「需要打個電話給某人進行心理學實驗」，並向對方保證會「很快結束」，而不多作解釋。坦白說，我很驚訝有人會因為這麼可疑的說法而把手機借給別人。然而平均而言，參與者只問了六個人就借到了電話，而他們原本預估需要嘗試至少十個人才能借得到電話。

為了實地測試這個現象，博恩斯調查了為白血病和淋巴瘤協會募款的慈善馬拉松和三項鐵人賽的志願參加者。作為回報他們所獲得的免費運動訓練，參與者必須籌集至少兩千一百至五千美元的資金，具體金額取決於比賽項目。大多數志願者肯定對自己能夠募到這筆款項充滿信心，否則也就不會報名參加，但他們還是高估了這項任務的困難程度。他們預測需要接洽大約兩百一十人才能實現這些目標，但每一位參與者平均只聯繫了一百二十二人就達成了目標，而且平均捐款

金額高於預期：大約六十四美元，相對於原本預期的四十八美元。

「低估順從意願效應」（underestimation-of-compliance effect）極為顯著。到二○一六年，博恩斯的研究已經分析了超過一萬四千筆提出請求的資料（樣本數很龐大），這種效應的趨勢非常明顯，人們低估了他人願意提供幫助的程度大約四八％，其他各種調查也顯示了類似的結果。想像一下，有人在餐廳裡，忘了帶錢包的情境，人們更願意借錢給需要幫助的朋友，但不太願意自己開口向人借錢❼。

我們為什麼這麼悲觀呢？其中一個可能的原因是，我們過於在乎自己可能會給別人帶來麻煩，而忽略了別人真心關懷我們的福祉和想要取悅我們的心意。我們也可能低估別人希望留下好印象的心理需求。簡而言之，被請求幫忙的人希望自己顯得友善又值得信賴，拒絕請求會有損這種形象。如果他們拒絕填寫問卷，會顯得不耐煩又小氣；如果拒絕借手機給別人，就會顯得多疑且害怕手機被盜。我們相信對更多的人來說，幫助他人帶來的不便（或個人小小的損失風險），比顯得反社會和對人不信任要好得多。

這種必須遵守社會規範的感覺有時會促使人們做出不道德的行為。在一項實驗中，博恩斯給志願參與者提供了假的圖書館藏書，要求他們向陌生人提出以下請求：「嗨，我想對某人開個玩笑，但對方認得出我的筆跡，你能在這一頁圖書上簡單寫下『酸黃瓜』這個字嗎？」大多數人預測應該會很難找到願意答應這種奇怪請求的人，但他們錯了：有六四％的受試者，雖然一開始表示反對，最終還是同意這個小小的破壞公物行為。在另一個實驗中，博恩斯發現，人們比預期的

正向人脈提升守則　204

更有可能幫助陌生人偽造大學作業文件。由於在實驗室中能要求做的不道德行為種類顯然有限，因此，博恩斯也開始請參與者想像自己對各種情景的反應。在這些假想實驗中發現，有一大部份的參與者會在他人的慫恿之下，偷看同事的私人訊息、或同意為未成年人購買酒精飲料❽。

如果我們關心他人的福祉，就應該提醒自己必須謹慎選擇所提出的請求，也應該仔細傾聽別人的顧慮或表現出的不安。真正的社交連結不應建立在說服別人去做一些他們將來會後悔的行為。然而，只要提出的請求是合乎道德的，我們可能會對他人的善良感到驚訝。雖然會造成一些不便，或許也同樣為他們提供了提升自身健康和福祉的機會。正如我們將看到的，慷慨的行為可以為施予者和接受者帶來意想不到的好處。

## 為什麼慷慨的人心臟更健康？

如果你被診斷出患有高血壓，你可以有許多應對措施，比方說，可試著減肥、多運動、少喝酒、減少鹽分攝取，或是開始練習瑜伽或冥想。你可以選擇服用舒張血管或降低心跳強度的藥物，或者選擇在時間或金錢上更加慷慨。

在二〇一〇年代中期，加拿大和美國的研究人員招募了七十三名六十五歲以上被診斷出患有高血壓的人，每個人在六週內都會收到三次款項，金額為四十美元，放在一個密封的瓶子裡，並附上如何使用這筆錢的嚴格指示。一半的人被告知要善待自己，而另一半的人則被鼓勵對他人慷

慨，他們被告知：「你要怎麼花這四十美元都無所謂，只要你是花在別人身上就行」。參與者被指定了具體的花錢日期，以便研究助理可以在當天稍晚的時候打電話給他們，詢問詳細的消費資訊，同時檢查他們是否有確實遵循指示。六週結束時，被鼓勵對他人慷慨的參與者血壓顯著下降，超過了他們現有治療的效果，而那些把錢花在自己身上的人則沒有看到任何變化。

這些效果非常顯著，值得提供具體數據。慷慨組的收縮壓（心臟將血液推入動脈時的壓力）為113.85mmHg，而對照組為120.71mmHg；他們的舒張壓（心跳之間的休息期）為67.03mmHg，而對照組為72.97mmHg。整體看來：這種心血管健康的改善，相當於服用高血壓藥物或開始新的飲食和運動方案的效果❾。

這項實驗必須考慮到研究樣本數量相對較小的常見警告（你也應遵循醫生建議），但大量證據都指向相同的結論：**一個人的行為表現越是慷慨，心臟就越健康。**例如，問到關於每月的花費時，那些將一大部份收入捐給他人的人，通常也有比較好的健康狀況，包括較低的血壓❿。我們在許多利他行為中也觀察到類似的效果，例如，比起那些較少從事利他活動的人，每週幾小時為慈善機構做義工的人未來幾年患高血壓的風險更低⓫。最重要的是，在控制了其他已知會影響人體健康的因素，和在研究之初已考慮了人們不同的健康狀況後，這些差異仍然存在。

這就是付出的回報⓬，聖地牙哥州立大學（San Diego State University）的崔絲坦稻垣（Tristen Inagaki）認為，這可能是我們天生育兒技能的副產品。稻垣的論點集中在靈長類幼兒的脆弱性，父母需要對嬰兒的需求有極大的同理心，但在必須專心照顧孩子的同時，又不能被這些情感所淹

正向人脈提升守則　206

沒；否則，他們可能只會退縮、或是感到不適而無法提供必要的照顧。稻垣認為，人類祖先的大腦可能因此演化出在照顧後代時抑制壓力反應的能力。大腦也可能演化出提供幫助後產生獎勵感的機制，以便鞏固親子之間的聯繫，並且確保成人會持續從事照顧行為。雖然這種壓力抑制和獎勵反應一開始可能是為了提高無助嬰兒的生存機會，但隨著時間發展，在照顧其他任何生物時，也可能開始發揮作用。在史前時代，這有助於人類祖先更加互助合作，進而形成日益龐大的社會群體。

一項稍微殘酷的實驗支持了稻垣的假設。她邀請了情侶進入實驗室，對每對情侶其中一位施加痛苦的電擊，而另一位則試圖安慰他們。對提供支持者的腦部掃描顯示，一些已知與育兒相關區域的活動增強，包括與獎勵相關的腹側紋狀體（ventral striatum）和所謂控制壓力反應的隔膜區（septal area）。隔膜區的活動增加伴隨著情緒處理區域杏仁核（amygdala）的活躍度下降（杏仁核通常會在人感到恐懼和焦慮時更為活躍）。在研究人們對財務慷慨的反應中，稻垣發現類似的結果，但有一個例外。雖然向特定個人提供金錢能夠減少壓力，但對慈善機構提供的利他行為卻沒有同樣的效果。慷慨行為的自動心理和生理反應似乎來自於我們對個人的關心，而非基於抽象的動機❸。

透過緩解壓力反應，慷慨的行為不僅可能降低我們的血壓，還能減緩壓力荷爾蒙皮質醇的釋放、降低膽固醇、舒緩慢性疼痛的症狀、並減輕可能造成組織磨損的炎症反應❹。甚至有些跡象表明，慷慨可能會減緩細胞老化的速度。隨著年齡增長，我們的基因活動往往會以特定方式

改變，這些變化與增加的疾病風險有關，科學家將這種現象稱為「表觀遺傳時鐘」（epigenetic clock），對於經常幫助他人的人來說，這種老化速度似乎比較慢❶。

這種長期健康效益顯示在一項針對密西根州底特律八四六位居民為期五年的研究中。研究開始時，參與者被要求列出過去一年經歷的壓力事件，比方說家裡遭竊、失業、或遭受喪親之痛，他們也需要報告自己有多常幫助他人，例如讓人搭便車、經常幫人跑腿、當臨時保母、或為行動不便的人購物等。研究人員隨後追蹤參與者在接下來五年裡的生存狀況。那些經歷過重大壓力事件的居民，在研究期間死亡的可能性大約高出三〇％，再次證實壓力對人體健康的影響。然而，對經常幫助他人的人來說，卻並未受到影響；他們的慷慨行為消除了生活壓力與早逝之間的關聯❶。

更別提心理上的益處了。提供社交支持能夠提高整體生活的滿意度，使人生變得更有意義，來自加拿大、烏干達、和印度等不同國家的研究顯示，慷慨是追求個人幸福的最佳途徑之一❶。然而，這些發現應該謹慎解讀：我絕對不是主張我們應該始終將他人的需求置於個人之上。當我們感到快要崩潰時，必須優先考慮自己的身心健康。然而，**當我們感到孤獨、煩躁、對生活不滿的時候，一次利他的行為或許正是最佳的自我照顧方式。**

正向人脈提升守則　208

## 撒嬌的請求，亦即「甘え」

除了鼓勵自己變得更慷慨之外，付出的回報應該也能減輕我們向他人尋求幫助的恐懼，只要我們的請求是體貼而尊重的，很多人都會樂意提供幫助，而且事後享受自己利他行為帶來的溫馨感受⓲。由於這些美好的感覺，向人尋求幫助能增進社交連結的作用也就不足為奇了。當然，班傑明・富蘭克林在他的自傳中早已提出了這一點。然而，直到一九六〇年代，心理學家才透過實驗證明了這個概念，也形成了我們的第九條社交連結法則。

在一項引人注目的研究中，大衛・蘭迪（David Landy）和喬恩・傑克（Jon Jecker）首先邀請參與者逐一進行一場獎金遊戲，獲勝的獎金為六十美分或三美元（請記住，那是一九六〇年代；如今金額會高得多）。蘭迪和傑克指示負責進行實驗的博伊德先生（Mr Boyd），在整個過程中都要保持唐突和冷淡的態度，參與者在離開實驗室時，會經歷三種情境之一。在第一種情境，參與者被告知他們可以保留獎金。在第二種情境，參與者被要求將獎金捐給大學的心理學系。在第三種情境，博伊德問參與者是否願意幫他一個忙，把贏來的錢給他，他表示：「實驗的資金已經用完，我正在用自己的錢來完成實驗，您願不願意幫我一個忙，把贏的錢還給我呢？」最後，參與者被要求評價對博伊德的好感程度，以及是否願意幫助他進行更多的研究。

第一組的參與者對博伊德先生完全沒有好感，給他的評分只有五・八分（滿分十二分），整體上是個負面評價。然而，那些把獎金捐出的參與者往往對他感覺更熱情，捐贈的獎金越高，他

們的正面感受就越強烈，例如，捐出三美元的那些人給了博伊德七‧六分的評價，代表單純的慷慨行為幫助他們克服了最初的不良印象。如果他們只是把錢捐給心理學系，這種情況就不成立，正是幫助博伊德的行為本身，提升了他們對他的好感度[19]。

幾十年來，蘭迪和傑克的研究結果受到相對較少的關注，但來自法政大學（Hosei University）的新谷優（Yu Niiya）最近的研究提供了進一步證據支持第九條社交連結法則。她研究日本「甘え」（amae）的概念，這是形容一個人「依賴他人的愛並視為理所當然、或享受他人縱容」的傾向。英文作家將 amae 翻譯為 coaxing（哄騙）、wheedling（誘拐）、或 being spoiled and pampered（被寵壞和溺愛），這些詞彙都有明顯的負面含義。然而，根據新谷的研究，「甘え」可能是許多關係中幸福的秘訣。

在她看來，如果所求之事是求助者絕對能夠自己完成的事，而且那件事的完成會強化兩人之間的關係，那麼這種求助可以被定義為「甘え請求」（意指撒嬌的請求）。這聽起來可能有點孩子氣，通常與嬰兒的行為有關聯：例如，一個六歲的孩子可能會纏著父母給他們講故事，即使本身有購買能力，也會要求伴侶買禮物；即使自己可以搭乘公共交通工具，還是要請朋友去機場接你；或即使伴侶可能正在忙別的事，也要說服他們做你最愛吃的菜，根據新谷的說法，這些都算是「甘え請求」。

在她的研究中，新谷有興趣了解收到「甘え請求」的人是怎麼看待這類的請求。這種不便會

正向人脈提升守則　210

引起憤怒和怨恨嗎？還是會令人感到被需要、被重視、和受到尊重呢？而這在不同文化之間會有所不同嗎？為了探究這些問題，她首先建立了幾個代表甘え請求的情境範例，例如：

你的好朋友S，也是你的室友，必須在明天早上之前寫完一篇學期論文，現在正在熬夜。你因為明天一大早有課，決定先上床睡覺。半夜的時候，S的電腦出了問題。S試著獨自解決，可能要花整晚的時間。S有幾位很懂電腦的朋友，你就是其中之一，S知道你能輕易地修好電腦。

請問，如果對方請你幫忙修理電腦，你會覺得多高興、難過、惱怒和失望？接到請求後，你會覺得彼此的關係有多親近？請在一分（完全不）到七分（非常）的尺度上進行評分。

新谷將這個回應與那些讀到相同情境故事但發現S自己掙扎、或請求另一個朋友幫忙（而不是你）的回應進行了比較。

第一個實驗對象是日本學生。正如你所預料的，參與者想像自己在半夜被吵醒會有些惱火，但他們仍然預測自己會更高興被要求幫助，而不是聽到S轉向科技公司或其他朋友來解決他們的問題，這個差距相當明顯。想像自己接到請求的那一人在七分制量表上給了四‧五分，而其他兩種情境分別為二‧九和三‧四分。這些溫暖的感覺也反映在關係親密度的評分中，參與者預期，

第九章　如何有效尋求幫助？

如果他們被要求幫忙，即使有些不便（或許正因如此），還是會覺得與Ｓ關係更加親近。新谷在許多其他類似的請求情境中發現同樣的結果，例如，在狗主人參加外地訓練課程時被請求照顧狗兒，或是被拜託讓某人在自己家裡暫住三天。在每一種情況下，這些請求都增加了關係親密感。

新谷的下一個實驗旨在探討日本以外的人是否會有相同的反應，答案是肯定的。她發現密西根大學的學生通常對這些請求情境做出非常正面的回應；他們想像自己會與尋求幫助的人感覺更親近，並視之為友誼更加堅固的象徵⑳。

新谷後來在實驗室裡實際測試了「甘え」的效應，參與者被安排與一位夥伴合作完成三個腦力激盪的謎題。參與者不知情的是，整個情境是設計好的，他們總是得到比較簡單的題目，而這位「夥伴」則是事先安排好的演員，當真正的參與者完成自己的謎題時，這些「夥伴」會立刻請求幫助，驚呼說道：「哇，這麼快就完成了嗎？你能幫忙我解這道題嗎？」然後將難題遞給參與者。在任務的前後，參與者都會填寫一份問卷，評估合作夥伴的社交能力、以及自己對夥伴的好感度。果然，在合作夥伴尋求幫助後，這兩項評分都有所提升。最重要的是，當這個請求是來自實驗主持人而非夥伴本人時，這種提升效果並未出現。**看來，要想透過「甘え」增加情感，似乎必須自己主動提出請求；你必須在對方面前表現出謙卑**㉑。

為什麼給予和接受社交支持會以這種方式強化人際連結呢？蘭迪和傑克在一九六〇年代那篇文章中提出的經典解釋是，這些請求引發了「認知失調」。別人在幫助了你之後，他們可能會很困惑，無法理解自己為何會對一個不是很親密的朋友表現得如此友善。為了調和這種矛盾，他們

會調整自己對你的看法，使之變得更正面。你可以想像這種事後的思考過程：「我一定是非常喜歡S，否則不會願意半夜起來幫他修電腦」。

情感的增加也可能來自於表現出的謙遜，你的請求使你看起來不那麼具威脅性，而你選擇在眾人之中向他們求助，代表你對他們能力的信任。就像其他形式的自我揭露一樣，表達需求和脆弱感讓他們得以了解你的內心世界，進而加強了共感體驗感。試圖自行解決問題可能顯示出你很獨立，但也會阻礙所有建立連結的機會。

也或許是因為「甘え」能觸動為人父母的本能。請記住，慷慨行為能夠激發出靈長類祖先在照顧後代時所發展出的相同情感反應，包括壓力抑制和產生獎勵感。「甘え」請求可能利用了相同機制，提供和接受幫助的人都因此感到愉悅，進而使雙方之間的關係變得更加緊密。

無論「甘え」背後的機制是什麼，認識這種作用可以讓我們的生活變得更輕鬆。例如，新谷已經證明人們可將之應用在職場上。她調查了日本企業家和經理人與同事之間的關係，發現越是體認到甘え效力的人，就越有可能向身邊的人尋求幫助和建議，對於這些請求的潛在後果也就越不擔心，他們還報告了更高的信任度和參與感。比方說，他們對「我能很快與任何人成為朋友」的說法給了較高的評分。同樣的，新谷的研究還顯示，會運用「甘え」的大一新生往往能更快適應大學環境，在第一年結束時有更強烈的目標感和生活滿意度㉓。「甘え」也能改善關係滿意度，一項研究調查日本異性戀夫婦兩週內每天的互動情況，發現他們越常提出「甘え」請求，彼此的幸福感就越高㉔。

213　第九章　如何有效尋求幫助？

讀到關於「甘え」的文獻時，我不禁想起心理學家艾莉森・高普尼克（Alison Gopnik）在她的《寶寶也是哲學家》（The Philosophical Baby）書中所提到的一個美妙觀點，她寫道：「我們並非因為愛孩子才照顧他們，而是在照顧他們的過程中，愛油然而生」㉕。高普尼克是從父母的觀點來看，但這似乎也反映了許多其他人際關係的普遍真理。

## 懂得適時合宜地提出請求

請求他人幫助總是需要格外謹慎。變成一個需要幫助的討厭鬼，或是在別人自己生活壓力已經很大時強行要人幫助我們，是不太可能改善關係的。因此，我們必須給別人充足的機會來拒絕我們的請求又不失面子。

其中一種方法是言明理解對方面臨的其他責任。我很幸運能夠參與一個互相支持的寫作網路，他們幫助我集思廣益、閱讀手稿、並在寫作遇到困難時安撫我的挫敗感。無論我要求什麼幫助，我總是體諒朋友在日常工作之外可能會收到許多類似的請求，還會為在不方便的時候打擾到他們而表示歉意。通常，我都很驚訝這些朋友雖然很忙，卻還是願意迅速提供幫助，能清楚表明，如果他們拒絕，我也完全能理解，並不會因此感到冒犯。

在職場上，我們應該特別留意權力關係的影響。正如凡妮莎・博恩斯在《你比自己想像得更有影響力》（直譯 You Have More Influence Than You Think）書中所描述的，權力地位較高的人往

正向人脈提升守則　　214

往往不太會去考慮別人的觀點，原因很實際：當你位於權力金字塔的頂端時，根本不需要花太多時間思考周遭人的動機和感受。因此，老闆往往可能會低估團隊成員承擔新責任的困難程度，也會忘記拒絕是多麼不容易的事[26]。有所懷疑的時候，不妨遵循古羅馬斯多噶主義哲學家塞內卡（Seneca）的準則：「以你希望被上司對待的方式，來對待自己的下屬」[27]。

如果我們請求的幫助需要對方投入大量心力，通常最好給他們一些時間考慮，以免他們輕易做出日後會後悔的承諾。比方說，我們可以透過電子郵件詢問，而不是在見面或視訊通話時直接提出請求，這樣他們在接受或拒絕之前，可以有時間思考、並整理思緒。博恩斯的研究顯示，人們經常忘記面對面比電子郵件請求更難拒絕，這種差異是非常顯著的[28]。無論我們以什麼方式提出請求，都應該清楚地向對方表明並不期望立即得到答覆，而且要坦誠告知可能會帶來的任何不便。雖然透過掩飾困難、和要求即時回應更有可能得到我們想要的答案，但對方最終會對這些把戲心生反感。

一旦別人同意幫助我們，務必要對他們的協助表達感激之情，無論是讓我們心情變好、還是幫助我們達成了自己原本無法完成之事，都需要讓對方知道他們對我們的影響。這一點很重要，不僅是因為第六章所提出的所有理由，而更重要的是：對利他行為的實驗研究顯示，當慷慨行為被認為能有效地改善他人情況時，其心理和生理的影響效果最為明顯。這在腦部掃描中清楚可見：當照顧者感覺到自己的付出有成效、並受到感激時，他們更可能體驗到利他行為所帶來的壓力緩解和獎勵感。如果我們把他人的幫助視為理所當然，沒讓對方知道自己所做的貢獻，就會剝

215　第九章　如何有效尋求幫助？

奪了他們享受這些益處的機會㉙。

## 主動詢問：我今天能做些什麼來幫助你呢？

最後，我們應確保彼此的關係是互惠的。由於低估「順從意願效應」，我們不能只是假設身邊的人在需要支持時會告訴我們，而是應該更主動地伸出援手。對話時，我們可以提醒身邊的人，只要他們有需要，我們隨時可以提供支持。簡單地問問對方感受如何，就可能讓他們敞開心扉，談談自己之前隱瞞的問題，但我們也可以直接詢問：「我今天能做些什麼來幫助你呢？」這個最簡單的問題在日常交流中往往被忽視，但卻能大大促進我們的社交支持網路。

正如班傑明・富蘭克林在他早期政治生涯中所體認到的，社交關係包括了給予和接受，只要付出一點努力，我們都可以享受到相互慷慨所帶來的快樂。

## 你應該知道的關鍵訊息

- 我們總是低估他人提供幫助的意願。事實上，別人伸出援手的可能性大約是我們預期

的兩倍，而且他們幫忙後得到的滿足感，也比我們想像的還要高。

- 慷慨的行為會產生一種獎勵感，並舒緩壓力反應，從長遠來看，對健康有許多益處，包括降低血壓和減緩細胞老化，這就是「付出的回報」。

- 請求別人幫忙後，雖然會給對方造成不便，但他們反而會更喜歡我們，這就是所謂的班傑明・富蘭克林效應，在日本這種現象被稱為「甘え」。

## 行動方針

- 如果你發現某人對你不太友善，不妨試著請他們幫你一個小忙。由於「甘え」的影響，這可能會改變他們的看法，使你們未來的互動變得更容易。

- 不要害怕提出請求，但務必給對方足夠的拒絕空間。基於義務而非自願的幫助，不太可能有效提升彼此的關係。

- 如果經濟許可，每月撥出一點錢用來關心身邊的人。研究證明，對他人慷慨會比善待自己帶來更多的快樂和健康。

- 在閒暇之餘，不妨考慮參加你關心的公益活動，由於社交互動的增加，志工通常會有比較好的健康狀況。

# 第十章 / 如何處理負面情緒？

最健康的對話是能夠幫助人擺脫眼前的痛苦，鼓勵他們對問題有更深入的智慧和洞察。

如果你曾經不知該如何對在困境中的朋友表達同情，你可能會從英語文學界最偉大的文體風格大師之一亨利‧詹姆士（Henry James）的同感中獲得一些勇氣。

一八八三年七月，詹姆士收到了他朋友葛蕾絲‧諾頓（Grace Norton）一連串令人心碎的信件，她陷入了深切的抑鬱之中，他在回信中首先謙虛地承認自己的無力感：「我親愛的葛蕾絲，面對他人的痛苦，我總是感到無能為力，而妳給我的信中透露出如此深切的痛苦，我幾乎不知道

「該怎麼安慰妳」,但他接著以平靜理性的口吻寫下一篇對悲傷的本質和我們忍受情感痛苦能力的深刻沉思。

悲傷如巨浪般來襲,壓迫著我們(沒有人比妳更能體會),雖然幾乎把我們淹沒,但終究會退去,而我們依然存在。我們知道,若悲傷非常強烈,我們也會更堅強,因為在悲傷過後我們依然存在。悲傷會消耗我們,利用我們,但我們也能反過來控制和利用這種悲傷;悲傷本身是盲目的,但我們在某種程度上能看清它的本質。我親愛的葛蕾絲,妳正在經歷一片黑暗,而我自己在無知中只能看到妳因此而變得痛苦不堪;但這只是一片黑暗,不是終點,也不是結局……這一切都會過去,平靜接受現實奧祕和理想的幻滅,一些善心人的關懷、新的機遇、以及無數的生活經歷,總之,這些都會留下。❶

一百多年後,透過詹姆士無法想像的科技媒介,他的信仍然在安慰著面對二十一世紀挑戰的現代讀者;我也算是其中之一。

我們已經探討了給予和接受他人幫助的心理學,但情感上的關懷需要特別的關注和敏感度。無論是別人面對著糟糕的一天、還是在處理令人難以承受的壞消息,我們都可能出於善意想要表達同情,同時又懷疑自己是否有能力提供幫助。我們什麼時候應該被動地傾聽而不加以評判?什麼時候又該試圖改變他們對問題的看法?有時候是不是該採取比較嚴厲的態度呢?

正向人脈提升守則　220

每一個決定似乎都潛藏著讓情況變得更糟的風險，然而，我們對共感體驗和社交連結的新理解，提供了一些必要的指引。牢記這些原則，我們會開始了解詹姆士對葛蕾絲・諾頓的明智回應為什麼能讓這麼多人感到安慰，相信自己也一樣能做到。

## 「陪伴」的力量

首先，好消息是：大多數人都比自己想像的更善於安慰別人，而我們給人的支持也比自己想像的更受人重視。

芝加哥大學詹姆斯・杜岡（James Dungan）及其同事進行了一項調查，要求學生想想校園裡某個正面臨著困境、可能會需要一則鼓勵訊息的人，然後，按照從零分（完全不）到十分（非常）的評分尺度，分別針對尷尬感、感受到的溫暖、以及社交能力，估計這則訊息可能被對方接受的程度，也就是說，他們是否選擇了「合適」的字眼來表達情感。最後，請學生寄出這封信，並附上一個問卷調查的連結，讓收信人按照相同的尺度來評估這則訊息。

結果與其他誤導性社交評估的相關研究一致，許多參與者都非常悲觀地看待自己支持他人的能力，但這些擔憂並沒有事實根據。平均而言，他們的信件被認為比自己預期的更溫暖、也更有說服力。大多數收到信件的人都從字裡行間感受到了安慰。與參與者最初的信念相反，對信件的解讀並未因關係的性質而有所不同，無論對方是非常親密的朋友、還是不太熟的人，這種善意行

為在每種情況下都受到同樣的感激。

為了確認面對面的交談是否也有相同效果，一項後續實驗將參與者與陌生人隨機配對，這些陌生人之前曾描述過他們面臨的困境，例如財務問題、感情煩惱、家庭糾紛、和疾病。在接下來的十五分鐘對話中，參與者的任務就是針對相關問題盡可能地提供情緒支持：「你可以表達同情、提供建議、分享自己的生活經歷、給予某種幫助、或其他任何方式」。再次，參與者對這些對話的預測完全偏頗，他們擔心自己找不到合適的表達，也預期對話本身會令人不自在而且很耗精力。然而，雙方都發現這是一次正面的體驗❷。

## 發洩情緒的風險

雖然別人通常都會欣然接受我們提供的幫助，但並不代表我們不能改進這些棘手情況的處理方式。我們在給予他人情感支持時，大多都是相當被動的：我們會「傾耳聆聽」他們發洩情緒，認為只要把煩惱說出來就會有所幫助。這種觀念源自一個古老的理論，稱為「情感液壓模型」（hydraulic model of emotion），這個理論是受到了對製造業產生革命性影響的管道和活塞裝置的啟發，啟蒙思想家開始將大腦看作是一種氣動機器，就如同引擎被阻塞會引發爆炸一樣，大腦中「精神」的自由流動對於維持健全的心理狀態也是很重要的。

後來的科學家認為這只是一種隱喻，而不是對大腦運作方式的具體描述，但這個概念依然存在至今。在十九世紀末二十世紀初，佛洛伊德（Sigmund Freud）提出情感阻滯與「歇斯底里」等精神疾病之間有明確的關聯。佛洛伊德的解決方案是精神分析，但是液壓模型在許多人日常生活中處理情感的方式中依然可見。這個概念也體現在語言中：我們會鼓勵人要「暢所欲言」或「發洩情緒」。根據歐洲和亞洲的調查，大約有八〇％的人相信自己（或所關心的人）可以透過與他人分享來釋放負面情緒❹。

有充分的理由相信這會有所幫助，正如祕密的相關研究所揭示的（參見第七章），隱藏自己重要的身份特質可能會令人感覺像是一種沉重的負擔，在向他人傾訴時，這種負擔就會減輕，而當有人向我們傾訴痛苦時，我們也希望能帶給他們類似的解脫。可惜的是，最新的研究顯示，這種解脫感是短暫的，而發洩情緒的長期效果相當有限。如果發生得太過頻繁，無節制的情緒宣洩甚至可能帶來負面影響❺。

想想像維吉尼亞理工大學（Virginia Tech）校園槍擊事件和九一一恐怖攻擊等悲劇後果的研究。如果情感液壓模型是正確的，你可能會預期，和習慣壓抑個人感受、將恐懼埋藏在心底的人比起來，那些經常向他人吐露心事的人會有最佳的心理健康狀況。然而，研究人員發現情況往往正好相反：經常表達悲傷和焦慮的人，並沒有因此減少憂鬱症和焦慮症狀的發生，有時其實反而增加了創傷後壓力症候群（PTSD）的風險❻。其中一個原因是我們一直在重新刺激與痛苦相關的神經迴路；反覆回憶令人痛苦的事並沒有釋放負面情緒，反而在我們的腦海中更加根深柢固，

223　第十章　如何處理負面情緒？

持續影響我們的思緒。

心理學家經常將這種習慣描述為「**共同苦惱**」（co-brooding），這在許多不同類型的關係中可能都是有害的。例如，我們可以從青少年充滿焦慮的交流中看到這一點，他們可能會花好幾個小時互相訴說自己的痛苦，看似沒完沒了，雖然這些對話可能會培養出一些連結感（體驗和表達相同的壓力是一種共感體驗），但如果變得過於頻繁，可能會使痛苦加劇❼。對於成年夫婦也是如此，讓摯愛一起分擔自己的憂慮確實令人難以抗拒，然而，若兩個人不斷地互相訴苦，長期下來彼此都會變得更不快樂❽。在生理層面上，煩惱的對話會增加壓力荷爾蒙皮質醇的分泌，如果這種情況過於頻繁，可能會造成身體傷害❾。

這些發現對於任何重視情感披露的人來說，可能會感到很沮喪，而且很少有心理學家會鼓勵人壓抑自己的感受。與人交流情感確實是一件好事，**但最健康的對話是要能夠幫助人擺脫眼前的痛苦，鼓勵他們對問題有更深入的智慧和洞察**。要做到這一點，我們需要進行「**共同反思**」（co-reflection）。

這種微妙但重要區別的最佳例子之一，來自於新冠疫情初期針對人際溝通的研究。在周圍世界似乎分崩離析時，我們的對話自然會轉向陰暗面。然而，有些人的對話幾乎完全都是在表達負面情緒，他們認同這樣的說法：「我們經常談論許多可能因疫情而發生的各種壞事」。正如先前有關共同苦惱的研究所預測的，和很少談論疫情的人比起來，這些人更容易有較糟糕的心理健康狀況。

正向人脈提升守則　224

然而，有些人採取了更哲學的立場，他們認同這樣的說法：「我們一直試圖理解新冠疫情中讓我們很困惑的地方」。這樣的對話有助於減少不確定性，並激勵他們從小處著手來改善自己的處境，比方說，找出切實可行的方法來應對居家教育孩子的問題、或尋找捐贈口罩給弱勢群體的管道。因此，這種「共同反思」的對話方式與更好的心理健康密切相關❿。

請注意，這兩種對話方式都不要求抱持「杯子半滿」的過度樂觀心態；共同反思還是可以承認我們所面臨的壓力，同時嘗試用不同的角度來理解當前的情況。

我們也可以在「表達式寫作」（expressive writing）的研究中看到類似的現象，正如其名，這種干預措施包括將我們內心深處的想法和感受訴諸於文字，初步研究顯示，對人的心理健康非常有益。這些好處可能會有所不同，然而，隨後對這類文章進行的語言分析幫助識別出一些特徵，能夠預測情感恢復的效果。有些人只是簡單地表達了他們所經歷的痛苦和傷害（老實說，他們是依照指示這麼做的），而有些人則採取了更加反思且富哲理的態度，這點體現在更頻繁地使用特定詞彙，比方說，探究因果關係（如因為、所以）、表達洞察力（如想、相信、考慮、或理解）、和表達抑制（如受困、被迫、或不得已）。選擇這些詞彙代表寫作者對自身問題進行了更深刻的思考，得出對生活影響的新結論，進一步促成了干預措施後幾個月的心理健康改善⓫。

**當有人處於痛苦之中，被負面情緒的浪潮淹沒時，他們很難用更抽象的方式思考自身的問題。而正是在這些時刻，他們更需要親人溫和地引導他們改變觀點。**

225　第十章　如何處理負面情緒？

## 自傳式推理與情感輔導

我們對話中的情感基調對孩子的早期階段可能格外重要，事實上，幾十年前的家庭對話可能至今仍然影響著你的心理健康。要理解其中的原因，需要簡單了解一下自傳式記憶的發展過程。在人生早期階段，大多數孩子只能記住經驗中的一些零星片段，比方說，海灘上沙子的觸感，或醫生打針時的刺痛感。隨著孩子學習到更多的詞彙，這些記憶可能會變得更詳細，但大多數仍然是互不相關，還是孤立事件的簡單描繪，直到經過多年的發展之後，孩子才能將這些記憶整合成有連貫結構的敘述。到青春期結束時，這個敘述可能會像小說一樣，青少年會開始將關鍵事件視為轉捩點，出現新的「章節」代表新的時期。伊利諾伊州西北大學（Northwestern University）的心理學家丹·麥克亞當斯（Dan McAdams）將之稱為從「演員」到「作者」的轉變❶。

以這種角度來思考我們的生命軌跡被稱為「自傳式推理」（autobiographical reasoning），提供了重要的方式來理解我們當前的**失敗、恐懼和挫折**。例如，我們或許仍因分手而感到痛苦，但同時也能體認到，離開一個不懂善待我們的人，讓我們明白了自我尊重的重要性❸。或者，我們可能面臨著壓力特別大的工作計畫，但也意識到我們在過去（如大學時期）已經展現出強大的韌性和決心，使我們有力量應對當前的挑戰。正因如此，個人敘事的品質通常與自身的心理健康密切相關。例如，敘述比較詳細又連貫的人，更能從自己的記憶中汲取意義，更不容易患抑鬱

正向人脈提升守則　226

症❹,也更有可能回報更高的生活滿意度和更強的生活目標感❺。

孩子們從與照顧者的對話中學會了這些技能,包括父母、祖父母、叔叔、阿姨、年長的兄姐、或家族朋友等。紐西蘭奧塔戈大學(University of Otago)的伊蓮・瑞斯(Elaine Reese)的研究顯示,有些人比其他人更擅長教導孩子這些技能,並帶來長遠的影響。瑞斯指出,**當照顧者確認孩子的記憶並引導他們詳細描述細節時,這個孩子長大後可能會有更豐富的自傳式記憶,因此,會更容易從壓力事件中汲取意義,將之置於更廣泛的生活脈絡中,有助於提升心理健康。**然而,如果照顧者忽視或草率處理這個線索,孩子的自傳式記憶發展將會受到阻礙,進而減少他們未來的情感韌性❻。

許多成人與孩子的對話都集中在孩子對事件的感受、以及如何處理這些情緒上,這些對話對於形成痛苦事件的記憶也十分重要。英國的研究人員招募了一百三十二個最近經歷過創傷事件的家庭(如房屋失火或車禍,並因此住院治療)。在創傷事件發生大約一個月後,研究人員記錄了這些家庭對該事件的詳細對話,他們回憶事件的發生經過,並描述自己對此事的想法和感受。

這些對話內容在各個家庭之間有著明顯的差異。有些父母傾向於關注最糟的情況,會說出「你差點就沒命了」之類的話,或是誇大事件的後果,「我們再也不會和以前一樣了」同時鼓勵孩子迴避與恐懼相關的情境;如果一個事故發生在某條路上,他們就發誓再也不走那條路了。有的父母則更加細膩,他們並不會迴避孩子所感受到的恐懼和不安,也會稱讚孩子應對得很好,並強調他們未來的韌性,例如「等你的腿傷好了,你就會恢復正常了」。這些特徵可以預測孩子

227　第十章　如何處理負面情緒?

在事件發生後六個月的心理健康，包括他們的創傷後壓力症狀（即使研究人員已經控制了孩子最初創傷程度的影響，結果仍然成立）❶。

這種較具建設性的對話有時被稱為「情感輔導」（emotion coaching），我們可以看到類似的效果發生在接受手術的孩子身上。談論他們的焦慮、恐懼和不適是很自然的，因為這能幫助他們應對手術、並理解創傷事件的意義，但有些父母過於強調這些負面情緒，由於擔心孩子的健康，他們會過度關注疼痛，造成孩子誇大自己經歷的創傷❶，這只會增加他們未來對醫院的恐懼感也會減少。

**有效的情感輔導有助於平衡對痛苦的回憶與事件中更積極的面向，例如孩子的韌性**。比方說，如果孩子記得自己哭得很厲害，父母可以試著提醒他們當時多快恢復冷靜、或如何透過深呼吸來控制疼痛。當家人進行這種對話時，孩子通常會對手術有更細膩的記憶，日後對醫生和醫院的恐懼感也會減少。

這些變化會發生在孩子大腦記憶的神經系統中，**每當回想起某件事時，大腦就會重新啟動儲存該事件的神經網路，使記憶變得可調整，然後再重新整合**。如果我們的對話只著重在最負面和恐懼的部分，這些元素會在記憶中被強化，但如果對話幫助找到更多正面的意義，未來就會回憶到更細膩的詮釋。

有些照顧者天生擅長情感輔導，而有些人可能需要一些指引，來學習如何為孩子提供這方面的支持，特別是如果他們自己的父母未曾提供過這類的正面重新評估。值得慶幸的是，最近的研究證明這些技能是可以訓練的，只要遵循一些如何與孩子談論創傷的指導原則，就能幫助照顧者

正向人脈提升守則　228

與孩子進行更具建設性的對話⑲。

學習這些技能永遠不嫌晚，無論是與朋友、同事還是家人交談，我們的對話都能促使他們從不同的角度看待問題，這是療癒過程的關鍵起點。

## 兩步驟提供情感支持

如果我們要將這些原則付諸實踐，我們提供情感支持的方式應該包含以下兩個明確步驟。

**步驟一：首先是情感認同（validation）**。即使在最美好的時期，人人都渴望相互理解，而在情感困擾時，對社交連結最基本的需求會特別強烈。想要給予情感認同，我們可以重述對方所說的話，表示我們有認真傾聽，請他們詳細描述自己的感受，並保證我們認為這些情緒是很正常的。這並不代表你必須完全認同他們的看法（你對於類似情況的反應可能截然不同），但你可以表達你了解他們的觀點，也在努力理解眼前的情況。

在這階段的對話中，我們應該保持謙遜，避免在對方充分表達自己的感受之前就匆忙下結論。人都很容易只聽到故事的一部分，就開始提出自己的看法，因此而完全誤解了問題的核心，這樣只會造成疏離感，即使出發點是善意的也一樣。就算我們對他們的反應是否恰當有所質疑，也應該盡量避免帶有批判意味的言語，否則只會讓對方更難過，也會使他們更難找到有用的見解或解決方案。

229　第十章　如何處理負面情緒？

一旦我們重新確認了共感體驗，就應該將對話轉向反思和重新評估，防止對方陷入消極的沉思。我認為這就像是亨利・詹姆士對葛蕾絲・諾頓採取的「平靜理性的口吻」；試圖讓對方與自身痛苦之間保持一點距離。比方說，我們可以溫和地鼓勵他們為令人沮喪的事件尋找其他可能的原因，而不是立刻就想到最糟的情況。

舉個簡單的例子，想像你的伴侶因為某個親近的人忘記了他們的生日而感到難過，你可以告訴他們不要太敏感，但這可能會讓他們覺得自己的真實感受很愚蠢，並因此感到羞愧。另一種回應方式可能是站在他們的立場上，為他們感到憤怒，這麼做或許會讓他們感到被認同，但也可能會強化他們最擔心的想法（認為那個人並不在乎他們）。更好的解決方式是同情他們的擔憂和顧慮，同時為朋友的行為提出其他可能的解釋，也許對方在工作上遇到了困難，或是他的孩子生病了。你也可以提醒伴侶，其他記得祝賀生日的朋友也不少，讓他們從更廣泛的社交網路來看待這次失望，這樣單一朋友的疏忽行為就不會顯得那麼嚴重了。

有些時候，我們可能會鼓勵「自傳式推理」，能幫助朋友將當前的困境視為人生故事中的轉折點。我們也可以提醒他們自己的韌性和資源，幫助他們回想起過去曾克服巨大困難的時期，進而鼓勵他們思考實際的問題解決方案[20]。

在每種情況下，我們都必須謹慎行事，不能自以為是地告訴別人該如何看待自己的處境；我們只能提供一些建議。正如密西根大學安娜堡分校（University of Michigan, Ann Arbor）的伊森・克羅斯（Ethan Kross）及其同事所證明的，有時候，提出正確的問題，讓對方自行找到新

正向人脈提升守則　　230

的看法,這樣可能就夠了。克羅斯研究反芻思考(rumination)與適應性自我反思(adaptive self-reflection)的差異,在這方面是公認的專家,他開發了一些認知技巧,幫助人從不同的角度看待令人沮喪的事件。例如,他發現,想像在未來的某個時間點(如十年後)回顧自己目前的處境,能幫助淡化這件事的情感衝擊,不再讓人感到無法承受㉑。

克羅斯與一個龐大的心理學家團隊合作,探討在對話中納入這類提示是否有幫助。為此,他們招募了近兩百名正在經歷情感困擾的學生,要求他們透過線上私訊與一位受過訓練的實驗人員討論自己的情況,而該實驗人員在那個階段並不清楚這項研究的目的或假設。在某些試驗中,實驗者只是要求參與者描述他們的經歷。

一、你能詳細告訴我事件發生的經過、以及你的感受是什麼嗎?
二、在那一刻,你的腦海裡閃過什麼念頭?
三、那時候讓你印象最深刻的是什麼?
四、對方說了什麼話、做了什麼事?
五、你當時有什麼感覺?

這些問題表現出好奇心,但關注在具體細節,當事人發生了什麼事、以及當下的感受如何。

在其他的實驗中,研究人員鼓勵參與者利用以下問題來重新理解事件:

231　第十章　如何處理負面情緒?

一、從整個情況來看，你能告訴我為什麼這件事帶給你很大的壓力呢？

二、你認為自己為什麼會有那樣的反應呢？

三、你認為對方為什麼會有那樣的反應呢？

四、你從這次經驗中學到了什麼？如果有的話，你願意與我分享嗎？

五、整體而言，如果你從宏觀角度來看，是否能幫助你理解這次經歷？為什麼？

相對於「什麼」類型的問題，這一連串「為什麼」的提問能立刻激發深入地理解因果關係。最後兩點則引導對方從更寬廣的角度來看待事件，進而從中找到更深刻的意義。

這兩種不同策略的效果是立竿見影的，顯示出鼓勵改變觀點有多麼重要。與情感表達的液壓模型相反，光是重述事件經過的參與者，在對話結束後感受到的痛苦程度明顯高於開始時，那些事件仍然鮮明，而相較之下，重新詮釋事件的參與者已經開始感到更大的釋懷，這次對話幫助他們放下糾結的情感㉒。

有時，我們可能已經在運用一些原則，但社會心理學的研究顯示，我們其實還沒做到充分利用㉓。我們過於專注確認他人的感受，滿足他們即時的情感需求，以至於忘記鼓勵他們改變觀點，或是，我們可能會擔心，一直試著鼓勵別人重新看待事件，會被解讀為忽視他們的情感痛苦。這些擔心都是合情合理的，我欣賞克羅斯的研究，因為他提出一種非常巧妙的方式來鼓勵重新解讀。在不強迫他人改變觀點的情況下，我們可以試著在對話中留出必要的空間，讓這些想法

正向人脈提升守則　232

自然而然地浮現。

**步驟二：放下控制，接受事實。**提供情感支持的最後一個指導原則很容易理解，卻也很難做到，那就是「要知道何時放下控制、並學會接受事實」。

你可能很熟悉這樣的情境，你的伴侶、朋友或家人看起來好像很疲憊、沉默、或煩躁易怒，對平時熱衷之事興趣缺缺，或是平時都很有耐心而這時候卻突然發脾氣，你就會知道他們一定有什麼煩心事。然而，你試著探問感受時，他們卻會否認有任何問題。這種無意揭露情感的行為會讓人感到非常受傷：覺得他們不信任我們的判斷，也在彼此的共感體驗中形成阻礙。但我們不應該被挫折所擊敗，最糟糕的做法就是下最後通牒或用虛假的二分法來迫使對方開口，比方說「除非你告訴我出了什麼問題，否則我就不跟你說話」、或「如果你真的在乎我，就該老實地跟我說」。人們可能渴望社交支持，但也重視獨立自主，試圖控制別人的行為只會讓他們更有可能閉口不談。

加拿大蒙特婁大學（Université de Montréal）和拉瓦爾大學（Université Laval）的研究人員請兩百六十八名參與者回想一下，在困難時期自己伴侶可能採用的不同支持策略，其中最受歡迎的策略都是讓他們保留自主權。研究人員在實驗室中發現了非常相似的模式。他們邀請夫妻進入實驗室，要求其中一位主動提起一個重要話題，這是彼此尚未解決的問題（例如決定是否應該考慮生孩子），實驗人員錄下這些對話並進行分析。正如你所料，有些伴侶在談到這類話題時，很快就保持沉默，而一直強迫他們說話只會讓對方更不願意開口。反之，那些創造對話空間，也讓伴

233　第十章　如何處理負面情緒？

侶在覺得準備好時再開口的人，往往會有更具建設性的交流、和更高的關係滿意度❷。

## 支持自主性的溝通

根據這些發現，研究人員提出「支持自主性的溝通」（autonomy-supportive communication）具備三個特徵：

- 注意到他人情緒的變化
- 表達我們的關心
- 給對方一點空間自行決定何時想要傾訴心事

在現實生活中，或許只是簡單地說「我看得出來你很不開心，只要你需要，我隨時都可以和你聊聊」，然後退一步，給他們所需的空間。即使我們是一片好意想給予支持，都必須尊重他們想要獨處的渴望，進行深入對話的時機和場合必須由我們關心的人來決定。

正向人脈提升守則　234

## 同情心的矛盾現象

面對身處危機邊緣的人時，有時候選擇抽身是否合乎情理？畢竟，探討他人的憤怒、失望、或恐懼可能是件很累人的事。在個人主義的社會中，總是會優先考慮個人健康，你可能會想，退一步，讓別人去處理自己的問題真有那麼糟糕嗎？沒有人願意被視為酒肉朋友，但我們可能也會想要保護自己不受負面情緒的影響。

如果你有這些疑慮，你並不孤單，科學家很嚴肅地探討了這個問題，要求參與者在一分（幾乎從不）到五分（幾乎總是）的尺度內，針對以下陳述進行評分，以衡量「對他人的同情」（相對於自我同情）的程度：

- 每個人都會有情緒低落的時候，這是人之常情。
- 別人在跟我說話時，我會仔細聆聽。
- 如果我看到有人正遭遇困難，我會盡力關心那個人。

以及：

- 有時別人在訴說他們的困境時，我感覺我並不在乎。

235　第十章　如何處理負面情緒？

- 有人在我面前哭泣時，我通常都無動於衷。
- 我對遭受痛苦的人沒有同情心。

你可能已經猜到了，對於第一組陳述評分較高、而對第二組陳述評分較低的人，通常被認為對他人更有同情心。

第三項陳述：「每個人都會有情緒低落的時候，這是人之常情」特別值得關注。這個要素有時被稱為「共同人性」，可以避免我們責怪他人的負面情緒，或對面臨不同問題的人表現出優越感和批判態度。

研究人員將這些分數與各種生活滿意度指標進行了比較。如果對他人更多的同情和關懷造成了個人負擔，那麼你會預期，同情心較高的人在情緒健康方面會表現得更差，然而，事實正好相反，比起那些不在乎他人痛苦的人，同情心較高的人顯然快樂得多。

這被稱為「同情心的矛盾現象」，最好的解釋是我們在前一章提到的付出的回報，對他人表現出善意時，自己會有一種溫暖的愉悅感，這種感覺可以緩解生理和心理上的壓力，這是人類進化發展出來的照顧本能，增強人類的育兒能力，的確可能是一個因素。另一種可能性是，我們將自己的善意行為看作是一種交易或投資：在別人需要幫助時給予支持，我們會期望對方未來也會如此回報。

如果你覺得這種同等回報的想法聽起來有些冷酷，我能理解：我也不希望以這種方式看待自己的善意行為，這讓我們感到更安心。

正向人脈提升守則　　236

己的人際關係。對我來說，更有可能的解釋是，有同情心的人可能只是更擅長維持良好的友誼。他們不一定期望每次付出就會立刻獲得「回報」，只是單純地以促進社交連結的方式行事。基於這一點，休士頓和亞利桑那的研究人員測量了人們的同情心，並將這些分數與有關「友誼維護行為」的問卷進行比較，其中包括：

- 回顧共同的經歷
- 分享你的私人想法
- 即使再忙也會為他人騰出時間
- 澄清誤解
- 傾聽而不做任何判斷

這些技能不僅在困難時期才有用；對於任何發展中的關係，都是與人創造共感體驗所必不可少的。基於這些原因，友誼維護行為是雙方關係的品質、承諾和滿意度的重要預測因子。研究團隊的統計分析顯示，這些行為在同情心與快樂感之間起到了「中介」作用，解釋了看似矛盾的現象。簡而言之，**你越有同情心，就越能維持友誼，而這種更強的人際連結帶來的生活滿意度也就越高**㉕。

這些好處在新冠疫情期間顯而易見。二〇二〇年春天，由葡萄牙孔布拉大學（University of

237　第十章　如何處理負面情緒？

Coimbra）的馬塞拉‧馬托斯（Marcela Matos）和英國德比大學（University of Derby）的保羅‧吉爾伯特（Paul Gilbert）所領導的跨國團隊，招募了四千名來自巴西到澳大利亞等二十一個國家的人，要求他們完成有關其信念、態度、和情感狀態的各種問卷。其中特別令人感興趣的量表是「對同情心的恐懼」，該量表透過參與者對各項陳述的評分，來研究本節開頭所描述的擔憂，例如，「我擔心如果我太有同情心，很多脆弱的人會被吸引到我身邊，消耗我的情感資源」、「太有同情心會讓人變得軟弱，容易被人利用」。在這個量表上得分比較高的人，在遭遇困難時期往往心理健康狀況較差，這代表封閉自己的同情心完全無法自我保護㉖。在人生最黑暗的時期，我們不應害怕給予或接受支持。

如果你目前很難對處於困境中的人表現出同情心，不要擔心：這種障礙是可以克服的。就像心臟的肌肉一樣，對他人的同情心可以透過刻意練習而有所增長。我們如今多加利用現有的同情心，將來就會擁有更多，也會變得更快樂㉗。

根據所有的研究結果，我們的第十條正向人脈提升守則可以總結如下：對於需要幫助的人給予情感支持，但不要勉強對方接受，只要表示理解他們的感受，同時對他們的問題提出不同的看法。

明白了安慰他人的理論後，不難理解為什麼那麼多人會在亨利‧詹姆士給葛蕾絲‧諾頓的信中找到安慰。他用最真誠的語言表達能夠體會她感情的強烈，卻沒有自認為了解她深切的痛苦，而是表現出最大的謙卑，承認自己對她處境的「無知」。隨後，他轉變思路，將她的痛苦從整個

238　正向人脈提升守則

人生的角度來看，強調情感變化無常的本質，並重申她的堅強。他最後將諾頓比喻為騎著一匹失控的馬，擔心她會採取激烈的行動，懇求她務必保護自己的生命：

我堅信有必要保持內心的穩定，那麼無論馬如何失控狂奔，當它停下來時，那位有點焦慮但完全相同的 G. N.（葛蕾絲・諾頓）仍然留在馬鞍上。千萬不要生病，這是最重要的；因為這樣才有未來。妳注定會成功，絕對不能失敗。妳擁有我最深切的關愛和全然的信任❷。

諾頓確實堅持下來了，兩人一直是親密的知己，直到詹姆士於一九一六年去世。

## 你應該知道的關鍵訊息

- 我們都會低估別人對於我們提供情感支持的感激程度，尤其是那些不在我們核心社交圈的人。

- 根據「情感液壓模型」，我們往往認為別人在抒發情緒時，被動傾聽是提供支持的最佳方式。然而，研究顯示這種方法通常效果不佳。
- 為了幫助他人處理自己的感受，我們必須確認理解他們的經歷，並引導他們重新詮釋情況，以便更深入地理解自己的感受。
- 在童年時期，照顧者就開始教導我們如何調整情感。如果我們不知道該如何處理負面情緒，這可能是因為過去的對話促使我們把事情看得過於嚴重，而不是進行重新評估。

### 行動方針

- 當你聽到有人正面臨困境時，不妨主動伸出援手，給予支持。只要你常練習表達同情心，就會變得越自然。
- 不要勉強別人接受你的幫助，而是讓他們知道你隨時樂意提供幫助。
- 詢問對方需要什麼樣的支持，是想要找人傾訴、希望得到實際的幫助、還是需要轉移注意力。
- 在討論複雜的話題時，儘量多問「為什麼」這類的問題，以便引導出更深刻的見解，而不是「如何」之類的問題，使人糾結於事件的細節。

正向人脈提升守則　240

- 想辦法以更客觀的角度來檢視當前的情況。你可以問問對方從這次經歷學到了什麼教訓，或是如何看待這件事在整個人生中的重要性。或者，你可以鼓勵對方想像未來會如何看待此事。所有這些技巧都鼓勵更深入的反思，而不是陷入負面沉思。

## 第十一章

# 即便意見不同也能成為好友

本章揭示了許多策略，讓我們能夠以更具建設性的方式進入爭論，彼此交換不同的意見。

在當今政治兩極分化的情況下，幾乎很難想像有比這兩個人更不可能彼此欣賞的。她是一位自由派女權運動者，畢生致力於爭取性別平等，並公開支持 LGBTQ+ 權利，而他是一位保守派，反對平權行動和同性婚姻，但一貫支持槍枝權利。然而，法官露絲・貝德・金斯伯格（Ruth Bader Ginsburg，一九三三—二○二○）和同是美國最高法院大法官的安東寧・史卡利亞（Antonin Scalia，一九三六—二○一六）卻有著眾所周知密切而持久的友誼。

兩人的情誼始於一九八〇年代，在華盛頓特區美國聯邦上訴法院的法官席位上。他們的共同點是在紐約的童年經歷和對古典音樂的熱愛，很快就對彼此的法律能力和職業道德產生深深的敬意。在短短十多年裡，兩人都進入最高法院，在那裡友誼繼續茁壯：史卡利亞於一九八六年獲得共和黨總統隆納·雷根（Ronald Reagan）的提名，而金斯伯格則於一九九三年獲民主黨總統比爾·柯林頓的提名。在工作之餘，金斯伯格和史卡利亞經常一起慶祝新年活動和其他節日；在她的辦公室裡，她放了一張兩人騎著印度大象的合照❶。他們會互相開玩笑，但也很慷慨地讚美對方❷。金斯伯格說，他們是「最好的朋友」❸。

他們的意見分歧十分激烈，但也很公正❹，「我批評的是觀點，而非針對個人」❺，史卡利亞表示，「非常優秀的人也會有一些非常糟糕的想法」。事實上，意見分歧反而使他們的法律判斷變得更加敏銳。金斯伯格在對方去世後曾說：「我在為最高法院撰寫法律意見，收到史卡利亞的異議時，最終發表的內容顯然比我最初的草案更為出色」❻。

兩個世界觀截然不相同的人為什麼能夠建立如此深厚的友誼呢？《紐約時報》專欄作家珍妮佛·西尼爾（Jennifer Senior）指出：「有時我們忘了，在不久之前，政治意見分歧不一定會導致我們退回各自的立場，意識形態的不同也沒被視為道德缺陷」❼。

我們都可以記取這個教訓。在美國，大約有四〇％的註冊選民表示自己沒有任何政治立場不同的朋友，雙方往往互相指責對方思想過於狹隘、愚蠢、或不誠實❽。與立場截然不同的人發生衝突會讓我們感到沮喪、焦慮、和憤怒。為了維護友誼，你可能會選擇完全避免討論有爭議的話

正向人脈提升守則　244

題，但關於自我揭露的心理學研究告訴我們，隱瞞本身會在關係中造成隔閡。對於許多人來說，唯一的出路就是，在出現嚴重分歧時就放棄友誼❾。

但有沒有第三種可能性呢？社會關係心理學揭示了許多策略，讓我們能夠以更具建設性的方式進入爭論，彼此交換不同的意見而不會破壞共感體驗感。最糟的情況是，這讓我們更加了解彼此的立場；而最好的情況則是，我們可能會發現，**透過誠實和尊重地表達分歧，雙方關係反而得到加強**，發現了許多之前沒有注意到的共同點。

## 我們為什麼會「從眾」？

如果你曾經感覺到別人的意見與你的截然不同，而他們對自己的信念又充滿自信，使你懷疑你們其中一人肯定是瘋了，那麼你就會理解所羅門・艾許（Solomon Asch）實驗參與者的感受。你或許已經熟悉這些方法，因為這項實驗如今被公認為心理學研究的經典，雖然他的結論經常受到嚴重誤解。在艾許位於賓州斯沃斯莫爾學院（Swarthmore College）實驗室裡，參與者被分成八人小組，接受簡單的感知測試，如下圖所示。右側卡片上的哪條線（A、B或C）與左側卡片上的線條長度相符？

在每組八人中，只有一位是真正的參與者，其餘的都是演員。前幾輪試驗中，演員們都給出了正確的答案，但隨後，他們開始一致投票選擇錯誤的答案（在上述的範例中，選擇了A或B，

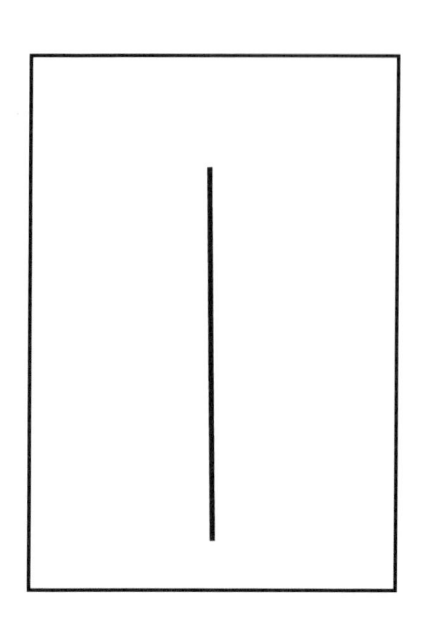

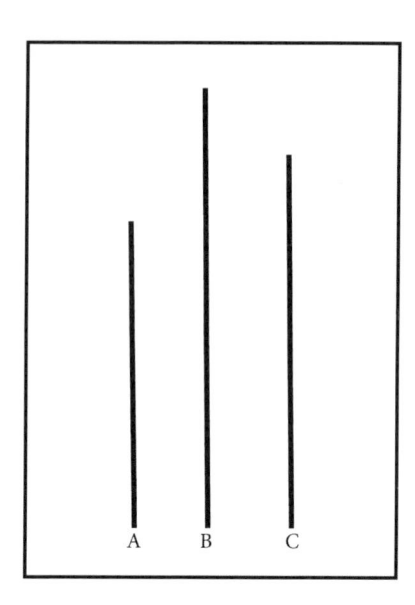

儘管正確答案顯而易見）。艾許後來寫道，參與者因此面臨「兩股矛盾且無法調和的力量：他自身所體驗的完全明確的感知事實證據，以及一群平等參與者一致的證據。他這輩子可能第一次碰到這種情況：一群人一致地反駁他的感官證據」。正如你所預期的，大多時候參與者都會相信自己的眼睛，而在約三分之一的試驗中，他們最終認同了群體的共識❿。

這項研究結果發表於一九五〇年代初，在隨後的幾十年裡，艾許的研究被認為是人類從眾行為的經典範例，象徵著人性的弱點。按照這種解釋，我們會樂於附和大眾的意見，即使相反證據就擺在眼前，只是因為我們太害怕或懶得反對⓫。然而，對艾許來說，他真正感興趣的是意見分歧的代價。實驗結束後詢問參與者時，他發現幾乎每個人

正向人脈提升守則　246

在群體意見與事實相悖時，都感受到高度的焦慮。基於這些研究報告，艾許是最早強調共感體驗對我們身心健康十分重要的思想家之一。

記住，我們的許多判斷（包括基本感知）都可能出錯，因此我們依賴他人的驗證來檢查自己對所經歷事物的詮釋，並理解周圍的世界。當別人表示他們的想法和感受與我們相同時，我們會覺得很安心，認為自己的思維是正確的，也知道我們可以接受對方作為潛在合作和互相支持的對象。然而，當彼此意見不一致時，這種安全感就受到了威脅。雖然我們可以將微小的意見分歧解釋為個人品味的問題，但對於某些基本事實的不同看法（如三條線的相對長度），會使我們開始質疑自己和對方。

艾許的訪談顯示，那些順從多數意見的參與者並不是懶惰或意志薄弱，這次經歷動搖了他們對自己判斷的信心，他們真心懷疑自己的感知是否有誤，根本不知道該相信誰。值得注意的是，艾許發現，只要有一個與參與者持相同觀點的意見出現，就足以減輕這種壓力，並降低隨後的從眾行為⓬。

可惜的是，艾許的結論從未真正受到社會心理學家的重視。第二次世界大戰後，許多心理學家致力於探究為何會有大量人口成為納粹恐怖暴行的共犯。在這種背景下，艾許最受關注的研究結果被簡化詮釋為：許多人都喜歡從眾，常常表現得像綿羊一樣盲目地跟隨群體行動，而艾許更為複雜的理論（參與者感到非常困擾，努力理解相互矛盾的訊息）基本上卻被忽視了⓭。

247　第十一章　即便意見不同也能成為好友

## 孤獨感會讓人不理性

然而，最近社會心理學家開始重新探討這項實驗，發現人們的孤獨感或連結感會影響到自己對意見分歧的反應方式❶。想想佛蒙特大學伊莉莎白・皮內爾的研究，她是我們在第二章中首次提及的「存在孤立感」科學研究先驅。正如本書中所探討的許多其他心理學概念一樣，存在孤立感可以透過問卷來衡量，該問卷要求人們在零分（非常不同意）到九分（非常同意）的尺度內針對各種陳述進行評分。存在孤立感程度較高的人更有可能同意「別人通常無法理解我的經歷」，或不同意「我經常對我身邊的人所做的事有相同的反應」這類的陳述。

皮內爾假設，**存在孤立感會使人更容易順從多數人的意見**，而在後來的實驗中，她證明了這種感覺是可以被操控的。光是得知其他人在另一項任務中與自己有相同的想法，就能幫助許多參與者在線條感知任務中抵制從眾影響，因為他們已經得到了共感體驗的保證，而那些沒有這種經歷的人則更有可能跟隨群體行動。

例如，皮內爾請參與者玩《Imaginiff》這個遊戲，正如之前所見（參見第49頁），內容包括「想像一下，如果麥可・喬丹（Michael Jordan）是一種海洋生物，他會是一隻章魚、海豚、錘頭鯊、還是螃蟹」之類的問題。參與者憑直覺做出選擇，聽到其他人給出了相同的答案，會產生強烈的社交連結感，值得注意的是，他們在線條感知測試中也減少了附和群體共識的可能性❶。

這些實驗聽起來可能與日常生活有些脫節，但得到的結論對於理解人的世界觀有重要意義，

正向人脈提升守則　248

比方說，這可以幫助我們理解為什麼孤獨的人更容易相信陰謀論❶。如果有人總感覺與周圍的人格格不入，他可能會轉向其他潛在的連結來源，或許是來自對其疏離感提供明確解釋的「獨立思想者」線上社群。為了創造和維持這種新獲得的共感體驗感，他們會更容易輕信那些一般人覺得難以置信的說法，而一再想要駁斥這些錯誤信念可能只會讓情況變得更糟。

讓我們想像一下，你的表弟與一些「地平論者」成為朋友，也相信學校教育中的地球儀是個全球陰謀，你的第一個反應可能是大笑和嘲諷。這也難怪吧？他表達了與科學知識和個人經驗相矛盾的觀點，你會說：「你瘋了嗎？任何白痴都知道地球是圓的。我們有從太空拍攝的地球照片！不然，你怎麼解釋我們有不同時區的事實？或是船隻在越過地平線時，底部先消失的現象呢？」你希望這些強硬的話能讓你的表弟清醒、讓他接受你的觀點。

然而，問題在於，**你的嘲笑會增加他的存在孤立感**；他來找你希望得到理解，卻發現你對他的觀點毫不尊重，他現在可能會轉向新朋友尋求連結和情感認同，由於你引發的強大脆弱感，他可能會更容易接受更離譜的言論，也許他會開始接受邪惡的蜥蜴人正在背後操控世界的想法。如果你真的關心你表弟，希望他聽取理性意見，你的努力適得其反，你已經使他更難形成更理性的世界觀。

現在想像一下你以更溫和的方式回應，就算你覺得難以置信，還是設法問道：「那個想法很不尋常哦，你是從哪裡聽到那個理論的？」等他描述完 YouTube 的影片之後，你再試著深入探究。你或許可以追問這些人的學術背景、以及表弟為什麼認為他們是可信來源。**然後，你再提出**

相反的論點,而且是以對話的形式交流,而非激烈的指責。如果你以正確的方式進行這次對話,就能避免加深他的存在孤立感,為更具建設性的意見交流奠定基礎。你可能沒辦法立刻說服他,但至少不會讓他更堅持自己的信念。

我刻意選擇地平說理論這種極端的例子,以避免激發任何黨派忠誠感,但你可能會在許多餐桌對話的主題中發現非常類似的反應。以我在撰寫本章時仍持續引起新聞關注的幾個爭議話題為例:普丁(Vladimir Putin)是否因為「受到挑釁」才入侵烏克蘭?全球暖化是碳排放造成的結果嗎?這是不是人類最大的長期威脅之一?疫苗會削弱免疫系統,而非增強嗎?

根據皮尤研究中心(Pew Research)在二〇二二年進行的一項調查顯示,五九%的美國人認為,在面對重要的公共議題時,大多數人無法就基本事實達成共識。這種對他人知識和理解力的不信任,在法國甚至更為嚴重,占六一%,而在義大利和西班牙各為五五%、比利時為五一%、瑞典為四五%,都相當接近。在英國的比例則相對較低,占三七%,但還是代表有相當大比例的民眾感到與不同政治立場的人格格不入❶。

**如果我們想與周圍的人建立真誠而誠實的關係,就該努力在彼此最關心的議題上保持開放的對話。**不幸的是,我們的對話經常演變成激烈的爭論,只會造成雙方更加疏遠,結果,我們與那些持不同意見的人漸行漸遠,最終選擇只和樂於支持我們既有信念的人為友,讓自己的社交圈子變成了一個同溫層。

即使彼此的核心信念存在根本差異,只要努力與周圍的人建立或維持共感體驗感,就能避免

這種命運⑱。我們會發現，只要遵循四個關鍵原則，就會更容易做到這一點：在意見不合時要保持禮貌和好奇心；對他人的觀點表現出興趣；分享個人經歷；以及利用對方的價值觀來表達你的觀點。這四個原則共同構成了第十一條社交連結法則。

## 原則一：禮貌勝過爭論

我們的第一原則以瑪麗・沃特利・蒙塔古夫人（Lady Mary Wortley Montagu 一六八九—一七八二）的名字命名。她是一位英國作家兼詩人，以多項成就聞名，其中最著名的是在土耳其旅行後倡導接種天花疫苗，並挑戰當時社會對女性的普遍態度。一七五六年五月，她在寫給布特伯爵夫人（Countess of Bute）的信中建議，要對一位傳遞信件的共同熟人表現出尊重的態度：「記住禮貌不花一分錢，卻能換來一切」。她懇求道：「妳的女兒們應該把這句格言銘記在心」⑲。

伊利諾伊大學（University of Illinois）的琳達・斯基特卡（Linda Skitka）將之稱為「蒙塔古原則」，她的研究表明，這個原則如同十八世紀時一樣，至今依然成立。**表現出不禮貌的行為會讓人產生防衛心；當別人感覺到自己的地位、信仰和價值觀受到攻擊，就會想辦法維護自我尊嚴，自然會變得不太願意接受你所要傳達的訊息。**有些人可能會用不禮貌的行為來表達自己的主導地位或堅定的信念，但無禮通常不會讓你贏得尊重；很多時候反而只是降低別人對你的熱情和主導地位的評價。你可能認為侮辱別人能讓你顯得很強大，但對大多數人來說，只會暴露出你的弱點。

由於不禮貌的行為，你甚至可能失去最可能認同你立場的人的信任。二〇一〇年代後期，斯

251　第十一章　即便意見不同也能成為好友

基特卡及其同事分析了人們對川普總統推文的反應，他們發現，在禮貌和優雅的交流之後，無論是支持者和反對者，他的支持度都有所提升，例如：「在華盛頓特區美好的一天。第一次與歐巴馬總統會面，非常好的會面，氣氛很融洽，梅蘭妮亞（Melania）非常喜歡歐巴馬夫人！」然而，當他訴諸侮辱和人身攻擊時，大眾支持度則下降了，例如：「狡猾的希拉蕊‧柯林頓現在責怪所有人，卻不承認自己是個糟糕的候選人，只會指責臉書、甚至指責民主黨和民主黨全代會」。與攻擊競爭對手可以鞏固你最親密的政治盟友支持的理論相反，研究人員發現，不禮貌的行為沒有任何好處，即使是對川普的死忠支持者來說也是如此[20]。

雖然我不想重提二〇一六年的總統大選，但值得一提的是，當希拉蕊‧柯林頓將川普的支持者形容為「可鄙的一群人」時，她也失去了一些中間選民的支持[21]。據我所知，沒有證據顯示政治光譜的某一方在文明表現上優於另一方。如同許多社交連結法則一樣，蒙塔古原則適用於任何背景的人，**輕視他人只會毒害溝通，破壞建立相互理解的機會。**

### 表現謙卑和好奇心

除了表現基本的禮貌之外，還可以主動地展現對他人觀點的真誠興趣，同時承認自己觀點中的疑慮和不確定性。根據作用與反作用力的定律，當一方在爭論中表現出謙卑和好奇心時，能促使另一方的心態更加開放，為隨後的討論帶來巨大的溝通效益。

英屬哥倫比亞大學的法蘭西斯‧陳（Frances Chen）發現，只要向某人提一個問題請他們解

釋自己的觀點，就能使對方更樂意接受你的論點，並提高進一步參與討論的意願。在史丹佛大學研究時，她邀請學生參與一場線上辯論，討論是否應該在畢業前引進新的綜合考試（此舉可能會引起激烈的反應）。參與者並不知道的是，他們的辯論對手其實是實驗人員，這些人按照精心編排的腳本，表示支持這個爭議性的舉措。在對話進行到一半的時候，實驗人員請學生詳細說明自己的觀點：「我對你所說的非常感興趣，你能不能告訴我你為什麼會這麼想呢？」而在其餘的試驗中，對話則繼續進行，沒有要求進一步說明。辯論結束後，還請參與者發表自己對辯論對手的看法。

這只是腳本上微小的變動，但這一點點的興趣表達卻改變了學生對辯論的態度。聽到這個問題的參與者更願意接受對立觀點的進一步資訊，也更樂於與辯論對手再次探討這個話題。針對學生對該主題的寫作分析也顯示，他們在表述自己的觀點時，也更願意考慮對手的意見㉒。

還有許多其他方式可以表達我們在對立的世界觀中建立共感體驗的意願。**在討論具爭議性的問題時，對共同點簡單地表示認同**，（例如你說得很對）、或承認對方觀點（我了解、我明白你的意思）特別容易受到重視和讚賞。運用一些委婉的修飾詞（例如某種程度上、可能），也能為你提出的主張增添細膩度。最後，運用以「你」為主語的陳述，試圖重述對方所說的話，能夠證明你有認真傾聽。這些文字表達就整體而言看似微不足道，但卻能夠傳達出你對他人意見的重視和尊重，而且是會產生感染力的，當一方開始使用更具回應性的語言時，另一方很可能也會跟隨

第十一章　即便意見不同也能成為好友

仿效。

我們的自我感知往往不太準確，使得我們通常不善於評估自己在他人眼中的開放程度。很多時候，我們真心希望進行建設性對話，但卻未能有效地傳達出這個意圖。想想一項針對地方和州政府高層的研究，他們被要求與同事辯論具爭議性的政治議題。這些高層在評價自己的行為時，過度關注在少數幾個信號，例如，他們是否罵了髒話、在對話中是否用了正確的稱謂、有沒有感謝對方的貢獻。然而，真正影響他們在他人眼中形象的，卻是其他的語言信號，例如刻意承認對方的觀點、表達不確定性和謙遜的委婉修飾語、以及聚焦於相同意見。這些小細節除了影響到對於開放態度的印象，還影響到一個人對合作夥伴專業判斷的尊重程度、是否樂於讓對方代表自己的組織、以及未來是否會考慮與之合作，這些都反映出更健康、更具建設性的互動關係。

## 原則二：對他人的觀點表現出興趣

在網路平台上，這些開放態度的表現也同樣重要，可以防止討論惡化為口水戰和激進的群體攻擊。例如，針對維基百科編輯者幕後對話分析顯示，這些對話常常演變成激烈的爭論，如果貼文內容顯示出尊重、謙遜、以及對不同觀點表現出真誠興趣，這種情況發生的可能性則顯著下降。㉓

那麼，這為什麼有效呢？開放心態的對話強調了我們對相互理解的渴望，能激發出一種連結感，降低對方的自我防衛心，因此更有可能傾聽我們的意見，察覺到自己想法中可能存在的偏

254 正向人脈提升守則

見❷。有時候，我們甚至不需要直接指出他們論點中的缺陷，就能產生這種改變。這種意想不到的觀點轉變可以在一群英國學生身上看到，這些學生被要求想想自己對不同群體的偏見（例如對老年人或有色人種），隨後一位研究助理開始和學生討論這個話題。在對話開始之前，學生得到保證他們所表達的任何觀點都是完全保密的：他們可以放心說出自己的真實想法，而不必擔心後果。對於一半的學生，研究助理只是靜靜地聽著，有時點頭附和說「嗯」或「我明白」，但沒有積極地表示同意或不同意。而對於其餘的學生，研究助理則更為投入：會提出問題鼓勵學生分享自己的信念，並表現出同理心，說道：「我知道你可能覺得這話題難以啟齒」。

在這兩種情況，研究助理都沒有主動挑戰學生的觀點，然而，神奇的是，他們所展現的積極參與和促使學生更加批判地反思自己的偏見，也使他們更願意改變看法，並對相關群體持更正面的態度。為了證明這是一個穩固的現象，以色列大學，海法大學（University of Haifa）的蓋伊・伊茨切科夫（Guy Itzchakov）帶領研究人員，在以色列大學更大量的樣本中複製了這項實驗。研究助理同樣對學生做出被動回應，抑或是表現出更積極主動的興趣，結果再次影響了學生的自我反思能力。研究助理表現出好奇心和同理心時，學生回報對自身偏見來源有更深刻的反省，也更願意重新評估自己的觀點，他們更有可能同意「在對話之後，我覺得我現在應該重新評估這件事」和「我的交談對象讓我反省了自己在對話中所表達的態度」這類的陳述❷。

我們可以觀察到這個原則在國際舞台上發揮作用。在關於蘇格蘭和巴斯克獨立態度的研究調查中，當人們感覺受到反對方理解時，對對手的信任和寬容度會有所增加。看來，只要知道有人

255　第十一章　即便意見不同也能成為好友

認真看待你的意見，就能帶來意想不到的效果㉖。

對自己觀點表示不確定，對他人觀點表現好奇心，有時可能會讓人感到不自在。如果你對某個議題有很強烈的看法，你可能會擔心採取不帶批判的提問態度會顯得沒有原則；甚至可能會讓人覺得你只是在迎合他們的觀點。然而，如果你的目標是提高人們對你所關切之事的認識和同情，那麼研究結果是很明確的，**採取開放包容的心態不僅是維持社交連結最好的方法，也是改變觀點最有效的手段之一**。

## 原則三：分享自身經歷

你可能聽過這句話：「一個人的死亡是一場悲劇，百萬人的死亡只是一個統計數字」。這句話經常被認為是蘇聯領導人約瑟夫・史達林（Joseph Stalin）的名言，但早在一九三○年代逃離德國的猶太諷刺作家庫爾特・圖霍爾斯基（Kurt Tucholsky）的著作中，就已經出現過這樣的表述㉗。從邏輯角度來看，這是相當荒謬的，我們應該更關心一個體趨勢，而非單一事件，但共體驗的概念對此提供了可能的解釋。我們觀察人在聆聽感人故事時的大腦反應，他們的大腦神經活動會開始與講述者和其他聽眾同步；傳達經驗的話語正在建立相互理解的基礎㉘，而統計數字缺少了特定的生命細節和個人所經歷的情感，不大可能達到相同的效果。

**故事往往比純粹的數據更具說服力**，就像蒙塔古原則一樣，圖霍爾斯基這種說法如今得到了大量心理學研究的支持，這些研究證實，

正向人脈提升守則　256

舉例來說，如果有人聽到在過去五年有四六％的LGBTQ+族群在職場上受到歧視，這個事實可能會成為推動更嚴格立法以保護其權益的理由，但遺憾的是，這種數據很容易在大眾腦海中掠過，無法激起任何情感反應或對受害者的共鳴。然而，當他們聽到某人在辦公室受到羞辱的真實故事時，就能深切體會這些態度帶來的後果，更能引起共鳴，對當事人的經歷感同身受㉙。

儘管大家對霍爾斯基的這句話耳熟能詳，但大多數人並沒有將此原則付諸實踐。研究人員請兩百五十名參與者描述表達意見的最佳方式時，五六％選擇了呈現事實，而只有二一％的人選擇分享個人經驗㉚。在二○一八年美國中期選舉前針對各種自由組織政治宣傳員的一項大型研究中，我們可以看到「圖霍爾斯基原則」的效應。這些宣傳員透過與選民進行面對面交談，試圖減少對美國非法移民的污名化，他們受指示採用兩種不同的策略，一些人被告知利用純粹統計數據來溝通，例如有關移民增加犯罪的普遍恐懼，而另一些人則被要求進行個人故事的交流。考慮到表達好奇心和興趣的說服效果，這些宣傳員首先請談話對象描述自己與移民打交道的經驗、以及他們對移民社會角色的看法。在聽取了選民的意見之後，宣傳員接著分享了自己的故事，包括描述家人或朋友進入美國的經歷。

以論據為基礎的對話並未對人的看法造成顯著影響，但加入個人敘事卻成功地改變了他人的觀點。與宣傳員交換了個人故事後，這些選民「強烈支持」讓非法入境美國的兒童身份合法化的可能性，提高了大約五％。對於一個通常會引起敵意而非同情心的爭議性話題來說，十一分鐘的對話能有這樣的效果，已經相當不錯了。

為進一步驗證這個原則，研究人員進行了兩項新實驗，這次檢視的是有關跨性別權利的討論。他們總共記錄了六千八百多次與選民的對話，分析結果始終一致：**比起關注客觀事實和統計數據的對話，相互尊重的經驗分享更有可能改變人的看法**。[31]

你所重視的政治議題或許與那些宣傳員的選擇截然不同，但圖霍爾斯基原則似乎適用於任何主題的討論；例如，研究證明，分享個人故事可以減少雙方對於槍枝管制和持槍權爭論的本能反應。[32] 如果有更多人注意到這一點，我們的討論可能會引發更少的對立分化和更多的理解。

### 原則四：利用對方價值觀表達自身觀點

改善討論品質的最後一個策略是道德重塑，其中包括了解談話對象的核心道德價值觀，然後利用這些價值觀來溝通相關議題。假設你在和一個非常愛國的人探討環保問題，你可以嘗試列舉國家生態系統正面臨的種種危機，同時解釋這些問題如何威脅到當地的傳統習俗和許多人的生計；防止污染和自然資源過度開發是維護國家資產和寶貴鄉村的最佳途徑。透過明確訴諸這個對國家的熱愛，你可能會發現對方會更重視你所說的話。

為了測試這種方法是否有效，紐約大學和奧勒岡州里德學院（Reed College）的研究人員針對大學生的基本政治觀念進行問卷調查，然後向他們提供最新的生態研究相關資訊。對於一半的參與者，其中包含一段旨在喚起其愛國情操的文字：「支持環保使我們得以保存和維護美國的生活方式，保護國家的自然資源是一種愛國行為」。隨後，參與者完成了有關其環保行為的多項問

正向人脈提升守則　258

卷調查，還有機會簽署關於發展「綠色就業」、維護美國阿拉斯加的北極國家野生動物保護區（Arctic National Wildlife Refuge）、以及防止海上鑽探造成石油洩漏的請願書。結果顯示，這種道德重塑增加了那些價值觀比較保守、通常對環保議題較為冷漠的人的參與度㉝。

自此，道德重塑已被證明可以提高人們對許多敏感議題的開放心態，從同性婚姻到美國總統的選擇。在不改變事實的前提下，你只需要試著了解對方的想法，用他們更容易理解的語言來解釋問題㉞。

## 莎拉的故事

如果你曾擔心有些觀點一旦形成就不可能改變，不妨想一想莎拉這位女孩的非凡故事。

莎拉曾是一位幻想破滅的美國女學生，對父母的離婚感到憤怒，與同學格格不入，她在高中開始與一群光頭黨混在一起時，對自己的性向感到迷惘。她說，其中大多數人「並不是純正的龐克搖滾樂迷」，但她逐漸開始支持一個種族主義色彩更強烈的分裂組織，她的手臂很快就紋滿了納粹標誌，「剛開始的時候，正是那種憤怒和暴力情緒讓我很容易融入他們」。

如果她心中有任何懷疑的念頭，她都會壓抑下來。例如，她曾經和一名西班牙裔男子有過短暫戀情，她知道自己很虛偽，也明白到處和人發生關係會被人視為「婊子」，但如果承認這些想法「會讓一切全部瓦解」。她曾經幾次收拾行李準備離開這個小鎮，但越來越強烈的存在孤立感

259　第十一章　即便意見不同也能成為好友

總是又把她拉回來，每次試圖離開都失敗後，「我真的下定決心去招募更多的人，也變得更加極端，挑起更多的爭鬥」。

弱的共感體驗感，莎拉墮落於這個犯罪黑社會，最後以一場武裝搶劫案告終，警方追蹤到她，將她緝捕歸案、起訴，最後被判處二十年的有期徒刑，這牢獄生活原本可能使她的人生更向下沉淪；然而，她卻經歷了某種奇蹟。

這一切始於一次善意的舉動，一位黑人囚犯主動給了莎拉一支她渴望已久的香煙，莎拉並沒有立刻改變她的觀點，但她願意破例，隨著關係的發展，她發現自己不得不向新朋友辯護自己的觀點。有個女囚犯問她：「如果妳以前在街上遇到我，妳會揍我嗎？」莎拉反思說道：「你知道的，這些問題都是不能用假話糊弄過去的。他們一直在問題想要了解我，讓我不得不回答，而我同時也在了解我自己」。她的意識形態開始慢慢瓦解，最終出庭作證指控以前的幫派。

在改過自新期間，莎拉最終遇見了喬治亞州立大學（Georgia State University）的約翰・霍根（John Horgan）❸，他是專門研究去激進化的心理學家，在一篇行為科學期刊論文中記錄了她的經歷。出獄後，她開始與高危險青少年合作，避免他們像她一樣誤入歧途，感覺就像是重生一樣」。

我在讀到霍根的描述時，對莎拉和女獄友之間非評判性的對話，印象特別深刻，儘管她的處境十分絕望，但這些對話體現了本章所討論的原則：「他們的態度既開放又真誠，我覺得沒有什麼壓力，其實也沒有真正的分歧⋯⋯就只是分享訊息，幾乎不帶任何批判⋯⋯我開始變成我原本

該成為的那個人，你知道的，沒有誤入歧途的自己」。在全世界所有地方中，監獄提供了她改變心態所需的社會環境，「他們知道我是怎麼樣的人，但還是把我當作普通人看待」。

## 金斯伯格大法官

如同其他的關係法則一樣，第十一條正向人脈提升守則的四種原則必須由你自行斟酌運用。

正如本章開頭所提到的，對立的世界觀會給任何關係帶來巨大壓力。研究證明，許多人可能比我們想像的更願意接受理性溝通，但有些人則是無論你多麼努力保持禮貌，都不願意參與互相尊重的對話。在這種情況下，你的努力可能是白費的，我建議你將精力保留給其他人。**如果我們面對的是真正有害的觀點，當然沒必要繼續進行可能損害自己心理健康的對話。**

但我希望這些原則能幫助你和生活中至少幾位持不同意見的人展開更具建設性的對話。正如金斯伯格和史卡利亞所展示的，意見分歧並不一定會阻礙深厚的友誼；你甚至可能會發現，嚴謹的辯論為彼此的友誼增添了一絲趣味，也能防止你的想法變得懶散和傲慢。

「有什麼不喜歡的呢？」史卡利亞曾開玩笑說道：「當然囉，除了她的法律觀點之外」㊱。

這兩位法官雖然經常對憲法有不同的解讀，但他們對自己所認定的真理有著相同的堅持，也讓這種堅持作為友誼的基石。

有一年，史卡利亞送給金斯伯格二十四朵玫瑰作為生日禮物，他的朋友兼同事傑佛瑞‧薩頓

261　第十一章　即便意見不同也能成為好友

（Jeffrey Sutton）對此一舉動感到非常困惑，「這些玫瑰對你有什麼好處？」他問：「列舉一個四比五的重大案件是你得到金斯伯格法官投票支持的。」

史卡利亞回答道：「有些東西，比選票更重要」[37]。

## 你應該知道的關鍵訊息

- 存在孤立感會驅使人轉向更極端的立場，向特定群體靠攏。
- 對看似明顯的事實產生的深刻分歧，可能會加深這種存在孤立感的信念，而不是改變看法。
- 蒙塔古原則（禮貌不花一分錢，卻能換來一切）在意見分歧時，尤其重要。不尊重的態度會降低你說服對方的機會，在原本支持你立場的群體當中，也可能有損於你的聲譽。
- 人都渴望有人傾聽和被人理解。當你對他人的意見表示興趣時，會降低對方的防衛心，使其更願意接受你的論點，產生更具建設性的對話。

正向人脈提升守則　262

個人軼事往往比統計論證更具說服力，我將這種現象稱為「圖霍爾斯基原則」。

**行動方針**

- 在任何爭論中，應避免使用粗話、人身攻擊、或是質疑他人個性或能力的過度言論。套用安東寧·史卡利亞的話說，批評觀點，而非針對個人。
- 試著強調你最欣賞的優點來肯定對方的自我價值。
- 針對對方的觀點提出開放式問題，並試著重述他們提出的一些要點，以顯示你有在認真傾聽，也了解他們的論點。
- 認清討論話題中存在的任何不確定性或模糊性，並承認自己所知有限，而不是假裝什麼都懂的樣子。
- 交流個人故事和經驗，以便為自己的信念增添重要的背景資訊。

## 第十二章

# 如何尋求寬恕？

長久累積的怨恨和衝突是壓力的主要來源，而寬恕能改善人的整體心理健康，也會帶來身體上的好處。

一九七六年，喜劇電視節目《週六夜現場》的製片人洛恩・米高斯（Lorne Michaels）對披頭四樂團提出了一個特別的邀請。

「我們有大約兩千兩百萬名觀眾，如果可以的話，請容我向四位非常特別的人致意。約翰、保羅、喬治、和林哥：披頭四樂團」，他開始說道：「在我看來，披頭四是音樂界最美妙的事。不僅如此，你們不只是一個音樂團體，更是我們生活的一部分，我們是跟著你們長大的。因此，

我想邀請你們來參加我的節目」，他的笑話在於酬金，他拿出一張支票，聲稱他的節目可以為這次的重聚支付三千美元。

正好，當時有兩位披頭四成員就在《週六夜現場》工作室幾英里之遙的地方觀看節目。保羅·麥卡尼（Paul McCartney）和他的妻子琳達那天晚上去了約翰·藍儂（John Lennon）在曼哈頓的公寓，他們看到這個邀請時，兩人都很樂意接受米高斯的建議。藍儂後來告訴記者大衛·謝夫（David Sheff）說：「我們差點就跳上了計程車，但我們實在太累了」❶。披頭四的解散是音樂史上最令人遺憾的分手之一，經歷了過去十年的矛盾衝突後，他們是怎麼做到能夠開心考慮重聚的呢？

在早期，披頭四一直是友誼的典範。麥卡尼在披頭四狂熱的巔峰時期解釋道：「我們其實就像是同一個人，只是那個整體的四個部分，我們是獨立的個體，但合作起來卻像是同一個人，各自都對整體有不同的貢獻」❷。作為主要的詞曲作者，藍儂和麥卡尼有著近乎神奇的默契，他們一個是左撇子，一個是右撇子，在排練中，會像音樂分身一樣互相呼應。其他朋友可能會幫對方接話，而他們則能夠完成彼此的音樂主題和歌詞，激發靈感，創作出世界上最令人難忘的歌曲。

當然，彼此之間也有競爭，但這是自我提升的動力，確保個人和團體都能茁壯成長。在那個時代罕見的是，兩個男人公開表達對彼此的愛。

後來，抱怨開始累積，包括對商業協議和個人事務的意見分歧、還有對創作方向和樂團內個人角色的衝突。樂團正式解散後，他們還是一直互相指責，出現在私人的對話、訪談和歌曲中。

正向人脈提升守則　266

然而，他們彼此的關係（儘管變得脆弱）某種程度上依然存在著。到了一九七〇年代中期，他們達成共識，決定不再互相抨擊，也開始親自見面。專業上的重聚在藍儂去世之前並沒有發生，但兩人都曾認真考慮過再次合作的可能性。藍儂的女友龐鳳儀（May Pang）後來回憶說道：「我有點驚訝，聽過他們之間曲折關係的種種故事後，他們竟然能這麼快就恢復了溫暖的友誼，每個人都很善良」❸。

藍儂和麥卡尼可能是在全球媒體的聚光燈下經歷彼此的裂痕，但社交關係的破裂無疑是最常見的人類經歷之一。在朋友、同事、和戀人之間，衝突逐漸加深，在攻擊和防禦中說出傷人的話，直到彼此的關係在壓力下破裂，不禁令人感慨當初為什麼會建立這段關係的。

在前一章中，我們探討了如何應對政治分歧；現在該是處理個人傷痛的時候了。我們該如何修復因冒犯他人而受損的關係？又該如何學會寬恕他人的過錯？有些傷害可能如此之深，讓人想要與犯錯的一方斷絕關係，但事實上，相互包容和理解的可能性遠高於我們錯誤的直覺所認定的。

如果大多數人都覺得難以建立新的友誼，在衝突中要維持友誼就更難了，這導致我們的人際關係日益薄弱。為了避免這種命運，**我們必須要學習的第十二條、也是最重要的正向人脈提升守則，就是開始重新理解怨恨和寬恕。**

# 人為什麼會有報復行為

在我早期的一個工作中，我收到了一個神祕聖誕禮物，是特別有創意的同事所縫製的巫毒娃娃，他建議，每當我被資深同事侮辱時，只要拿根針刺在娃娃上，我的挫折感就會消失。這當然只是個玩笑話，但新聞業的競爭確實很令人沮喪，所以，我並不會羞於承認，在與某些同事經歷了一些壓力特別大的對話之後，我的巫毒娃娃最終變得像隻豪豬一樣，而我的一些憤怒似乎也隨之消失了。

多年後，我發現加拿大威爾佛里德·洛瑞埃大學（Wilfrid Laurier University）的心理學家梁琳迪（Lindie Liang，音譯）對這個想法進行了科學檢驗。梁的研究參與者首先必須回想一個自己的主管表現粗魯、過於負面、或未能認可他們工作表現的經歷。然後，其中一半的人會被指示去一個展示虛擬巫毒娃娃的網站，在那裡用數位大頭針、鉗子或火柴來發洩沮喪情緒；而對照組則只有看到一張巫毒娃娃的圖片，但無法對其造成任何傷害。

接下來，參與者在一個看似無關的任務中，被要求填寫一系列不完整的單字，每一個字都有兩個可能的答案，其中一個可能會反映出內心殘留的怨恨情緒，比方說，要求拼出「un__st」這個字，可能是 *unusual*（不尋常）或 *unequal*（不平等），或是看到「un__ual」這個字，可能拼出 *unjust*（不公正）或 *unrest*（動盪）。理論上，那些一再認為自己受到不公平待遇的人，較有可能選擇與不公正相關的詞彙，這是一項標準的隱性情感測試，而控制組的參與者在回想起自身所受

正向人脈提升守則　268

的不公平待遇後，確實更有可能拚出與不公正相關的詞彙，而對於那些刺傷或燒毀了巫毒娃娃的人來說，情況則有所不同，這些虛擬的報復行為似乎平息了他們受委屈的感覺。

這個實驗聽起來或許有些荒謬，但有著嚴肅的目的，因此獲得了「搞笑諾貝爾獎」（Ig Nobel Prize）（該獎項表彰那些「逗人發笑……又發人深省」的科學研究）❹。梁希望了解為什麼人在被傷害後會想要報復，而利用虛擬巫毒娃娃可以在實驗室中安全測試報復行為的影響。這個實驗突顯了我們在與他人互動時對正義的重視程度，以及如何透過發洩情緒來達到心理平衡，就好像我們的大腦在記錄自己的過錯、和他人對我們的冒犯，而報復行為可以幫助我們達到平衡，即使這種惡意行為純粹是象徵性的。

我們進化成這樣是有充分理由的：對他人的不當行為保持警覺可以防止我們像腳踏墊一樣任人踐踏，在人類的演化過程中，這對於維持群體中的優勢地位十分重要，還可以幫助我們恢復自主意識，在被人貶低時感到多了一些力量，這也就是報復滋味如此甜蜜的原因。

不幸的是，怨恨也會造成許多傷口難以癒合。例如，當別人侮辱我們時，我們常常感到人格被貶低，這體現在我們所用的語言中：會說自己感覺被「棄如敝屣」或「視如糞土」。人性感受可以透過心理問卷來衡量，要求人們對自己的情感深度或智慧成熟度進行評分，這些特質被認為是區分人類與其他動物的關鍵因素。在經歷了令人沮喪的人際衝突後，人們會給自己更低的評價，就好像失去某些重要的自我價值感，而根據匹茲堡大學（University of Pittsburgh）的卡琳娜·舒曼（Karina Schuman）和史丹佛大學葛雷格里·沃爾頓（Gregory Walton）的研究，惡意行

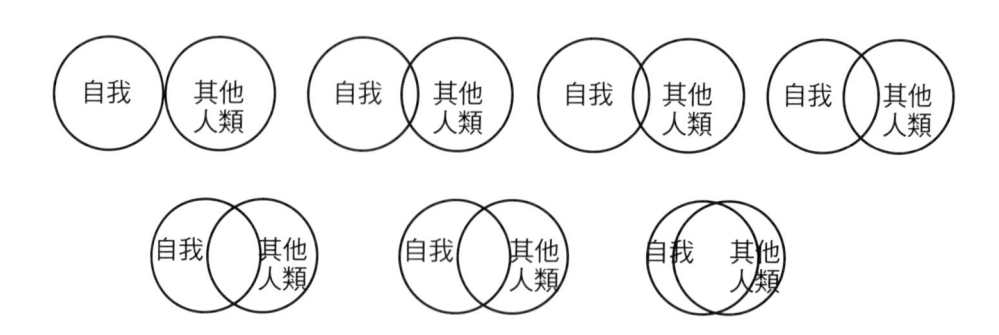

為對於恢復自我認知並沒有太大的幫助。

在一項實驗中，科學家要求受試者回想過去曾經傷害過他們的人，然後，請他們寫一封報復信，旨在宣洩所有怨恨和憤怒，向冒犯者「討回公道」並傷害他們；或是寫一封能夠促進相互理解的寬恕信。接著，請他們完成各種心理測試，包括關於人性感知的書面問卷以及修改版的「自我與他人關係量表」，檢視他們與世界整體的連結感。

許多參與者都很投入這項實驗，以下這封報復信是一位參與者寫給曾經侮辱過他外表的人的：

「你說我長得醜？真的嗎？不如自己去照照該死的鏡子吧，看看你那令人厭惡的嘴臉？鼻子大得要命，滿臉的痘疤簡直就像用點字寫出的「醜」字。在跟我作對之前，想清楚後果吧，臭小子」。哇，夠狠的！

以下是某個想要原諒出軌伴侶的人所寫的一段話：

「雖然你的行為傷透了我的心，但我也明白犯錯是難免的，人都會做出錯誤決定，有時會希望能夠改變。我不知道這段關係是否還能繼續下去，但我已經決定原諒你了，不再對你懷有任何

正向人脈提升守則　270

怨恨。如果我們的關係因此結束，我希望你知道我已經原諒你了，也希望有一天你能夠原諒自己」。

我可以想像，報復信帶來了一定的滿足感，然而，真正恢復參與者失去的人性感知、加深與世界整體連結感的，卻是寬恕的信。最重要的是，他們的行為也和對自己道德品格的整體看法有關：選擇寬恕的人相信自己的行為符合本身的價值觀，而那些執行報復行為的人則不然。

報復和寬恕的不同影響也體現在人們想要自我懲罰的心態中，這次，娃娃代表的不是別人，而是他們自己。當參與者被問到想要在這娃娃身上紮多少根針時，寫報復信的人選擇的數量明顯高於那些較為寬容的人。先前針對憂鬱症患者的研究顯示，他們在這個測試中的回應往往反映出自我傷害的真實意圖，這在心理學上似乎是有意義的。因此，從參與者的反應可以看出，**選擇高尚的行為會讓我們更欣賞自己，而卑劣行為最終會讓自己感到內心污穢。**

舒曼和沃爾頓在其他許多實驗中驗證了這些結果。例如，在一項研究中，參與者必須想出一位在工作中曾批評過自己簡報的同事，然後決定是否邀請此人參加派對。在另一項研究中，他們必須想像是要對這位同事施以不公平的負面評價以示懲罰，還是給予誠實嚴謹的評價。在每項研究中，較寬恕的行為都產生了更好的心理結果❺。

除了恢復人性感知外，**寬恕還能改善人的整體心理健康**，研究顯示，更容易原諒他人的人面臨抑鬱和焦慮的風險比較低❻。和其他利他行為一樣，**寬恕也會帶來身體上的好處**。想想國家共

病研究（National Comorbidity Study）針對六千六百七十一名美國公民的一項調查，請受訪者回答一個簡單的問題：「我多年來一直對別人懷恨在心，這句話對你來說是真的、還是假的？」大約有三〇％的人回答是肯定的，儘管已經考慮了許多其他可能影響結果的混淆因素，他們患心血管疾病、慢性疼痛、和胃潰瘍的機會，也明顯高於否定答案的人❼。以我們對社交連結重要性的了解，這是有道理的：長久累積的怨恨和衝突是壓力的主要來源，會對多個生物系統造成嚴重破壞，同時也剝奪我們享受豐富社交網路中可能帶來的一切好處。

寬恕所帶來的身心益處並不能否定設立界限的重要性。如果有人不當對待我們，就一定要讓他們明白個人行為的後果，並保護自己不再遭受進一步傷害。即使在最親密的關係中，適當地發怒也能警告對方他們的行為已經越過界了，以後需要好好反省。表達自己的挫折或失望對於保持真實情感也很重要，最終也會影響到你與對方的連結感❽。

總之，一切都取決於如何平衡。對冒犯者施加無意義的報復行為、和果斷表達自己的挫折或失望以確保同樣的侮辱不再發生，兩者之間有很大的不同。亞里斯多德（Aristotle）在《尼各馬可倫理學》（Nicomachean Ethics）書中也提到：「不論是對事還是對人，能夠恰如其分、適時且適度地表達憤怒的人，是值得讚揚的」❾。他認為，無論是過度憤怒還是毫無怒氣都會導致不快樂。

正向人脈提升守則　272

## 寬恕量表

如果我們希望與某人建立長久的關係，就需要坦誠地表達自己的感受，即使這些感受涉及憤怒和指責。要找到合適的方法表達個人傷害可能說起來容易，做起來難，接下來我們將探討一些建設性的表達方式。不過首先，或許值得想一想自己是否本來就有著寬容的天性、還是很容易記仇，這可能會影響到你的生活。回想過去你曾經被人傷害的經歷，在一分（非常同意）到五分（非常不同意）的尺度內，你會如何評估以下陳述？

- 我無法讓自己不去想這個人是怎麼傷害我的。
- 這個人的錯誤行為使我無法好好享受生活。
- 每次想到這個人傷害我的事，我就覺得很沮喪。
- 我一直在想著如何報復那個傷害我的人。

以及：

- 我祝福傷害我的那個人能有好運。
- 我同情那個傷害我的人。

273　第十二章　如何尋求寬恕？

- 如果遇到傷害我的人，我會很平靜。
- 我希望那個傷害我的人以後能得到別人公平的對待。

這些陳述都來自研究人際關係衝突的科學家所發展的寬恕量表，人們的答案通常能反映出他們的情緒健康狀況❿。

受冒犯的傷痛仍記憶猶新時，我們自然會認同代表著深刻痛苦和怨恨的第一組陳述，而非反映出巨大包容和同理心的第二組陳述。然而，如果我們發現自己長期被怨懟和報復的念頭纏繞著，而且反映在我們對許多不同人的態度上，那麼我們可能有心理障礙，無法原諒那些或許值得第二次機會的人⓫。如果因為一次偶然的冒犯就讓我們有了這種看法，那就特別令人擔憂。對某些人來說，即便是小小的怨恨也很可能惡化，破壞原本能為自己生活帶來巨大快樂和意義的社交連結。從科學證據來看，我認為，長期的怨恨會毒害人的身心健康這種說法並不誇張。

## REACH 寬恕計畫

傾向於寬恕的這類人能夠學會放下個人憤恨和積怨，這對他們的心理健康有益⓬。其中一種技巧是以 REACH 這個縮寫字為基礎，這些字母分別代表著回想痛苦（*Recalling the pain*）、同情冒犯者（*Empathising with the offender*）、利他行為（*Acting with altruism*）、承諾寬恕（*Committing to*

正向人脈提升守則　274

your forgiveness）、和堅守寬恕承諾（Holding on to your forgiveness）。這個模型中的第三點十分重要；與其認為寬恕是自發產生的，不如將之視為我們可以選擇送給別人的無私禮物。

透過一系列的練習，參與者得到回想自己被他人傷害的經歷，並描述這件事對他們的影響，然後回想自己曾經傷害過他人、得到對方寬恕的經歷，此舉可能有助於他們對冒犯者產生更多的同情和憐憫。加強這種感受的一個策略就是寫一封感謝信給這位寬恕者。他們隨後被問到是否也願意同情曾經冒犯自己的人，如果願意，就要有意識地讓此人得到相同的解脫。必要時，重複這些步驟可以增強他們放下怨恨的決心。

維吉尼亞聯邦大學（Virginia Commonwealth University）的埃佛里特・沃辛頓（Everett Worthington）開創了REACH干預措施，可以透過團體治療或DIY手冊進行，他在多項研究中測試了這種方法，包括針對來自美國、哥倫比亞、南非、和烏克蘭近五千名參與者所進行的隨機對照試驗。半數的人立即接受了干預措施，而其餘的人則被留在等候名單上，直到試驗結束（之後他們可以選擇自行嘗試）。這項干預不僅提高人們在寬恕量表上的得分，也緩解了抑鬱和焦慮症狀❸。

沃辛頓實踐了他所宣導的理念。一九九六年元旦那天，他發現他母親被一名闖入家中的青少年謀殺了。他最初的憤怒極為強烈，甚至一度想殺死這名青少年，但最終他選擇了原諒兇手❹。我們在面對這種情況時，可能很難做到這樣的寬宏大量，但沃辛頓的研究證明，我們都可以學習對周圍的人多一些理解。如果你想親自嘗試REACH方法，可以在延伸閱讀部分（第297頁）

第十二章　如何尋求寬恕？

找到DIY手冊的網址。**寬恕他人從來都不是一件容易的事，但我們需要放下怨恨，否則這將永遠阻礙我們獲得愛情、友誼和幸福的機會。**

## 認知脫鉤

我們應該如何處理這些爭論呢？即使是最寬容的人，在情緒激動時也會很難保持冷靜，只有等到怒氣消退後，才會後悔自己所說過的話。然而，心理技巧可以幫助我們保持冷靜，讓我們能夠更具建設性地表達自己的觀點，減少永久破壞關係的風險。

其中一種策略與我們專注的深度有關，人在感到憤怒和受傷時，往往會把注意力聚焦在事件的細枝末節上，在這種關注下，整段關係的全貌發生了變化，以至於對方的錯誤變得天大無比，使我們忘記了當初建立關係的初衷，即使是最小的裂痕也可能顯得極其重要，似乎破壞了我們對對方的理解，說出口的話也反映了這種扭曲的看法。

經過了幾週、幾個月、甚至幾年後，我們或許會發現自己能夠跳脫當時的情境、以正確的角度看待彼此的衝突，這就是時間有強大療癒力量的原因，不過，到了那時才想挽回彼此的關係和親近感，可能已經太遲了。然而，有一些重新評估的技巧可以加快這個過程，幫助我們拉開與當下事件的心理距離，因此能更合理地看待已經犯下的錯誤，使建設性對話變得更加容易。

其中一個最引人注目的例子來自一項針對芝加哥及其郊區一百二十對伴侶所進行的研究，他

正向人脈提升守則　276

們報告了兩年內對彼此關係的滿意度、愛意、親密感、信任感、熱情、和承諾。在第一年，任由這些伴侶自行處理彼此的關係，大多數人在這段時間都出現了關係互動品質的顯著下降，對許多前景看好的愛情故事而言，這是一個可悲但可預測的發展。

此時，研究人員介入，為一半的參與者提供一個非常簡短的重新評估課程，指導原則很簡單：**從他人的角度來看待衝突**，他們被告知：「請從一個希望大家都能得到最好結果的中立第三方的角度來思考與伴侶的這場爭執；想想這個人會怎麼看待這次的分歧？又會如何從中找出可能帶來的正面影響？」在最近的一次衝突中練習應用這種技巧七分鐘後，參與者便被鼓勵規畫如何在日常生活中每次出現分歧時，就運用同樣的策略。例如，如果我要把這方法應用在我和伴侶之間，我可能會決定在開始爭吵時，出去繞著街區走五分鐘冷靜下來，同時試著從外人的觀點來看待這次的討論。

為了強化這個理念，研究人員每四個月收集一次數據時，都會給參與者相同的指示，在此期間也會發送一些提醒的電子郵件。這種做法相當成功，消除了關係滿意度的下降趨勢，而對照組的參與者則經歷關係品質的持續下降。透過從不同的角度看待雙方的爭論、並以正確的觀點看待分歧，他們更能夠維繫對彼此的愛❶。

如果你覺得很難將自己置於中立第三方的立場，還有許多其他方法可以拉開這種心理距離。例如，**你可以試著想像一下未來的自己，在六個月或一年後，你對這次爭執和自己在衝突中的行為可能會有什麼想法和感受呢**？受到早期研究的啟發，加拿大滑鐵盧大學（University of

277　第十二章　如何尋求寬恕？

# 加強自我完整性的十一個價值觀

在思考衝突時，也可以選擇反思那些使我們感到驕傲的核心價值觀和性格特質。主要目的是加強我們的「自我完整性」，心理學家將之定義為我們將自己視為有道德和價值的個體。當自我完整性受到威脅時，我們可能會覺得自己的身份正在崩潰，因此會試圖採取一切可能的手段來加以保護，像是對那些批評我們的人發洩情緒，或乾脆選擇沉默，拒絕與之溝通，這兩者都不是和解的好方法。

透過加強自我完整性，我們可以減少這些防禦行為，進而準備好做出必要的讓步以修復關係。這可能聽起來有些抽象和理論化，但許多研究已經顯示，在現實生活的衝突中，這種方法非

常如 Waterloo）的心理學家要求參與者在思考與朋友或伴侶最近的爭執時，採用這種重新評估的方式。正如研究所假設的，這小小的心態轉變使他們更能夠原諒造成傷害的人，也減少了對對方的指責，反而幫助他們看到了爭執所帶來的成長。

一位參與者寫道：「這次的經歷真的讓我們感覺更親密，當時確實很麻煩，但我肯定會將之視為我們之間更深刻的交流⋯⋯讓我們更了解彼此，學會如何共同應對困難的情況」。人在激烈爭執的當下，很難會記得衝突也可以拉近彼此的距離，但採取未來的觀點可能會使我們在關鍵時刻更加明智❶。

正向人脈提升守則　278

常有效，以下介紹如何將之付諸實踐。

請針對以下十一個價值觀，按照自我認同的重要性進行排名：

- 獨立自主
- 幽默感
- 社會地位
- 學習和獲取知識
- 與朋友／家人的關係
- 即興／活在當下
- 運動能力和體適能
- 職業道德
- 音樂天份和鑑賞力
- 外在魅力
- 浪漫情懷

現在想想你的第一選擇，花幾分鐘解釋一下為什麼這對你來說十分重要。

即使你每次發生衝突時沒有時間完成整個練習，也可以花幾分鐘反思這個策略的一般原則，

279　第十二章　如何尋求寬恕？

問問自己：你人生中重要的價值觀是什麼？這些價值觀與當前的衝突有何關係？當你從整體的角度審視自己的生活及所在乎之事時，你可能會發現這次的爭執沒那麼重要了，而對方的批評也不再能威脅到你的自我完整性了。在匹茲堡大學的卡琳娜·舒曼給了伴侶們這些指示後，他們能夠就最近的爭執進行更具建設性的對話，這對他們整體關係滿意度所帶來的好處，在最初介入後的一整年仍然可以看到❶。

如果你的伴侶願意，你會發現換個環境能夠讓兩個人的心情都變得更好，比方說，一起在公園或花園散步。散步是共同的活動，自然會讓雙方注意力集中在周圍環境上，這有助於建立基本的共感體驗感，這對關係初期的發展是非常重要的。請記住，從最基本的神經學層面來說，同步的動作能夠幫助調整人的腦波，隨之而來的連結感可能會讓彼此的對話變得更輕鬆，都更願意接受對方的觀點❶。

無論你選擇使用哪種策略，都不能指望立即解決問題。反之，這些技巧應該是讓我們能夠更客觀地檢視意見分歧的全貌，而不被情緒所影響。這種額外的清晰度可以幫助我們包容他人的錯誤，同時更富同情心地表達我們的擔憂。而當我們確實有錯時，這些技巧也能讓我們保持最佳心態去彌補自己所造成的傷害。

正向人脈提升守則　280

## 為什麼說聲「對不起」這麼難？

我們一開始剖析了怨恨的本質，現在就讓我們來探討道歉的概念吧。在我們犯錯之後，需要修復與對方的共感體驗，而唯一的辦法就是為自己的行為負責，表現出我們完全理解對方感覺受傷的原因。如果我們迴避這些對話，就會破壞自己和對方的幸福。

心理學研究顯示，有四個主要障礙會影響有效的道歉，包括我們沒有意識到自己造成的傷害；我們認為道歉本身過於痛苦又丟臉；我們認為道歉對修復關係幾乎沒有幫助；最後，我們可能根本不知道怎樣才算是真的道歉，因此未能說出那些有助於修復關係的話[19]。第一點顯然取決於冒犯行為的具體細節，不過我們在上一節所探討的心理距離和自我肯定策略可能有助於克服這一點，但接下來的兩個問題，就像我們對人際關係的許多假設一樣，基本上都是毫無根據的，因此會成為社交連結中不必要的阻礙。

劍橋大學和鹿特丹大學的研究人員證明，**我們嚴重高估了道歉可能帶來的壓力和羞辱感，同時低估了彌補過失而獲得的解脫感**。在一項實驗中，科學家讓參與者誤以為自己在常識測驗中作弊，導致另一位參與者失去了獎品。在事後，一部份參與者被要求預測如果為自己的行為道歉會有什麼感受，而另一些人則有機會實際道歉。結果發現，道歉並不像參與者預測的那樣充滿壓力或羞辱。為了檢驗這種模式是否也存在於日常生活中，研究人員要求一組參與者回想曾經向他人道歉的一次經歷，而另一些人則想像未來這樣做的情景。同樣的，預測又是錯誤的，道歉其實比

281　第十二章　如何尋求寬恕？

人們想像中的要愉快得多，也沒有那麼尷尬[20]。

事實上，除了獲得他人的原諒之外，道歉對個人還有很多好處，例如，道歉可以提升一個人的自我完整感，也能促進更大的自我同情心，讓犯錯者對未來的行為感到更加積極，這些都是長期身心健康的重要因素[21]。

第三項顧慮認為道歉無法修復他人對我們的觀感，這也是一種錯誤的想法。受到傷害時，大多數人都會希望聽到對方承認錯誤，而不道歉有時會比最初的冒犯更令人難過，然而，我們都低估了這種需求，反而相信自己的請求原諒會被忽視。正因如此，人們在相信對方已經準備好原諒時，才會更願意去彌補過失：因為得到了保證，確信自己的道歉不會徒勞無功。如果我們願意多冒險一點，或許能挽救更多的關係[22]。

接著就來談談道歉的內容。當然，我們必須為自身過錯承擔責任，而不是推卸給別人；比方說，「如果你誤解了我的話，我很抱歉」，或「錯誤已經發生」之類的被動說法是最令人惱火的，這些話只會突顯彼此之間缺乏理解，進而傷害已經破裂的共感體驗感。

根據多位社會心理學家的看法，理想的道歉應包括以下幾個要素：

- 明確的道歉聲明
- 承擔對過錯的責任
- 指出過錯

正向人脈提升守則　282

- 請求原諒
- 表達遺憾或悲傷
- 提出補救措施
- 解釋過錯發生的原因
- 承諾不再犯同樣的錯誤

這些好處是逐漸累積的：簡單地表達歉意就有一定的效力，但包含的要素越多，就越能表現出你的誠意，被冒犯的人找到內心平靜並原諒你的可能性也就越高❷。

道歉的時機非常重要，長時間的拖延會延長對方的痛苦，但也不應該過於倉促地道歉，否則可能會讓人感覺我們沒有好好反省自己的行為、或充分考慮對方的立場。更糟的是，我們可能看起來像是本能反應，或是只想敷衍了事，不想到個人行為所造成的後果，也許我們想要和解，但不想忍受聽對方講述的痛苦。因此，我們應該先讓對方充分表達他們的不滿，然後再好好地道歉。正如一項研究的作者所說，道歉是一個「遲到總比不到好」令人驚訝的例子❷。

在隨後的對話中，我們也可以試著用自己的話來表達對方的感受。不過，這需要謹慎一些，正如之前所探討的，自我中心偏見可能會使我們高估自己對他人情感的理解程度，因此要小心不要過於自以為是。然而，只要我們仔細傾聽對方的心聲，重述他們的觀點會顯示我們承認自己所造成的傷害，也希望能消除這種痛苦，這麼做的結果是建立更強的信任感，而這對於寬恕來說是

283　第十二章　如何尋求寬恕？

必不可少的㉕。

無論我們選擇在何時何地向對方道歉，都需要表明我們對這段關係的重視。很多時候造成傷害的主要原因是，對方感覺我們不再用心維繫這段關係，因此，我們需要消除這些疑慮㉖。取決於傷害的性質和關係的不同，這應該是我們重申對對方的尊重或愛意、以及為何希望與他們依然保持親近的時機。只有這樣，傷痛才會開始癒合，我們才能重新建立起以往的那種關係。

## 愛是唯一所需

我們的第十二條連結法則如下：為了自己的身心健康著想，選擇寬恕他人而非怨恨。在爭執中要從整體的角度來看問題。確保你的道歉明確指出過錯，承擔自己的責任、並表達懊悔。由於每一次的寬恕都是基於一個基本信念，亦即人都是會改進的，因此我們必須補充最後一項：**相信人人都可以變得更好。**

有些人認為人們的行為模式在童年時期就已經定型，永遠不會改變。對抱持這種人性觀點的人來說，錯誤代表著無法改變的重大性格缺陷。若沒有改過自新的可能，任何對他們自我完整性的挑戰都會顯得更具威脅性，而別人的道歉聽起來也會是空洞又毫無誠意，因為他們注定會一再犯下同樣的錯誤。這種憤世嫉俗的觀點與最新的神經科學和心理學研究相違背，因為研究證明，只要願意，人確實可以改變自己的行為，一個人過去的壞習慣不一定會預測他們的未來。否認這

個事實只會讓我們無法與所愛的人一起成長，結果變得更加孤獨。

也許我們應該仿效藍儂和麥卡尼的做法，他們或許沒有機會重組披頭四樂團，也克服彼此的分歧，重新珍惜對方的陪伴。一九七〇年代，他們在紐約重聚時，旁觀者經常對他們這麼快就重拾昔日的默契感到驚訝。正如他們的傳記作者理查·懷特（Richard White）所言：「兩人之間的情誼顯然比任何微不足道的宿怨更為深厚」㉗。

到一九七〇年代中期，藍儂開始意識到，大部分的痛苦來自於他害怕在沒有朋友的陪伴下走自己的路，他說：「無論我們多麼想獨立，彼此相依為命地度過了十年後，想要獨立其實是很難的，但我認為我們已經克服了這一點，我們會是一輩子的好朋友」㉘。時至今日，麥卡尼仍然認為媒體過度渲染了他們之間的裂痕，二〇一四年，他在英國的一個訪談節目中說道，「關於分手的故事雖然是事實，但不是重要的部分，最重要的是我們之間的情誼」㉙。

## 你應該知道的關鍵訊息

- 受到別人不公平地對待時，會讓我們感覺失去自己的主體意識和自身的人性感知。

- 受人冒犯之後，報復能夠幫助我們找回正義感，但卻會讓我們感到失去人性，與自己的道德價值觀脫節。
- 寬恕與良好的身心健康息息相關，每個人都可以學習在生活中培養寬恕能力。
- 承認自己的錯誤可能會威脅到我們的自我完整性（亦即我們是有道德和高效個體的概念），為了避免這種困擾，我們會變得自我防衛，因而降低了與人和解的機會。
- 拉開我們對衝突的「心理距離」可以幫助我們對事件有更合理的觀點，使我們的對話更具建設性。
- 人們高估了道歉帶來的不適感，低估了彌補過錯後的解脫感，也低估了我們表達歉意對他人的重要意義。這兩種偏見都阻礙了我們在衝突後與人修復關係。

### 行動方針

- 如果你心懷怨恨且難以釋懷，不妨考慮參加 REACH 寬恕計畫，這或許能幫助你強化社交關係，並提升心理健康。
- 為了拉開對事件的心理距離，想像一位中立的第三方會怎麼看待這次的分歧，或是想像你在六個月或一年後會怎麼看待自己的行為。
- 道歉時，確保給對方充分的機會來表達他們的痛苦和悲傷。寬恕他人的第一步是感覺

正向人脈提升守則　286

有人聽到了自己的心聲,如果你的道歉過於倉促,會剝奪對方這個機會。

- 明確指出你所犯的錯誤,承擔責任,並為自己所造成的傷害表達悲傷和悔意。如果可能的話,主動提出彌補的方式,並禮貌地請求對方原諒。

結論

# 第十三條正向人脈提升守則

人性中最深層的原則是「渴望被欣賞」。
無論我們選擇用何種方式交流，
這點永遠都不會改變。

本書這段旅程是從海倫・凱勒和安妮・蘇利文的相識為起點，數十年後，她們的情誼依然堅如磐石。一九一七年三月，蘇利文因為與丈夫痛苦地分居，在波多黎各休息了五個月，在這段時間裡，凱勒非常想念她，尤其在她們相遇的紀念日這天，她感受到了更強烈的分離之痛，她曾說自己是在那天「重生」的，將之視為她的「靈魂生日」。

一九一七年三月四日，她給蘇利文寫信說：「想想看，上週五是我的靈魂生日，而我卻不得

不與妳分開度過這一天！三十年前，妳來到一個寧靜的村莊，妳，一個孤獨無依的年輕女孩，視力不完美且缺乏經驗，妳來了，打開生命的緊閉之門，帶來了歡樂、希望、知識和友誼」❶。

海倫‧凱勒寫這封信時已經三十七歲。在我們的社會中，我們會慶祝結婚紀念日，就好像婚姻是唯一有意義的關係，但在學到了這麼多關於社交連結的力量後，我不禁希望我們能多花些心思去慶祝其他重要的關係，紀念那些讓我們的生活變得豐富的「靈魂生日」。

## 十三條正向人脈提升守則

在本書中，我們學習到有助於建立和維持更牢固關係的十二條社交連結法則：

一、對待他人要始終如一，避免成為一個給人造成壓力的「假朋友」。

二、與你認識的人建立相互理解，忽略表面上的相似之處，而是專注於你們的內心世界、以及彼此的思想和感受契合的奇妙之處。

三、相信一般人都會像你喜歡他們一樣地喜歡你，並準備好練習社交技巧，以提升自己的社交自信。

四、檢查自己的假設；進行「觀點徵求」而不是「換位思考」，以避免自我中心思

維和誤解。

五、在交談時，表現出積極的關注、進行自我揭露、並避免陌生效應，以建立相互理解、促進彼此思想的融合。

六、慷慨地讚美他人，但在表達讚賞時要非常具體。

七、坦率表露自己的脆弱，重視誠實勝於仁慈（但如果可能的話，兩者都要兼顧）。

八、不要害怕嫉妒心，公開個人成就，但要準確表達，避免與他人做比較，享受「共享喜悅」。

九、在需要時請求別人幫助，相信你的求助能夠促進更深厚長遠的關係。

十、對於需要幫助的人給予情感支持，但不要勉強對方接受，只要表示理解他們的感受，同時對他們的問題提出不同的看法。

十一、在意見不合時要保持禮貌和好奇心；對他人的觀點表現出興趣；分享個人經歷；以及利用對方的價值觀來表達你的觀點。

十二、為了自己的身心健康著想，選擇寬恕他人而非怨恨。在爭執中要從整體的角度來看問題。確保你的道歉明確指出過錯，承擔自己的責任、並表達懊悔。相信人人都可以變得更好。

此外，我想再加上最後一條守則：

十三、主動聯絡那些你生活中失去聯繫的人，讓對方知道你依然掛念著他們。

在這個全球化的時代，大多數人都有不在身邊的朋友、同事、和親戚。正如海倫·凱勒和蘇利文所示，時空距離並不見得代表社交關係的疏離。我們現在有了驚人的科技，可以實現即時溝通；並不需要等到一封信遠渡重洋才能告訴別人我們在想念著他們。

和其他所有社交連結法則一樣，這項建議得到了堅實的科學證據支持，來自於匹茲堡大學的劉佩琪（Peggy Liu）所進行的一系列研究。劉的團隊招募了數十名學生，請他們想出一位很久沒有聯絡的人。按照你現在已經很了解的程序，研究人員首先請他們寫一封簡短的訊息與此人聯繫，然後完成一份心理問卷調查，測量他們認為對方對此舉的感激程度。研究人員隨後再將這則訊息以電子郵件寄給被提及的人，並附上一份問卷，調查他們對該訊息的感受。

結果和其他所有社交偏見的研究一致，參與者明顯低估別人對其訊息的反應程度，這些訊息幾乎都是受到熱烈歡迎的。事實上，被問到對於此舉的讚賞程度時，在一分（完全不）到七分

（非常）的評分範圍中，接收者的平均反應是六・二分。後續研究顯示，這種舉動尤其受到弱關係的歡迎，那些較少聯絡的人認為自己早已被遺忘，卻驚訝地發現自己還被人記得而且受到重視❷。失去的友誼是人們最常見的遺憾之一，許多人因為過於驕傲而不願意主動踏出第一步，但即使是最小的舉動也有助於恢復一段脆弱或破裂的關係❸。

## 我們正面臨孤獨危機

我在和熟人討論這本書時，常常有人問我聯絡媒介重不重要，是不是一定要面對面才能充分享受友誼的好處？科技是否正在加大人與人之間的距離？我的朋友們提到一些新聞報導，聲稱社交媒體正在將人推向孤獨和抑鬱狀態，因為我們孤單地坐在螢幕前，而不是在現實世界中相聚。

《紐約時報》在二○二二年曾經說：「我們正面臨孤獨危機：這是擺脫智慧型手機的另一個理由」❹。同年，半島電視台（Al Jazeera）也發表了一篇報導，名為「有毒的動態消息：社交媒體與青少年心理健康」❺。前一年，《華盛頓郵報》（Washington Post）刊登了一篇「全球青少年比十年前更孤獨，智慧型手機可能是主因」的文章❻。

在這些訊息的影響下，難怪有些朋友對自己的螢幕時間感到擔憂，同時又很難戒掉智慧型手機的使用，更不用說對遠距工作的擔憂了，每週只進辦公室一天，如何與團隊成員建立情感連結呢？

293　結論　第十三條正向人脈提升守則

他們的擔憂大多是沒有根據的，雖然花太多時間在社群媒體上確實可能加重我們的孤獨感，但其影響取決於個人利用科技的方式，許多媒體報導都忽略了這些細微差別。有些人花很多時間在網路上進行社會比較，把在線上受歡迎的程度視為一種競爭，看到別人的貼文描述自己所期望的生活方式時，可能會感到不足，這種行為不太可能有益於身心健康。有些人則將社群媒體視為另一種聯繫工具：了解聯絡人最新的生活動態，以便在困難時期提供情感支持、在美好時刻共享喜悅❼。

視訊會議等技術也是如此，可以作為保持聯繫的強大工具，但我們的錯誤直覺很可能阻止我們充分利用。最近的一項研究要求參與者重新與一位舊識聯繫，或與一位陌生人在線上交談。大多數人擔心語音或視訊通話會不受歡迎、而且很尷尬，他們預期別人會更喜歡用簡訊和電子郵件。然而，當參與者被鼓勵用語音和視訊通話時，他們發現對話比自己預期的更加順暢和愉快，之後的聯繫也更加緊密❽。

在其他條件相同的情況下，親自會面可能比語音或視訊通話更好，而語音或視訊通話又稍微優於電子郵件、簡訊、或社群媒體上的私訊，但透過任何媒介進行的社交接觸，都比完全沒有接觸要好。例如，無論用什麼方法，自我揭露等活動都可能有利於彼此的友誼❾。一項研究甚至在虛擬現實中測試速成好友方法，發現對話結果增加了陌生人之間的社交連結❿。只要你在互動中一直遵循連結法則，應該會發現你的友誼不管是在線或離線時都茁壯成長。威廉．詹姆斯（William James）在一八九〇年代寫道：「**人性中最深層的原則是渴望被欣賞**」，這一點在二十

世紀和未來都不會變,無論我們選擇以何種方式交流⓫。

如果你還沒有練習過本書的任何一條法則,請試著想出三個對你有意義的人,讓他們知道你的感受,你可能會對他們的反應感到驚訝,希望這能讓你初次體驗到應用社交連結法則所帶來的快樂感。

延伸閱讀

- **自我同情（SELF-COMPASSION）**

德州大學奧斯汀分校（University of Texas at Austin）的克莉絲汀・內夫教授（Kristin Neff）編制了一個綜合網站，其中包含許多自我同情的資源及其培養方式：https://self-compassion.org/

- **速成好友方法（THE FAST FRIENDS PROCEDURE）**

你可以在加州大學柏克萊分校至善科學中心（Greater Good Science Center）的網站上看到「速成好友方法」三十六個討論話題：https://ggia.berkeley.edu/practice/36_questions_for_increasing_closeness

- **自戀程度測試（THE NARCISSISM TEST）**

自戀人格評量測試可免費取得，網址為：https://openpsychometrics.org/tests/NPI

- 寬恕（FORGIVENESS）

維吉尼亞聯邦大學的埃佛里特・沃辛頓教授設計並測試了REACH寬恕計畫，他在個人網站上提供了許多免費的工作手冊：http://www.evworthington-forgiveness.com/reach-forgiveness-of-others

# 詞彙表

- **甘え（Amae）**

  一個「撒嬌」的請求，要求幫助完成一個自己也許就能夠做到的事，但此舉有助於加強雙方之間的連結感。雖然可能帶來不便，「甘え」能夠加深請求幫助者和提供幫助者之間的社交連結感。

- **矛盾關係（Ambivalent relationships）**

  在我們的社交圈中這種人非常不可靠；他們提供的幫助和造成的傷害是同等的，他們不可預測的行為比純粹令人反感的熟識者更能引發強大的壓力反應，這些人很可能是你的「假朋友」、同事、父母、兄弟姐妹、配偶、或是遠親。

- **美麗的困境效應（Beautiful mess effect）**

  我們害怕暴露自己的缺點，但又欣賞別人坦誠面對自己的脆弱。美麗的困境效應描述的是，坦然承認自己的失敗反而能促進更深的社交連結。

- 班傑明・富蘭克林效應（Benjamin Franklin effect）
向別人尋求幫助通常會增加對方對我們的尊重，這項研究發現是受到班傑明・富蘭克林的觀察所啟發的。另見「甘え」。

- 善意嫉妒（Benign envy）
這是一種能激勵我們改變個人現狀的建設性嫉妒感，而不會對那些比自己更幸運的人心存怨恨。

- 迴旋式提問（Boomerasking）
習慣以提問做藉口來談論自己的事，這種做法不利於社交連結。

- 親密溝通偏見（Closeness-communication bias）
我們往往自認為非常了解朋友或家人的看法，而對於完全陌生的人則謙虛得多。親密溝通偏見或許解釋了為什麼我們經常將所愛的人視為理所當然。

- 共同苦惱／共同反思（Co-brooding／Co-reflection）
共同苦惱是相互宣洩情緒的行為，這可能會加劇我們的不快，在和別人討論困難時，我們應

正向人脈提升守則　300

該尋求共同反思，包括尋找對當前問題的新見解和觀點。

- 集體亢奮（Collective effervescence）

一群人有共同感受並行動一致時，這種群體活動所帶來的連結感和意義。

- 共享喜悅（Confelicity）

分享他人成功或幸福的喜悅感。

- 自我中心思維（Egocentric thinking）

假定他人正透過我們的視角在體驗世界的一種傾向。另見透明度錯覺、理解的錯覺。

- 情感輔導（Emotion coaching）

這是一種鼓勵性的對話，幫助他人重新思考自身的痛苦或困擾。

- 存在孤立感（Existential isolation）

感覺沒有人能真正了解自己的內心感受或經歷。即使有很多人在身邊，我們也可能會感受到這種存在孤立感。

- 虛假共識效應（False consensus effect）
這是一種以自我為中心的思維模式，讓我們誤以為自己的信念其實被廣為接受，這種想法可能會在晚宴上造成嚴重尷尬。

- 速成好友方法（Fast-friends procedure）
速成好友方法是一種科學技術，旨在建立兩人之間的親密友誼，利用一系列三十六個問題，鼓勵進行更多的自我揭露。

- 感恩落差（Gratitude gap）
我們總是低估了別人對感謝和讚賞話語的重視程度，而自己卻很喜歡接受別人稱讚。

- 赫茲利特定律（Hazlitt's law）
想要建立社交連結，我們必須積極主動地關注身邊的人，這個概念源於十九世紀散文家威廉·赫茲利特，他認為「交談的藝術在於既能傾聽他人、也能表達自我」。

- 傲慢假說（Hubris hypothesis）
只要不和他人直接相互比較，自誇就不太會引起別人的反感。

- **與我共享（I-sharing）**
這是一種親密的共感體驗形式，在此情況下，我們對特定事件的反應與另一個人相同，就像彼此有著相同的意識流一樣。

- **透明度錯覺（Illusion of transparency）**
我們傾向於高估自己的情緒對周圍人的明顯程度。

- **理解的錯覺（Illusion of understanding）**
我們傾向於高估他人能夠理解我們含糊訊息背後的意義、以及理解他人含糊訊息的能力。

- **好感差距 Liking gap**
這是一種普遍存在的偏見，我們認為自己喜愛對方的程度遠高於他們對我們的喜愛，這種好感差距可能會阻礙我們在初次火花或連結感之後進一步的發展。

- **後設感知（Meta-perceptions）**
我們對於別人會如何看待我們的看法，通常都是過於悲觀。

- 與人同樂（Mitfreude）

  與幸災樂禍（*Schadenfreude*）相反，意為「與人同樂」。參見「共享喜悅」。

- 蒙塔古原則（Montagu Principle）

  在激烈的政治辯論中，保持禮貌能夠獲得更多來自認同和反對你觀點的人的支持。該原則是以瑪麗·沃特利·蒙塔古夫人的名字命名，她最先提出「禮貌不花一分錢，卻能換來一切」。

- 道德重塑（Moral reframing）

  在政治爭論中利用對手的道德價值觀來描述問題，道德重塑是一種強大的說服工具。

- 陌生效應（Novelty penalty）

  人們通常覺得很難處理不熟悉的觀念或經驗的新訊息，因此更喜歡談論自己已經熟悉的事物，這就是陌生效應，這是對話中常見的社交連結障礙。

- 同情的矛盾之處（Paradox of compassion）

  對他人的痛苦懷有高度的同情心，並在他們需要時給予支持，比起完全漠視他人痛苦，能帶

正向人脈提升守則　304

來更大的幸福感。

- **觀點徵求（Perspective-getting）**

  許多人認為，只要想像自己處在他人的立場，就能夠推測他們的想法、感受或信念，這個過程稱為「換位思考」。然而，我們的假設常常並不準確、又令人尷尬。因此我們應該更努力地做到「觀點徵求」，亦即主動積極徵求他人的意見。

- **換位思考（Perspective-taking）**

  參見觀點徵求。

- **刺蝟困境（Porcupine's dilemma）**

  叔本華認為，我們與他人的關係越親近，他們帶給我們的痛苦就越大。我們可以透過應用社交連結法則來克服刺蝟困境。

- **自我揭露（Self-disclosure）**

  向他人透露有關自己的私事，包括恐懼、幻想、和願望。提供更多的自我揭露並鼓勵對方也這樣做，可以使彼此更快建立起更親近的關係。

305　詞彙表

- **自我擴展（Self-expansion）**

  個人成長的感覺，這對維持健康和相互支持的關係十分重要。

- **共感體驗（Shared reality）**

  想要感受到與某人的共感體驗，你需要強烈地感覺到彼此正體驗相同的內心世界——你們的想法、感受和信念一致，這是社交連結的基礎。參見與我共享I-sharing、存在孤立感。

- **圖霍爾斯基原則（Tucholsky's Principle）**

  在辯論政治問題時，描述個人經歷比分享事實和統計數據更具說服力。這個原則是以德國諷刺作家庫爾特．圖霍爾斯基的名字命名。

- **見證效應（Witnessing effect）**

  光是看到別人表達感恩之情，就能夠促進旁觀者的利他行為，使他們對感恩者和接受者雙方都產生更溫暖的感情。見證效應是一種簡單的策略，有助於吸引更具支持性的社交網路。

正向人脈提升守則　306

# 致謝

每本書都是眾人共同努力的成果,如果沒有無數人的善意幫助和支持,《連結法則》便無法問世。感謝我的經紀人凱莉‧普利特(Carrie Plitt),她看到了這個概念的潛力,並不斷給予指導。我還要感謝蜜雪兒‧托普漢姆(Michele Topham)和菲麗希蒂‧布萊恩聯合公司(Felicity Bryan Associates)其他的團隊成員,以及紐約的柔伊‧帕格納門塔(Zoë Pagnamenta),感謝他們確保本書能夠傳遞給大西洋兩岸的讀者。

我非常感謝 Canongate 出版社的優秀團隊:西蒙‧索羅古德(Simon Thorogood)、露西‧周(Lucy Zhou)、凱特里奧娜‧霍恩(Caitriona Horne)、珍妮‧佛萊(Jenny Fry)、愛麗絲‧休特蘭(Alice Shortland)、萊拉‧克魯克山克(Leila Cruickshank)、和克萊兒‧雷德曼(Claire Reiderman),本書很榮幸能交由你們出版。在美國,我很幸運能在飛馬圖書(Pegasus Books)找到了歸屬,並得到克萊伯恩‧漢考克(Claiborne Hancock)、潔西卡‧凱斯(Jessica Case)、和朱莉婭‧羅梅羅(Julia Romero)的支持。還要感謝我的文案編輯弗雷澤‧克萊頓(Fraser Crichton)和校對員洛琳‧麥肯(Lorraine McCann)對文本的潤色。

我要感謝多年來與我分享對話和社會關係心理學專業知識的研究人員,包括凡妮莎‧博恩

斯（Vanessa Bohns）、艾莉卡‧布斯比（Erica Boothby）、塔婭‧科恩（Taya Cohen）、古斯‧庫尼（Gus Cooney）、凱文‧柯帝（Kevin Corti）、尼可拉斯‧艾普利（Nicholas Epley）、亞歷克斯‧吉爾斯比（Alex Gillespie）、娜奧米‧格蘭特（Naomi Grant）、伊戈爾‧格羅斯曼（Igor Grossmann）、茱莉安‧霍特-倫斯塔德（Julianne Holt-Lunstad）、約翰‧霍根（John Horgan）、凱倫‧黃（Karen Huang）、波亞茲‧凱薩爾（Boaz Keysar）、伊森‧克羅斯（Ethan Kross）、伊蓮‧瑞斯（Elaine Reese）、莎白‧皮內爾（Elizabeth Pinel）、梁琳迪‧音譯（Lindie Liang）、卡琳娜‧舒曼（Karina Schuman）、艾許莉‧威蘭吉莉安‧桑德斯特羅姆（Gillian Sandstrom）、斯（Ashley Whillans）、和沃特‧沃爾夫（Wouter Wolf）。

我對《正向人脈提升守則》的靈感源自於《新科學家》（New Scientist）的蒂芬妮‧奧卡拉漢（Tiffany O' Callaghan）和英國廣播公司的梅樂迪思‧圖里茨（Meredith Turits）委託創作的作品，感謝妳們播下的種子，最終促成本書的誕生。

感謝我的朋友、同事和編輯對我和本書的支持，包括莎莉‧亞迪（Sally Adee）、琳西‧貝克（Lindsay Baker）、紹妮‧巴塔查亞（Shaoni Bhattacharya）、朱爾斯‧布朗（Jules Brown）、艾咪‧查爾斯（Amy Charles）、丹‧考辛斯（Dan Cossins）、凱瑟琳‧德‧蘭格（Catherine de Lange）、艾琳和彼得‧戴維斯（Eileen and Peter Davies）、凱特‧道格拉斯（Kate Douglas）、史蒂芬‧道林（Stephen Dowling）、理查‧費雪（Richard Fisher）、艾莉森‧弗拉德（Alison Flood）、娜塔莎和山姆‧芬威克（Natasha and Sam Fenwick）、阿萊西亞‧

正向人脈提升守則　308

弗蘭科（Alessia Franco）、羅伯・弗里曼（Rob Freeman）、艾莉森・喬治（Alison George）、扎里亞・戈維特（Zaria Gorvett）、理查・格雷（Richard Gray）、克勞蒂亞・哈蒙德（Claudia Hammond）、潔西卡・哈姆澤盧（Jessica Hamzelou）、蘇菲・哈達赫（Sophie Hardach）、瑪莎・恩里克斯（Martha Henriques）、梅麗莎・霍根布姆（Melissa Hogenboom）、克里斯蒂安・賈勒特（Christian Jarrett）、麗貝卡・勞倫斯（Rebecca Laurence）、菲奧娜・麥唐納（Fiona Macdonald）、伊恩・麥克雷（Ian MacRae）、達米亞諾・米里亞諾（Damiano Mirigliano）、威爾・帕克（Will Park）、艾莉・帕森斯（Ellie Parsons）、艾瑪和山姆・帕丁頓（Emma and Sam Partington）、喬・佩里（Jo Perry）、德魯蒂・沙阿（Dhruti Shah）、大衛・沙里亞特馬達里（David Shariatmadari）、米蘇・斯托羅尼（Mithu Storoni）、尼爾和蘿倫・蘇利文（Neil and Lauren Sullivan）、喬恩・薩頓（Jon Sutton）、海倫・湯姆森（Helen Thomson）、伊恩・塔克（Ian Tucker）、蓋亞・文斯（Gaia Vince）、理查・韋伯（Richard Webb）和克萊兒・威爾遜（Clare Wilson）。

我對我父母瑪格麗特（Margaret）和阿爾伯特（Albert）的虧欠，難以言喻。最後最要感謝的人是羅伯特・戴維斯（Robert Davies），我無法想像沒有你的人生。

# 資料來源

摘自《希薇亞‧普拉斯期刊》（*The Journals of Sylvia Plath*）中的引文，由 Faber & Faber Ltd. 授權轉載。

海倫‧凱勒的引文是由美國盲人基金會（American Foundation for the Blind）所提供。

p. 30 人際互動對健康的影響，出處：Holt-Lunstad, J., Smith, T.B., & Layton, J.B. (2010). Social relationships and mortality risk: a meta-analytic review. *PLoS Medicine*, 7(7), e1000316。

p. 49 墨水渲染圖片，感謝伊莉莎白‧皮內爾的慷慨授權，出處：Pinel, E.C., Long, A.E., & Huneke, M. (2015). In the blink of an I: On delayed but identical subjective reactions and their effect on self-interested behavior. *The Journal of Social Psychology*, 155(6), 605–16。

p. 53 自我與他人關係量表測驗，出處：亞倫 Aron, A., Aron, E.N., & Smollan, D. (1992). Inclusion of other in the self scale and the structure of interpersonal closeness. *Journal of Personality and Social Psychology*, 63(4), 596–612。

p. 93 莎莉-安妮試驗，作者所屬。

p. 95 導演測試，出處：Savitsky, K., Keysar, B., Epley, N., Carter, T., & Swanson, A. (2011). The closeness-communication bias: Increased egocentrism among friends versus strangers. *Journal of Experimental Social Psychology*, 47(1), 269–273。插圖版權所有 (c) Tom Holmes, tom-holmes.co.uk

p. 270 自我與他人關係量表測驗的修改版本，出處：Schumann, K., & Walton, G.M. (2022). Rehumanizing the self after victimization: the roles of forgiveness versus revenge. *Journal of Personality and Social Psychology*, 122(3), 469。

## 註解

### 導論

1. Keller, H. (1903). *Optimism: An Essay*. T. P. Crowell. Available to access online at: https://www.disabilitymuseum.org/
2. Keller, H. (2017). *Story of My Life* (pp. 12–16). Grapevine. Kindle Edition. Originally published in 1903.
3. Quoted in Herrmann, D. (1998). *Helen Keller: A Life* (p. vii). Knopf.
4. Keller, H. *Story of My Life* (p. 75).
5. Holt-Lunstad, J. (2021). Loneliness and social isolation as risk factors: The power of social connection in prevention. *American Journal of Lifestyle Medicine*, 15(5), 567–73.
6. See, for example: Perry-Smith, J.E. (2006). Social yet creative: The role of social relationships in facilitating individual creativity. *Academy of Management Journal*, 49(1), 85–101.
7. This is the UCLA Loneliness Scale: Russell, D., Peplau, L.A., & Ferguson, M.L. (1978). Developing a measure of loneliness. *Journal of Personality Assessment*, 42, 290–4. For a summary of these results over recent years: https://newsroom.thecignagroup.com/loneliness-epidemic-persists-post-pandemic-look; Office of the Surgeon General. (2023). Our Epidemic of Loneliness and Isolation: The US Surgeon General's Advisory on the Healing Effects of Social Connection and Community. Available at: https://www.hhs.gov/sites/default/files/surgeon-general-social-connection-advisory.pdf
8. Vincent, D. (2020). *A History of Solitude* (p. 222). John Wiley & Sons.
9. Keller, H. *Story of My Life* (p. 20).

### 第一章

1. After Ghinsberg's rescue, he discovered that Ruprechter was a criminal wanted by Interpol who had previously placed other explorers at risk.
2. The details in this section are drawn from Ghinsberg, Y. (1993). *Back to Tuichi*. Random House; Round, S. (2012). 'I was lost in the Amazon jungle'. *The Jewish Chronicle*: https://www.thejc.com/news/all/i-was-lost-in-the-amazon-jungle-1.3956
3. McCain, J. (1999). *Faith of My Fathers* (pp. 206–11). New York: Random House.
4. Lewis, C. S. (1960). *The Four Loves* (p. 103). Harcourt, Brace.
5. Details of the Alameda County study can be found in Berkman, L.F. and Breslow, L. (1983). *Health and Ways of Living: The Alameda County Study*. Oxford University Press, New York; Schoenborn, C.A. (1986). Health habits of US adults, 1985: the 'Alameda 7' revisited. *Public Health Reports*, 101(6), 571; Stafford, N. (2012). Lester Breslow. *British Medical Journal*, 344, e4226.

6. Berkman, L.F. (1979). Social networks, host resistance, and mortality: a nine-year follow-up study of Alameda County residents. *American Journal of Epidemiology*, 109, 189–201.
7. Berkman and Breslow. *Health and Ways of Living: The Alameda County Study* (pp. 200-3).
8. For excellent overviews of these findings and a discussion of their role in public health guidance, see: Holt-Lunstad, J. (2021). The major health implications of social connection. Current Directions in *Psychological Science*, 30(3), 251–9; Martino, J., Pegg, J., & Frates, E.P. (2017). The connection prescription: using the power of social interactions and the deep desire for connectedness to empower health and wellness. *American Journal of Lifestyle Medicine*, 11(6), 466–75; Haslam, S.A., McMahon, C., Cruwys, T., Haslam, C., Jetten, J., & Steffens, N.K. (2018). Social cure, what social cure? The propensity to underestimate the importance of social factors for health. *Social Science & Medicine*, 198, 14–21.
9. Cohen, S., Doyle, W.J., Skoner, D.P., Rabin, B.S., & Gwaltney, J.M. (1997). Social ties and susceptibility to the common cold. *Journal of the American Medical Association*, 277(24), 1940–4. For a discussion of these results, and more recent replications of the experiment, see: Cohen, S. (2021). Psychosocial vulnerabilities to upper respiratory infectious illness: implications for susceptibility to coronavirus disease 2019 (COVID-19). Perspectives on *Psychological Science*, 16(1), 161–74.
10. Hemilä, H., & Chalker, E. (2013). Vitamin C for preventing and treating the common cold. Cochrane *Database of Systematic Reviews*. DOI: 10.1002/14651858.CD000980.pub4
11. Hackett, R.A., Hudson, J.L., & Chilcot, J. (2020). Loneliness and type 2 diabetes incidence: findings from the English Longitudinal Study of Ageing. *Diabetologia*, 63, 2329–38. See also Lukaschek, K., Baumert, J., Kruse, J., Meisinger, C., & Ladwig, K.H. (2017). Sex differences in the association of social network satisfaction and the risk for type 2 diabetes. *BMC Public Health*, 17, 1–8.
12. Kuiper, J.S., Zuidersma, M., Voshaar, R.C.O., Zuidema, S.U., van den Heuvel, E.R., Stolk, R.P., & Smidt, N. (2015). Social relationships and risk of dementia: A systematic review and meta-analysis of longitudinal cohort studies. *Ageing Research Reviews*, 22, 39–57.
13. Valtorta, N.K., Kanaan, M., Gilbody, S., Ronzi, S., & Hanratty, B. (2016). Loneliness and social isolation as risk factors for coronary heart disease and stroke: systematic review and meta-analysis of longitudinal observational studies. *Heart*, 102(13), 1009–16; Hakulinen, C., Pulkki-Råback, L., Virtanen, M., Jokela, M., Kivimäki, M., & Elovainio, M. (2018). Social isolation and loneliness as risk factors for myocardial infarction, stroke and mortality: UK Biobank cohort study of 479 054 men and women. *Heart*, 104(18), 1536–42.
14. Holt-Lunstad, J., Smith, T.B., & Layton, J.B. (2010). Social relationships and mortality risk: a meta-analytic review. *PLoS Medicine*, 7(7), e1000316.
15. Holt-Lunstad, J. (2021). The major health implications of social connection. *Current Directions in Psychological Science*, 30(3), 251–9.
16. Snyder-Mackler, N., Burger, J.R., Gaydosh, L., Belsky, D.W., Noppert, G.A., Campos, F.A., . . . & Tung, J. (2020). Social determinants of health and survival in humans and other animals. *Science*, 368(6493), eaax9553.
17. Eisenberger, N.I., & Cole, S.W. (2012). Social neuroscience and health: neurophysiological mechanisms linking social ties with physical health. *Nature Neuroscience*, 15(5), 669–74; Cacioppo, J.T., Cacioppo, S., & Boomsma, D.I. (2014). Evolutionary mechanisms for loneliness. *Cognition & Emotion*, 28(1), 3–21; Sturgeon, J.A., & Zautra, A.J. (2016). Social pain and physical pain: shared paths to resilience. *Pain Management*, 6(1), 63–74; Zhang, M., Zhang, Y., & Kong, Y. (2019). Interaction between social pain and physical pain. *Brain Science Advances*, 5(4), 265–73.
18. Eisenberger, N.I., Moieni, M., Inagaki, T.K., Muscatell, K.A., & Irwin, M.R. (2017). In sickness and in health: the co-regulation of inflammation and social behavior. *Neuropsychopharmacology*, 42(1), 242–53.
19. Kim, D.A., Benjamin, E.J., Fowler, J.H., & Christakis, N.A. (2016). Social connectedness is associated with fibrinogen level in a human social network. *Proceedings of the Royal Society B: Biological Sciences*, 283(1837), 20160958.
20. Leschak, C.J., & Eisenberger, N.I. (2019). Two distinct immune pathways linking social relationships with health: inflammatory and antiviral processes. *Psychosomatic Medicine*, 81(8), 711; Uchino, B.N., Trettevik, R., Kent de Grey, R.G., Cronan, S., Hogan, J., & Baucom, B.R. (2018). Social support, social integration, and inflammatory cytokines: A

meta-analysis. *Health Psychology*, 37(5), 462.
21. For a review of all these mechanisms, see: National Academies of Sciences, Engineering, and Medicine (2020). *Social isolation and loneliness in older adults: Opportunities for the health care system*. National Academies Press.
22. The suggested existence of loneliness neurons comes from research by Ding Liu and Catherine Dulac at Harvard University. It was presented at the Society for Neuroscience meeting in 2022, but at time of writing has not yet been published in a peer-reviewed journal.
23. Uchino, B.N., & Garvey, T.S. (1997). The availability of social support reduces cardiovascular reactivity to acute psychological stress. *Journal of Behavioral Medicine*, 20, 15–27; Heinrichs, M., Baumgartner, T., Kirschbaum, C., & Ehlert, U. (2003). Social support and oxytocin interact to suppress cortisol and subjective responses to psychosocial stress. *Biological Psychiatry*, 54(12), 1389–98; Hooker, E.D., Campos, B., Zoccola, P.M., & Dickerson, S.S. (2018). Subjective socioeconomic status matters less when perceived social support is high: A study of cortisol responses to stress. *Social Psychological and Personality Science*, 9(8), 981–9.
24. Hornstein, E.A., Fanselow, M.S., & Eisenberger, N.I. (2016). A safe haven: Investigating social-support figures as prepared safety stimuli. *Psychological Science*, 27(8), 1051–60; Hornstein, E.A., Haltom, K.E., Shirole, K., & Eisenberger, N.I. (2018). A unique safety signal: Social-support figures enhance rather than protect from fear extinction. *Clinical psychological science*, 6(3), 407–15.
25. Master, S.L., Eisenberger, N.I., Taylor, S.E., Naliboff, B.D., Shirinyan, D., & Lieberman, M.D. (2009). A picture's worth: Partner photographs reduce experimentally induced pain. *Psychological Science*, 20(11), 1316–18; Younger, J., Aron, A., Parke, S., Chatterjee, N., & Mackey, S. (2010). Viewing pictures of a romantic partner reduces experimental pain: involvement of neural reward systems. *PloS One*, 5(10), e13309.
26. Zalta, A.K., Tirone, V., Orlowska, D., Blais, R.K., Lofgreen, A., Klassen, B., . . . & Dent, A.L. (2021). Examining moderators of the relationship between social support and self-reported PTSD symptoms: a meta-analysis. *Psychological Bulletin*, 147(1), 33; Hornstein, E.A., Craske, M.G., Fanselow, M.S., & Eisenberger, N.I. (2022). Reclassifying the unique inhibitory properties of social support figures: A roadmap for exploring prepared fear suppression. *Biological Psychiatry*, 91(9), 778–85.
27. Szkody, E., Stearns, M., Stanhope, L., & McKinney, C. (2021). Stress-buffering role of social support during COVID-19. *Family Process*, 60(3), 1002–15.
28. Ortiz-Ospina, E. (2020). Loneliness and Social Connections. Our World in Data: https://ourworldindata.org/social-connections-and-loneliness
29. Simonton, D.K. (1992). The social context of career success and course for 2,026 scientists and inventors. *Personality and Social Psychology Bulletin*, 18(4), 452–63. More details of Simonton's methods can be found here: Simonton, D. (1984). Scientific eminence historical and contemporary: a measurement assessment. *Scientometrics*, 6(3), 169–82.
30. Uzzi, B., & Spiro, J. (2005). Collaboration and creativity: The small world problem. *American Journal of Sociology*, 111(2), 447–504; Uzzi, B. (2008). A social network's changing statistical properties and the quality of human innovation. *Journal of Physics A: Mathematical and Theoretical*, 41(22), 224023; for the *West Side Story* example, see the following article: Dream teams thrive on mix of old and new blood. EurekAlert!: https://www.eurekalert.org/news-releases/621358
31. Perry-Smith, J.E. (2006). Social yet creative: the role of social relationships in facilitating individual creativity. *Academy of Management Journal*, 49(1), 85–101; Baer, M. (2010). The strength-of-weak-ties perspective on creativity: a comprehensive examination and extension. *Journal of Applied Psychology*, 95(3), 592.
32. Burchardi, K.B., & Hassan, T.A. (2013). The economic impact of social ties: evidence from German reunification. *Quarterly Journal of Economics*, 128(3), 1219–71. For a discussion of these findings, see Ortiz-Ospina. Loneliness and Social Connections.
33. Meyers, L. (2007). Social relationships matter in job satisfaction. *American Psychological Association Monitor*, 38(4), 14. Available online at: https://www.apa.org/monitor/apr07/social
34. Southwick, S.M., & Southwick, F.S. (2020). The loss of social connectedness as a major contributor to physician burnout: applying organizational and teamwork principles for prevention and recovery. *JAMA Psychiatry*, 77(5), 449–50.

35. Haslam, S.A., McMahon, C., Cruwys, T., Haslam, C., Jetten, J., & Steffens, N.K. (2018). Social cure, what social cure?
36. Martino, J., Pegg, J., & Frates, E.P. (2017). The connection prescription.
37. Zhao, Y., Guyatt, G., Gao, Y., Hao, Q., Abdullah, R., Basmaji, J., & Foroutan, F. (2022). Living alone and all-cause mortality in community-dwelling adults: A systematic review and meta-analysis. *EClinicalMedicine*, 54, 101677; Stavrova, O., & Ren, D. (2021). Is more always better? Examining the nonlinear association of social contact frequency with physical health and longevity. *Social Psychological and Personality Science*, 12(9), 1058–70.
38. Campo, R.A., Uchino, B.N., Holt-Lunstad, J., Vaughn, A., Reblin, M., & Smith, T.W. (2009). The assessment of positivity and negativity in social networks: the reliability and validity of the social relationships index. *Journal of Community Psychology*, 37(4), 471–86.
39. Holt-Lunstad, J., Uchino, B.N., Smith, T.W., Olson-Cerny, C., & Nealey-Moore, J.B. (2003). Social relationships and ambulatory blood pressure: structural and qualitative predictors of cardiovascular function during everyday social interactions. *Health Psychology*, 22(4), 388.
40. Holt-Lunstad, J., & Clark B.D. (2014). Social stressors and cardiovascular response: Influence of ambivalent relationships and behavioral ambivalence. *International Journal of Psychophysiology*, 93, 381–9.
41. Carlisle, M., Uchino, B.N., Sanbonmatsu, D.M., Smith, T.W., Cribbet, M.R., Birmingham, W., . . . & Vaughn, A.A. (2012). Subliminal activation of social ties moderates cardiovascular reactivity during acute stress. *Health Psychology*, 31(2), 217.
42. Ross, K.M., Rook, K., Winczewski, L., Collins, N., & Dunkel Schetter, C. (2019). Close relationships and health: The interactive effect of positive and negative aspects. *Social and Personality Psychology Compass*, 13(6), e12468.
43. Holt-Lunstad, J., & Uchino, B.N. (2019). Social ambivalence and disease (SAD): a theoretical model aimed at understanding the health implications of ambivalent relationships. *Perspectives on Psychological Science*, 14(6), 941–66.
44. Herr, R.M., Birmingham, W.C., van Harreveld, F., van Vianen, A.E., Fischer, J.E., & Bosch, J.A. (2022). The relationship between ambivalence towards supervisor's behavior and employee's mental health. *Scientific Reports*, 12(1), 9555.
45. Retrieved from Ghinsberg's website on 10 February 2023: https://ghinsberg.com/blog/about-me-my-vision-my-mission
46. Ghinsberg, Y. (1993). *Back to Tuichi* (p. 135). Random House.

# 第二章

1. Plath, S. (1975). *Letters Home* (pp. 46–8). Faber & Faber.
2. Plath, S. (2000). *The Unabridged Journals of Sylvia Plath:* 1950–1962 (pp. 28–31). Anchor.
3. As with many scientific concepts, shared reality can be defined in various ways. In this book, I lean on the definition adopted by Gerald Echterhoff, E. Tory Higgins and John Levine: Echterhoff, G., Higgins, E.T., & Levine, J.M. (2009). Shared reality: experiencing commonality with others' inner states about the world. *Perspectives on Psychological Science*, 4(5), 496–521.
4. Konstan, D. (2018). 'One Soul in Two Bodies: Distributed Cognition and Ancient Greek Friendship'. In *Distributed Cognition in Classical Antiquity*, Edinburgh University Press, pp. 209–24. https://doi.org/10.1515/9781474429764-014
5. Pinel, E.C., Long, A.E., Landau, M.J., Alexander, K., & Pyszczynski, T. (2006). Seeing I to I: a pathway to interpersonal connectedness. *Journal of Personality and Social Psychology*, 90(2), 243; Higgins, E. Tory. Shared Reality (pp. 251–2). Oxford University Press. Kindle Edition.
6. Pinel, E.C., & Long, A.E. (2012). When I's meet: sharing subjective experience with someone from the outgroup. *Personality and Social Psychology Bulletin*, 38(3), 296–307; Pinel, E.C., Long, A.E., & Crimin, L.A. (2008). We're warmer (they're more competent): I-sharing and African-Americans' perceptions of the ingroup and outgroup. *European Journal of Social Psychology*, 38(7), 1184–92.

7. Pinel, E.C., Fuchs, N.A., & Benjamin, S. (2022). I-sharing across the aisle: can shared subjective experience bridge the political divide? *Journal of Applied Social Psychology*, 52(6), 407–13. The inkblot question first appeared in Pinel, E.C., Long, A.E., & Huneke, M. (2015). In the blink of an I: On delayed but identical subjective reactions and their effect on self-interested behavior. *The Journal of Social Psychology*, 155(6), 605–16.
8. Huneke, M., & Pinel, E.C. (2016). Fostering selflessness through I-sharing. *Journal of Experimental Social Psychology*, 63, 10–18.
9. Pinel, E. C., Long, A. E., Landau, M. J., Alexander, K., & Pyszczynski, T. (2006). Seeing I to I.
10. Rivera, G.N., Smith, C.M., & Schlegel, R.J. (2019). A window to the true self: the importance of I-sharing in romantic relationships. *Journal of Social and Personal Relationships*, 36(6), 1640–50.
11. Rossignac-Milon, M., Bolger, N., Zee, K.S., Boothby, E.J., & Higgins, E.T. (2021). Merged minds: generalized shared reality in dyadic relationships. *Journal of Personality and Social Psychology*, 120(4), 882.
12. The diagram used here has been adapted by the author, after Aron, A., Aron, E.N., & Smollan, D. (1992). Inclusion of other in the self scale and the structure of interpersonal closeness. *Journal of Personality and Social Psychology*, 63(4), 596–612.
13. This interpretation of a shared stream of consciousness can be found here: Higgins, E.T., Rossignac-Milon, M., & Echterhoff, G. (2021). Shared reality: from sharing-is-believing to merging minds. *Current Directions in Psychological Science*, 30(2), 103–10.
14. Montaigne, Michel de. *On Friendship* (p. 11). Penguin Great Ideas. Kindle Edition.
15. Montaigne, Michel de. *On Friendship* (p. 8).
16. Parkinson, C., Kleinbaum, A.M., & Wheatley, T. (2018). Similar neural responses predict friendship. *Nature Communications*, 9(1), 1–14. A further analysis of the data confirmed these conclusions: Hyon, R., Kleinbaum, A.M., & Parkinson, C. (2020). Social network proximity predicts similar trajectories of psychological states: evidence from multi-voxel spatiotemporal dynamics. *NeuroImage*, 216, 116492.
17. For an example of one of these studies, see: Kinreich, S., Djalovski, A., Kraus, L., Louzoun, Y., & Feldman, R. (2017). Brain-to-brain synchrony during naturalistic social interactions. Scientific Reports, 7(1), 17060. For a review of this field of research, see: Baek, E.C., & Parkinson, C. (2022). Shared understanding and social connection: integrating approaches from social psychology, social network analysis, and neuroscience. Social and Personality Psychology Compass, 16(11), e12710.
18. Nummenmaa, L., Lahnakoski, J.M., & Glerean, E. (2018). Sharing the social world via intersubject neural synchronisation. *Current Opinion in Psychology*, 24, 7–14.
19. Luft, C.D.B., Zioga, I., Giannopoulos, A., Di Bona, G., Binetti, N., Civilini, A., . . . & Mareschal, I. (2022). Social synchronization of brain activity increases during eye-contact. *Communications Biology*, 5(1), 1–15.
20. Mu, Y., Cerritos, C., & Khan, F. (2018). Neural mechanisms underlying interpersonal coordination: a review of hyperscanning research. *Social and Personality Psychology Compass*, 12(11), e12421.
21. Oishi, S., Krochik, M., & Akimoto, S. (2010). Felt understanding as a bridge between close relationships and subjective well-being: antecedents and consequences across individuals and cultures. *Social and Personality Psychology Compass*, 4(6), 403–16.
22. Selcuk, E., Gunaydin, G., Ong, A.D., & Almeida, D.M. (2016). Does partner responsiveness predict hedonic and eudaimonic well-being? A 10-year longitudinal study. *Journal of Marriage and Family*, 78(2), 311–25; Helm, P.J., Medrano, M.R., Allen, J.J., & Greenberg, J. (2020). Existential isolation, loneliness, depression, and suicide ideation in young adults. *Journal of Social and Clinical Psychology*, 39(8), 641–74; Constantino, M.J., Sommer, R.K., Goodwin, B.J., Coyne, A.E., & Pinel, E.C. (2019). Existential isolation as a correlate of clinical distress, beliefs about psychotherapy, and experiences with mental health treatment. *Journal of Psychotherapy Integration*, 29(4), 389.
23. Shamay-Tsoory, S.G., Saporta, N., Marton-Alper, I.Z., & Gvirts, H.Z. (2019). Herding brains: a core neural mechanism for social alignment. *Trends in Cognitive Sciences*, 23(3), 174–86.
24. Durkheim, E. (1965). *The Elementary Forms of the Religious Life* (J.W. Swain, Trans.). Free Press. The example of firewalking comes from the following paper: Konvalinka, I., Xygalatas, D., Bulbulia, J., Schjødt, U., Jegindø, E.M.,

Wallot, S., . . . & Roepstorff, A. (2011). Synchronized arousal between performers and related spectators in a fire-walking ritual. *Proceedings of the National Academy of Sciences*, 108(20), 8514–19.

25. Wheatley, T., Kang, O., Parkinson, C., & Looser, C.E. (2012). From mind perception to mental connection: Synchrony as a mechanism for social understanding. *Social and Personality Psychology Compass*, 6(8), 589–606.
26. Wiltermuth, S.S., & Heath, C. (2009). Synchrony and cooperation. *Psychological Science*, 20(1), 1–5.
27. Miles, L.K., Nind, L.K., Henderson, Z., & Macrae, C.N. (2010). Moving memories: Behavioral synchrony and memory for self and others. *Journal of Experimental Social Psychology*, 46(2), 457–60; Valdesolo, P., Ouyang, J., & DeSteno, D. (2010). The rhythm of joint action: Synchrony promotes cooperative ability. *Journal of experimental social psychology*, 46(4), 693–95; Tarr, B., Launay, J., & Dunbar, R.I. (2014). Music and social bonding: 'self-other' merging and neurohormonal mechanisms. *Frontiers in Psychology*, 5, 1096.
28. Tarr, B., Launay, J., & Dunbar, R.I. (2014). Music and social bonding; Savage, P.E., Loui, P., Tarr, B., Schachner, A., Glowacki, L., Mithen, S., & Fitch, W.T. (2021). Music as a coevolved system for social bonding. *Behavioral and Brain Sciences*, 44, e59.
29. Smith, P. (2015). *M Train* (p. 87). Knopf.
30. Aron, A., Lewandowski Jr, G.W., Mashek, D., & Aron, E.N. (2013). The self-expansion model of motivation and cognition in close relationships. *The Oxford Handbook of Close Relationships*, 90–115;Aron, A., Lewandowski, G., Branand, B., Mashek, D., & Aron, E. (2022). Self-expansion motivation and inclusion of others in self: an updated review. *Journal of Social and Personal Relationships*, 39(12), 3821–52.
31. Sparks, J., Daly, C., Wilkey, B.M., Molden, D.C., Finkel, E.J., & Eastwick, P.W. (2020). Negligible evidence that people desire partners who uniquely fit their ideals. *Journal of Experimental Social Psychology*, 90, 103968.
32. Huang, S.A., Ledgerwood, A., & Eastwick, P.W. (2020). How do ideal friend preferences and interaction context affect friendship formation? Evidence for a domain-general relationship initiation process. *Social Psychological and Personality Science*, 11(2), 226–35.
33. These paragraphs include insights inspired by my conversations with Harry Reiss and Paul Eastwick for the following article: 'A sexual destiny mindset' – and the other red flags of romantic chemistry. *Guardian*: https://www.theguardian.com/science/2023/feb/12/the-science-of-romantic-chemistry-and-those-not-so-obvious-red-flags. See also Reis, H.T., Regan, A., & Lyubomirsky, S. (2022). Interpersonal chemistry: what is it, how does it emerge, and how does it operate? *Perspectives on Psychological Science*, 17(2), 530–58.
34. Aron, A., Steele, J.L., Kashdan, T.B., & Perez, M. (2006). When similars do not attract: Tests of a prediction from the self-expansion model. *Personal Relationships*, 13(4), 387–96; Aron, A., Lewandowski, G., Branand, B., Mashek, D., & Aron, E. (2022). Self-expansion motivation and inclusion of others in self: an updated review; Santucci, K., Khullar, T.H., & Dirks, M.A. (2022). Through thick and thin?: Young adults' implicit beliefs about friendship and their reported use of dissolution and maintenance strategies with same-gender friends. *Social Development*, 31(2), 480–96.
35. Cirelli, L.K., Wan, S.J., & Trainor, L.J. (2014). Fourteen-month-old infants use interpersonal synchrony as a cue to direct helpfulness. *Philosophical Transactions of the Royal Society B: Biological Sciences*, 369(1658), 20130400.
36. Göritz, A.S., & Rennung, M. (2019). Interpersonal synchrony increases social cohesion, reduces work-related stress and prevents sickdays: a longitudinal field experiment. *Gruppe. Interaktion. Organisation: Zeitschrift für angewandte Organisationspsychologie*, 50, 83–94; see also Hu, Y., Cheng, X., Pan, Y., & Hu, Y. (2022). The intrapersonal and interpersonal consequences of interpersonal synchrony. *Acta Psychologica*, 224, 103513.
37. Baranowski-Pinto, G., Profeta, V.L.S., Newson, M., Whitehouse, H., & Xygalatas, D. (2022). Being in a crowd bonds people via physiological synchrony. *Scientific Reports*, 12(1), 1–10.
38. Bastian, B., Jetten, J., & Ferris, L.J. (2014). Pain as social glue: shared pain increases cooperation. *Psychological Science*, 25(11), 2079–85; Peng, W., Lou, W., Huang, X., Ye, Q., Tong, R.K.Y., & Cui, F. (2021). Suffer together, bond together: brain-to-brain synchronization and mutual affective empathy when sharing painful experiences. *NeuroImage*, 238, 118249.
39. Aron, A., Lewandowski, G., Branand, B., Mashek, D., & Aron, E. (2022). Self-expansion motivation and inclusion of others in self: an updated review.
40. Nin, A. (1974). *The Journals of Anaïs Nin: Volume 2 (1934–1939)* (p. 202). Quartet.

# 第三章

1. Corti, K., & Gillespie, A. (2016). Co-constructing intersubjectivity with artificial conversational agents: people are more likely to initiate repairs of misunderstandings with agents represented as human. *Computers in Human Behavior*, 58, 431–42.
2. Epley, N., & Schroeder, J. (2014). Mistakenly seeking solitude. *Journal of Experimental Psychology: General*, 143(5), 1980.
3. Schroeder, J., Lyons, D., & Epley, N. (2022). Hello, stranger? Pleasant conversations are preceded by concerns about starting one. *Journal of Experimental Psychology: General*, 151(5), 1141.
4. Sandstrom, G.M., & Dunn, E.W. (2014). Is efficiency overrated? Minimal social interactions lead to belonging and positive affect. *Social Psychological and Personality Science*, 5(4), 437–42.
5. Sandstrom, G.M., & Boothby, E.J. (2021). Why do people avoid talking to strangers? A mini meta-analysis of predicted fears and actual experiences talking to a stranger. *Self and Identity*, 20(1), 47–71.
6. Boothby, E.J., Cooney, G., Sandstrom, G.M., & Clark, M.S. (2018). The liking gap in conversations: do people like us more than we think? *Psychological Science*, 29(11), 1742–56.
7. Mastroianni, A.M., Cooney, G., Boothby, E.J., & Reece, A.G. (2021). The liking gap in groups and teams. *Organizational Behavior and Human Decision Processes*, 162, 109–22.
8. Wolf, W., Nafe, A., & Tomasello, M. (2021). The development of the liking gap: children older than 5 years think that partners evaluate them less positively than they evaluate their partners. *Psychological Science*, 32(5), 789–98.
9. Savitsky, K., Epley, N., & Gilovich, T. (2001). Do others judge us as harshly as we think? Overestimating the impact of our failures, shortcomings, and mishaps. *Journal of Personality and Social Psychology*, 81(1), 44; Gilovich, T., Medvec, V.H., & Savitsky, K. (2000). The spotlight effect in social judgment: an egocentric bias in estimates of the salience of one's own actions and appearance. *Journal of Personality and Social Psychology*, 78(2), 211.
10. De Jong, P.J., & Dijk, C. (2013). Social effects of facial blushing: influence of context and actor versus observer perspective. *Social and Personality Psychology Compass*, 7(1), 13–26; Thorstenson, C.A., Pazda, A.D., & Lichtenfeld, S. (2020). Facial blushing influences perceived embarrassment and related social functional evaluations. *Cognition and Emotion*, 34(3), 413–26.
11. Whitehouse, J., Milward, S.J., Parker, M.O., Kavanagh, E., & Waller, B.M. (2022). Signal value of stress behaviour. *Evolution and Human Behavior*, 43(4), 325–33.
12. Zell, E., Strickhouser, J.E., Sedikides, C., & Alicke, M.D. (2020). The better-than-average effect in comparative self-evaluation: A comprehensive review and meta-analysis. *Psychological Bulletin*, 146(2), 118.
13. Elsaadawy, N., & Carlson, E.N. (2022). Do you make a better or worse impression than you think? *Journal of Personality and Social Psychology*, 123(6), 1407–20.
14. Welker, C., Walker, J., Boothby, E., & Gilovich, T. (2023). Pessimistic assessments of ability in informal conversation. *Journal of Applied Social Psychology*, 53, 555–69; Atir, S., Zhao, X., & Echelbarger, M. (2023). Talking to strangers: Intention, competence, and opportunity. *Current Opinion in Psychology*, 101588.
15. This saying is often attributed to Maya Angelou, but seems to have been in circulation decades before she started writing her memoirs: https://quoteinvestigator.com/2014/04/06/they-feel/
16. Sandstrom, G.M., Boothby, E.J., & Cooney, G. (2022). Talking to strangers: a week-long intervention reduces psychological barriers to social connection. *Journal of Experimental Social Psychology*, 102, 104356.
17. Rollings, J., Micheletta, J., Van Laar, D., & Waller, B.M. (2023). Personality traits predict social network size in older adults. *Personality and Social Psychology Bulletin*, 49(6), 925–38; Gale, C.R., Booth, T., Mõttus, R., Kuh, D., & Deary, I.J. (2013). Neuroticism and Extraversion in youth predict mental wellbeing and life satisfaction 40 years later. *Journal of Research in Personality*, 47(6), 687–97; Rizzuto, D., Mossello, E., Fratiglioni, L., Santoni, G., & Wang, H.X. (2017). Personality and surviva in older age: the role of lifestyle behaviors and health status. *The American Journal of Geriatric Psychiatry*, 25(12), 1363–72.

18. Zelenski, J.M., Whelan, D.C., Nealis, L.J., Besner, C.M., Santoro, M.S., & Wynn, J.E. (2013). Personality and affective forecasting: Trait introverts underpredict the hedonic benefits of acting extraverted. *Journal of Personality and Social Psychology*, 104(6), 1092.
19. Margolis, S., & Lyubomirsky, S. (2020). Experimental manipulation of extraverted and introverted behavior and its effects on well-being. *Journal of Experimental Psychology: General*, 149(4), 719.
20. Duffy, K.A., Helzer, E.G., Hoyle, R.H., Fukukura Helzer, J., & Chartrand, T.L. (2018). Pessimistic expectations and poorer experiences: the role of (low) extraversion in anticipated and experienced enjoyment of social interaction. *PloS One*, 13(7), e0199146; Zelenski, J.M., Whelan, D.C., Nealis, L.J., Besner, C.M., Santoro, M.S., & Wynn, J.E. (2013). Personality and affective forecasting. The following paper offers a discussion of these results in the broader context of social behaviour and its benefits: Epley, N., Kardas, M., Zhao, X., Atir, S., & Schroeder, J. (2022). Undersociality: miscalibrated social cognition can inhibit social connection. *Trends in Cognitive Sciences*, 26(5), 406–18.
21. Hudson, N.W., & Fraley, R.C. (2015). Volitional personality trait change: can people choose to change their personality traits? *Journal of Personality and Social Psychology*, 109(3), 490; Stieger, M., Flückiger, C., Rüegger, D., Kowatsch, T., Roberts, B.W., & Allemand, M. (2021). Changing personality traits with the help of a digital personality change intervention. *Proceedings of the National Academy of Sciences*, 118(8), e2017548118.
22. Kivity, Y., & Huppert, J.D. (2016). Does cognitive reappraisal reduce anxiety? A daily diary study of a micro-intervention with individuals with high social anxiety. *Journal of Consulting and Clinical Psychology*, 84(3), 269; Duijndam, S., Karreman, A., Denollet, J., & Kupper, N. (2020). Emotion regulation in social interaction: physiological and emotional responses associated with social inhibition. *International Journal of Psychophysiology*, 158, 62–72.
23. Savitsky, K., Epley, N., & Gilovich, T. (2001). Do others judge us as harshly as we think?
24. You can find out more about this strategy at the Greater Good Science Centre website, a science-based initiative from the University of California, Berkeley: https://greatergood.berkeley.edu/article/item/how_to_be_yourself_when_you_have_social_anxiety
25. Wax, R. (2016). *A Mindfulness Guide for the Frazzled* (p. 41). Penguin Random House UK.
26. Breines, J.G., & Chen, S. (2012). Self-compassion increases self-improvement motivation. *Personality and Social Psychology Bulletin*, 38(9), 1133–43; Vazeou-Nieuwenhuis, A., & Schumann, K. (2018). Self-compassionate and apologetic? How and why having compassion toward the self relates to a willingness to apologize. *Personality and Individual Differences*, 124, 71–6.
27. Werner, K.H., Jazaieri, H., Goldin, P.R., Ziv, M., Heimberg, R.G., & Gross, J.J. (2012). Self-compassion and social anxiety disorder. *Anxiety, Stress & Coping*, 25(5), 543–58.
28. Ketay, S., Beck, L.A., & Dajci, J. (2022). Self-compassion and social stress: links with subjective stress and cortisol responses. *Self and Identity*, 1–20.
29. You can take the full test at https://self-compassion.org/self-compassion-test/
30. Stevenson, J., Mattiske, J.K., & Nixon, R.D. (2019). The effect of a brief online self-compassion versus cognitive restructuring intervention on trait social anxiety. *Behaviour Research and Therapy*, 123, 103492; Teale Sapach, M.J., & Carleton, R.N. (2023). Self-compassion training for individuals with social anxiety disorder: a preliminary randomized controlled trial. *Cognitive Behaviour Therapy*, 52(1), 18–37.
31. Burnette, J.L., Knouse, L.E., Vavra, D.T., O'Boyle, E., & Brooks, M.A. (2020). Growth mindsets and psychological distress: A meta-analysis. *Clinical Psychology Review*, 77, 101816. See also: Schroder, H.S., Kneeland, E.T., Silverman, A.L., Beard, C., & Björgvinsson, T. (2019). Beliefs about the malleability of anxiety and general emotions and their relation to treatment outcomes in acute psychiatric treatment. *Cognitive Therapy and Research*, 43(2), 312–23; see also Schleider, J., & Weisz, J. (2018). A single-session growth mindset intervention for adolescent anxiety and depression: 9-month outcomes of a randomized trial. *Journal of Child Psychology and Psychiatry*, 59(2), 160–70.
32. Valentiner, D.P., Mounts, N.S., Durik, A.M., & Gier-Lonsway, S.L. (2011). Shyness mindset: applying mindset theory to the domain of inhibited social behavior. *Personality and Individual Differences*, 50(8), 1174–9.
33. Valentiner, D.P., Jencius, S., Jarek, E., Gier-Lonsway, S.L., & McGrath, P.B. (2013). Pre-treatment shyness mindset predicts less reduction of social anxiety during exposure therapy. *Journal of Anxiety Disorders*, 27(3), 267–71.

34. You can read more about this research in my book *The Expectation Effect* (2022). For a recent, large study demonstrating the benefits, see: Yeager, D.S., Bryan, C.J., Gross, J.J., Murray, J.S., Krettek Cobb, D., Santos, P.H.F., . . . & Jamieson, J.P. (2022). A synergistic mindsets intervention protects adolescents from stress. *Nature*, 607(7919), 512–20.

## 第四章

1. In popular retellings, this tale is sometimes exaggerated, but the basic details of the misunderstanding have been confirmed by Hoover's assistant: Mikkelson, B. (1999). Watch the Borders!. Snopes: https://www.snopes.com/fact-check/watch-the-borders.
2. Hoover's behaviour appears as an example in: Keysar, B., & Barr, D.J. (2002). Self-anchoring in conversation: why language users do not do what they 'should'. In Gilovich, T., Griffin, D., & Kahneman, D. (eds), *Heuristics and Biases: The Psychology of Intuitive Judgment* (pp. 150–66). Cambridge University Press.
3. When it is presented less obviously, many adults even fail the Sally-Anne test: Birch, S.A., & Bloom, P. (2007). The curse of knowledge in reasoning about false beliefs. *Psychological Science*, 18(5), 382–6.
4. Keysar, B., Barr, D.J., Balin, J.A., & Brauner, J.S. (2000). Taking perspective in conversation: The role of mutual knowledge in comprehension. *Psychological Science*, 11(1), 32–8.
5. Epley, N., Morewedge, C.K., & Keysar, B. (2004). Perspective taking in children and adults: equivalent egocentrism but differential correction. *Journal of Experimental Social Psychology*, 40(6), 760–8.
6. Epley, N., Keysar, B., Van Boven, L., & Gilovich, T. (2004). Perspective taking as egocentric anchoring and adjustment. *Journal of Personality and Social Psychology*, 87(3), 327; Lin, S., Keysar, B., & Epley, N. (2010). Reflexively mindblind: using theory of mind to interpret behavior requires effortful attention. *Journal of Experimental Social Psychology*, 46(3), 551–6.
7. Krueger, J., & Clement, R.W. (1994). The truly false consensus effect: an ineradicable and egocentric bias in social perception. *Journal of Personality and Social Psychology*, 67(4), 596.
8. Dunn, M., Thomas, J.O., Swift, W., & Burns, L. (2012). Elite athletes' estimates of the prevalence of illicit drug use: evidence for the false consensus effect. *Drug and Alcohol Review*, 31(1), 27–32.
9. Gilovich, T., Savitsky, K., & Medvec, V.H. (1998). The illusion of transparency: biased assessments of others' ability to read one's emotional states. *Journal of Personality and Social Psychology*, 75(2), 332.
10. Savitsky, K., & Gilovich, T. (2003). The illusion of transparency and the alleviation of speech anxiety. *Journal of Experimental Social Psychology*, 39(6), 618–25.
11. Keysar, B. (1994). The illusory transparency of intention: linguistic perspective taking in text. *Cognitive Psychology*, 26(2), 165–208.
12. Kruger, J., Epley, N., Parker, J., & Ng, Z.W. (2005). Egocentrism over e-mail: can we communicate as well as we think? *Journal of Personality and Social Psychology*, 89(6), 925.
13. Keysar, B., & Henly, A.S. (2002). Speakers' overestimation of their effectiveness. *Psychological Science*, 13(3), 207–12; see also Keysar, B., & Barr, D.J. (2002). Self-anchoring in conversation: why language users do not do what they 'should'. In Gilovich, T., Griffin, D., & Kahneman, D. (eds), *Heuristics and Biases: The Psychology of Intuitive Judgment*, (pp. 150–66).
14. Savitsky, K., Keysar, B., Epley, N., Carter, T., & Swanson, A. (2011). The closeness-communication bias: increased egocentrism among friends versus strangers. *Journal of Experimental Social Psychology*, 47(1), 269–73.
15. Cheung, H. (2019). YouGov survey: British sarcasm 'lost on Americans'. BBC: https://www.bbc.com/news/world-us-canada-46846467
16. Lau, B.K.Y., Geipel, J., Wu, Y., & Keysar, B. (2022). The extreme illusion of understanding. *Journal of Experimental Psychology: General*, 151(11), 2957–62.

17. Chang, V.Y., Arora, V.M., Lev-Ari, S., D'Arcy, M., & Keysar, B. (2010). Interns overestimate the effectiveness of their hand-off communication. *Pediatrics*, 125(3), 491–6.
18. Mishap Investigation Board (1999). Phase I Report. https://llis.nasa.gov/llis_lib/pdf/1009464main1_0641-mr.pdf
19. Savitsky, K., Keysar, B., Epley, N., Carter, T., & Swanson, A. The closeness-communication bias.
20. Eyal, T., Steffel, M., & Epley, N. (2018). Perspective mistaking: accurately understanding the mind of another requires getting perspective, not taking perspective. *Journal of Personality and Social Psychology*, 114(4), 547.
21. Goldstein, N.J., Vezich, I.S., & Shapiro, J.R. (2014). Perceived perspective taking: when others walk in our shoes. *Journal of Personality and Social Psychology*, 106(6), 941.
22. Edwards, R., Bybee, B.T., Frost, J.K., Harvey, A.J., & Navarro, M. (2017). That's not what I meant: how misunderstanding is related to channel and perspective-taking. *Journal of Language and Social Psychology*, 36(2), 188–210.
23. Cahill, V.A., Malouff, J.M., Little, C.W., & Schutte, N.S. (2020). Trait perspective taking and romantic relationship satisfaction: a meta-analysis. *Journal of Family Psychology*, 34(8), 1025.
24. Eyal, T., Steffel, M., & Epley, N. (2018). Perspective mistaking.
25. Damen, D., van Amelsvoort, M., van der Wijst, P., Pollmann, M., & Krahmer, E. (2021). Lifting the curse of knowing: how feedback improves perspective-taking. *Quarterly Journal of Experimental Psychology*, 74(6), 1054–69.

## 第五章

1. West, R. (1982). *The Harsh Voice* (p. 63). London: Virago. (Originally published 1929).
2. Hazlitt, W. (1870). *The Plain Speaker* (pp. 50–1). London: Bell and Daldy. (The essay first appeared in the *London Magazine*, 1820).
3. Huang, K., Yeomans, M., Brooks, A.W., Minson, J., & Gino, F. (2017). It doesn't hurt to ask: question-asking increases liking. *Journal of Personality and Social Psychology*, 113(3), 430. For a lengthier discussion of the methods see: https://dash.harvard.edu/bitstream/handle/1/35647952/huangyeomansbrooksminsongino_QuestionAsking_Manuscript.pdf. The term 'boomerasking' can be found in the following paper: Yeomans, M., Schweitzer, M.E., & Brooks, A.W. (2022). The conversational circumplex: identifying, prioritizing, and pursuing informational and relational motives in conversation. *Current Opinion in Psychology*, 44, 293–302.
4. This research, by Alison Wood Brooks, Michael Yeomans and Michael Norton, was presented at the International Association for Conflict Management conference in 2023.
5. Zhou, J., & Fredrickson, B.L. (2023). Listen to Resonate: Better Listening as a Gateway to Interpersonal Positivity Resonance through Enhanced Sensory Connection and Perceived Safety. *Current Opinion in Psychology*, 101669; Lloyd, K.J., Boer, D., Keller, J.W., & Voelpel, S. (2015). Is my boss really listening to me? The impact of perceived supervisor listening on emotional exhaustion, turnover intention, and organizational citizenship behavior. *Journal of Business Ethics*, 130, 509–24.
6. Castro, D.R., Anseel, F., Kluger, A.N., Lloyd, K.J., & Turjeman-Levi, Y. (2018). Mere listening effect on creativity and the mediating role of psychological safety. *Psychology of Aesthetics, Creativity, and the Arts*, 12(4), 489.
7. Collins, H.K. (2022). When listening is spoken. *Current Opinion in Psychology*, 101402.
8. This example is described in the following paper: Itzchakov, G., Reis, H.T., & Weinstein, N. (2022). How to foster perceived partner responsiveness: high-quality listening is key. *Social and Personality Psychology Compass*, 16(1), e12648.
9. Misra, S., Cheng, L., Genevie, J., & Yuan, M. (2016). The iPhone effect: the quality of in-person social interactions in the presence of mobile devices. *Environment and Behavior*, 48(2), 275–98.
10. Dwyer, R.J., Kushlev, K., & Dunn, E.W. (2018). Smartphone use undermines enjoyment of face-to-face social interactions. *Journal of Experimental Social Psychology*, 78, 233–9. For further evidence, see: Roberts, J.A., & David, M.E. (2022). Partner phubbing and relationship satisfaction through the lens of social allergy theory. *Personality and*

*Individual Differences*, 195, 111676; Al Saggaf, Y., & O'Donnell, S.B. (2019). Phubbing: perceptions, reasons behind, predictors, and impacts. *Human Behavior and Emerging Technologies*, 1(2), 132–40.
11. Rossignac-Milon, M. (2019). *Merged Minds: Generalized Shared Reality in Interpersonal Relationships.* Columbia University.
12. McFarland, D.A., Jurafsky, D., & Rawlings, C. (2013). Making the connection: social bonding in courtship situations. *American Journal of Sociology*, 118(6), 1596–649.
13. Mein, C., Fay, N., & Page, A.C. (2016). Deficits in joint action explain why socially anxious individuals are less well liked. *Journal of Behavior Therapy and Experimental Psychiatry*, 50, 147–51; Günak, M.M., Clark, D.M., & Lommen, M.J. (2020). Disrupted joint action accounts for reduced likability of socially anxious individuals. *Journal of Behavior Therapy and Experimental Psychiatry*, 68, 101512.
14. Flynn, F.J., Collins, H., & Zlatev, J. (2022). Are you listening to me? The negative link between extraversion and perceived listening. *Personality and Social Psychology Bulletin*, 01461672211072815.
15. Hirschi, Q., Wilson, T.D., & Gilbert, D.T. (2022). Speak up! Mistaken beliefs about how much to talk in conversations. *Personality and Social Psychology Bulletin*, 01461672221104927.
16. Aron, A., Melinat, E., Aron, E.N., Vallone, R.D., & Bator, R.J. (1997). The experimental generation of interpersonal closeness: a procedure and some preliminary findings. *Personality and Social Psychology Bulletin*, 23(4), 363–77.
17. The following provides a replication and confirmation that the fast friends procedure is superior to unstructured conversation, and that it works equally well in video calls and face-to-face interactions: Sprecher, S. (2021). Closeness and other affiliative outcomes generated from the fast friends procedure: a comparison with a small-talk task and unstructured self-disclosure and the moderating role of mode of communication. *Journal of Social and Personal Relationships*, 38(5), 1452–71.
18. Stürmer, S., Ihme, T.A., Fisseler, B., Sonnenberg, K., & Barbarino, M.L. (2018). Promises of structured relationship building for higher distance education: evaluating the effects of a virtual fast-friendship procedure. *Computers & Education*, 124, 51–61.
19. Lytle, A., & Levy, S.R. (2015). Reducing heterosexuals' prejudice toward gay men and lesbian women via an induced cross-orientation friendship. *Psychology of Sexual Orientation and Gender Diversity*, 2(4), 447.
20. Echols, L., & Ivanich, J. (2021). From 'fast friends' to true friends: can a contact intervention promote friendships in middle school? *Journal of Research on Adolescence*, 31(4), 1152–71.
21. Kardas, M., Kumar, A., & Epley, N. (2022). Overly shallow?: miscalibrated expectations create a barrier to deeper conversation. *Journal of Personality and Social Psychology*, 122(3), 367.
22. Thorson, K.R., Ketay, S., Roy, A.R., & Welker, K.M. (2021). Self-disclosure is associated with adrenocortical attunement between new acquaintances. *Psychoneuroendocrinology*, 132, 105323.
23. Inagaki, T.K. (2018). Opioids and social connection. *Current Directions in Psychological Science*, 27(2), 85–90.
24. Slatcher, R.B. (2010). When Harry and Sally met Dick and Jane: Creating closeness between couples. *Personal Relationships*, 17(2), 279–97; Welker, K.M., Baker, L., Padilla, A., Holmes, H., Aron, A., & Slatcher, R.B. (2014). Effects of self-disclosure and responsiveness between couples on passionate love within couples. *Personal Relationships*, 21(4), 692–708.
25. Milek, A., Butler, E.A., Tackman, A.M., Kaplan, D.M., Raison, C.L., Sbarra, D.A., . . . & Mehl, M.R. (2018). 'Eavesdropping on happiness' revisited: a pooled, multisample replication of the association between life satisfaction and observed daily conversation quantity and quality. *Psychological Science*, 29(9), 1451–62.
26. Sanchez, K.L., Kalkstein, D.A., & Walton, G.M. (2022). A threatening opportunity: The prospect of conversations about race-related experiences between Black and White friends. *Journal of Personality and Social Psychology*, 122(5), 853.
27. Reczek, C.E., Reczek, R., & Bosley-Smith, E. (2022). *Families We Keep: LGBTQ People and Their Enduring Bonds with Parents*. NYU Press.
28. Sanchez, K.L., Kalkstein, D.A., & Walton, G.M. (2022). A threatening opportunity.

29. Cooney, G., Gilbert, D.T., & Wilson, T.D. (2017). The novelty penalty: why do people like talking about new experiences but hearing about old ones? *Psychological Science*, 28(3), 380–94.
30. Hirschi, Q., Wilson, T.D., & Gilbert, D.T. Speak up! Mistaken beliefs about how much to talk in conversations.

## 第六章

1. This version of 'The Fox and the Crow' appears in *The Aesop for Children: with Pictures by Milo Winter*, published by Rand, McNally & Co in 1919. It is considered to be in the public domain in the US and can be accessed online from the Library of Congress: https://read.gov/aesop/about.html
2. La Fontaine, J. (2010). *The Complete Fables of Jean de la Fontaine* (Shapiro, N., Trans.) (p. 5). University of Illinois Press.
3. Alighieri, D. (2006). *Inferno* (Kirkpatrick, R., Trans) (p. 158). Penguin UK.
4. Bareket-Bojmel, L., Hochman, G., & Ariely, D. (2017). It's (not) all about the Jacksons: testing different types of short-term bonuses in the field. *Journal of Management*, 43(2), 534–54.
5. Bradler, C., Dur, R., Neckermann, S., & Non, A. (2016). Employee recognition and performance: a field experiment. *Management Science*, 62(11), 3085–99.
6. Handgraaf, M.J., De Jeude, M.A.V.L., & Appelt, K.C. (2013). Public praise vs. private pay: effects of rewards on energy conservation in the workplace. *Ecological Economics*, 86, 86–92.
7. The poll was run by OnePoll on behalf of the company Bonusly. Cariaga, V. (2022). Nearly Half of Americans Quit heir Jobs Because They Feel Unappreciated by Management. Yahoo! Finance: https://finance.yahoo.com/news/nearly-half-americans-quit-jobs-145250545.html
8. Schembra, C. (2021). Gratitude may be the secret to overcoming the talent crisis. Fast Company: https://www.fastcompany.com/9066 5927/gratitude-may-be-the-secret-to-overcoming-the-talent-crisis
9. Izuma, K., Saito, D.N., & Sadato, N. (2008). Processing of social and monetary rewards in the human striatum. *Neuron*, 58(2), 284–94.
10. Grant, N.K., Fabrigar, L.R., & Lim, H. (2010). Exploring the efficacy of compliments as a tactic for securing compliance. *Basic and Applied Social Psychology*, 32(3), 226–33.
11. Grant, N.K., Krieger, L.R., Nemirov, H., Fabrigar, L.R., & Norris, M.E. (2022). I'll scratch your back if you give me a compliment: exploring psychological mechanisms underlying compliments' effects on compliance. *British Journal of Social Psychology*, 61(1), 37–54.
12. Stsiampkouskaya, K., Joinson, A., & Piwek, L. (2023). To Like or Not to Like? An Experimental Study on Relational Closeness, Social Grooming, Reciprocity, and Emotions in Social Media Liking. *Journal of Computer-Mediated Communication*, 28(2), zmac036. Available online at: https://doi.org/10.1093/jcmc/zmac036
13. Chan, E., & Sengupta, J. (2010). Insincere flattery actually works: a dual attitudes perspective. *Journal of Marketing Research*, 47(1), 122–33.
14. Gordon, A.M., & Diamond, E. (2023). Feeling understood and appreciated in relationships: where do these perceptions come from and why do they matter?. *Current Opinion in Psychology*, 101687.
15. See Survey 5 in the Supplemental Materials of Zhao, X., & Epley, N. (2021). Insufficiently complimentary?: Underestimating the positive impact of compliments creates a barrier to expressing them. *Journal of Personality and Social Psychology*, 121(2), 239.
16. Boothby, E.J., & Bohns, V.K. (2021). Why a simple act of kindness is not as simple as it seems: underestimating the positive impact of our compliments on others. *Personality and Social Psychology Bulletin*, 47(5), 826–40.
17. Zhao, X., & Epley, N. (2021). Insufficiently complimentary?
18. Zhao, X., & Epley, N. (2021). Kind words do not become tired words: undervaluing the positive impact of frequent compliments. *Self and Identity*, 20(1), 25–46.

19. Johnson, S., The Rambler, no. 136. Saturday, 6 July 1751. Available here: http://www.yalejohnson.com/frontend/sda_viewer?n=106855
20. Kumar, A., & Epley, N. (2018). Undervaluing gratitude: expressers misunderstand the consequences of showing appreciation. *Psychological Science*, 29(9), 1423–35.
21. Toepfer, S.M., Cichy, K., & Peters, P. (2012). Letters of gratitude: further evidence for author benefits. *Journal of Happiness Studies*, 13, 187–201.
22. Gu, Y., Ocampo, J.M., Algoe, S.B., & Oveis, C. (2022). Gratitude expressions improve teammates' cardiovascular stress responses. *Journal of Experimental Psychology: General*, 151(12), 3281–91.
23. Algoe, S.B., & Zhaoyang, R. (2016). Positive psychology in context: effects of expressing gratitude in ongoing relationships depend on perceptions of enactor responsiveness. *Journal of Positive Psychology*, 11(4), 399–415.
24. Kaczmarek, L.D., Kashdan, T.B., Drążkowski, D., Enko, J., Kosakowski, M., Szäefer, A., & Bujacz, A. (2015). Why do people prefer gratitude journaling over gratitude letters? The influence of individual differences in motivation and personality on web-based interventions. *Personality and Individual Differences*, 75, 1–6.
25. Algoe, S.B., Dwyer, P.C., Younge, A., & Oveis, C. (2020). A new perspective on the social functions of emotions: gratitude and the witnessing effect. *Journal of Personality and Social Psychology*, 119(1), 40.
26. Algoe, S.B. (2012). Find, remind, and bind: the functions of gratitude in everyday relationships. *Social and Personality Psychology Compass*, 6(6), 455–69; Algoe, S.B., Dwyer, P.C., Younge, A., & Oveis, C. (2020). A new perspective on the social functions of emotions. See also: https://www.psychologicalscience.org/news/why-saying-thank-you-makes-a-difference.html
27. Algoe, S.B., Kurtz, L.E., & Hilaire, N.M. (2016). Putting the 'you' in 'thank you': examining other-praising behavior as the active relational ingredient in expressed gratitude. *Social Psychological and Personality Science*, 7(7), 658–66.
28. Algoe, S.B., Fredrickson, B.L., & Gable, S.L. (2013). The social functions of the emotion of gratitude via expression. *Emotion*, 13(4), 605; Algoe, S.B., & Zhaoyang, R. (2016). Positive psychology in context: effects of expressing gratitude in ongoing relationships depend on perceptions of enactor responsiveness. *Journal of Positive Psychology*, 11(4), 399–415.
29. Czopp, A.M. (2008). When is a compliment not a compliment? Evaluating expressions of positive stereotypes. *Journal of Experimental Social Psychology*, 44(2), 413–20.
30. Ashokkumar, A., & Swann Jr, W.B. (2020). The saboteur within. In Brummelman, E. (ed.), *Psychological Perspectives on Praise* (pp. 11–18) Routledge; Kille, D.R., Eibach, R.P., Wood, J.V., & Holmes, J.G. (2017). Who can't take a compliment? The role of construal level and self-esteem in accepting positive feedback from close others. *Journal of Experimental Social Psychology*, 68, 40–9.
31. Higgins, E.T. (2019). *Shared Reality* (p. 172). Oxford University Press.
32. Marigold, D.C., Holmes, J.G., & Ross, M. (2007). More than words: reframing compliments from romantic partners fosters security in low self-esteem individuals. *Journal of Personality and Social Psychology*, 92(2), 232. See also Marigold, D.C., Holmes, J.G., & Ross, M. (2010). Fostering relationship resilience: an intervention for low self-esteem individuals. *Journal of Experimental Social Psychology*, 46(4), 624–30.
33. Sezer, O., Prinsloo, E., Brooks, A., & Norton, M.I. (2019). Backhanded compliments: how negative comparisons undermine flattery. https://papers.ssrn.com/sol3/papers.cfm?abstract_id=3439774
34. Williams, L.A., & Bartlett, M.Y. (2015). Warm thanks: gratitude expression facilitates social affiliation in new relationships via perceived warmth. *Emotion*, 15(1), 1.

## 第七章

1. Schopenhauer, A. (1903). *The Basis of Morality* (A.B. Bullock, Trans.) (p. 70). Swan Sonnenschein & Co. Originally published in 1840.

2. Wicks, R. (2021). Arthur Schopenhauer. *Stanford Encyclopedia of Philosophy*: https://plato.stanford.edu/entries/schopenhauer/
3. This detail can be found in the Rai documentary about Schopenhauer, written by the philosopher Simona Menicocci: https://www.raiplaysound.it/audio/2020/05/Maturadio-Podcast-di-folosofia-Schopenhauer-2bf6db6e-e44b-4549-b122-4d188f52d30a.html
4. <?> Cartwright, D.E. (2010). *Schopenhauer: A Biography*. Cambridge University Press.
5. <?> Schopenhauer, A. (1951). *Essays from the Parerga and Paralipomena* (T. Bailey Saunders, Trans.). The porcupine's tale appears on pages 84–5 of 'Studies in Pessimism'. Available online at https://archive.org/details/in.gov.ignca.17417
6. Gide, A. (2011). *Autumn Leaves* (E. Pell, Trans.), (p. 19). Philosophical Library/Open Road. Kindle Edition.
7. Slepian, M.L., & Koch, A. (2021). Identifying the dimensions of secrets to reduce their harms. *Journal of Personality and Social Psychology*, 120(6), 1431.
8. Slepian, M.L., Chun, J.S., & Mason, M.F. (2017). The experience of secrecy. *Journal of Personality and Social Psychology*, 113(1), 1.
9. Slepian, M.L., Kirby, J.N., & Kalokerinos, E.K. (2020). Shame, guilt, and secrets on the mind. *Emotion*, 20(2), 323.
10. This is an Italian saying: *La lingua batte dove il dente duole*.
11. Slepian, M.L., Masicampo, E.J., Toosi, N.R., & Ambady, N. (2012). The physical burdens of secrecy. *Journal of Experimental Psychology: General*, 141(4), 619.
12. Slepian, M.L., Halevy, N., & Galinsky, A.D. (2019). The solitude of secrecy: thinking about secrets evokes goal conflict and feelings of fatigue. *Personality and Social Psychology Bulletin*, 45(7), 1129–51.
13. Slepian, M.L., Chun, J.S., & Mason, M.F. The experience of secrecy.
14. Slepian, M.L., Masicampo, E.J., & Ambady, N. (2014). Relieving the burdens of secrecy: revealing secrets influences judgments of hill slant and distance. *Social Psychological and Personality Science*, 5(3), 293–300.
15. Smith, M. (2022). 25 years after her death, Princess Diana is more popular than King Charles, and the monarchy. YouGov: https://yougov.co.uk/politics/articles/44509-25-years-after-her-death-princess-diana-more-popul
16. Brown, T. (2017). *The Diana Chronicles* (p. 354). Random House. Kindle Edition.
17. Savitsky, K., Epley, N., & Gilovich, T. (2001). Do others judge us as harshly as we think? Overestimating the impact of our failures, shortcomings, and mishaps. *Journal of Personality and Social Psychology*, 81(1), 44.
18. Gromet, D.M., & Pronin, E. (2009). What were you worried about? Actors' concerns about revealing fears and insecurities relative to observers' reactions. *Self and Identity*, 8(4), 342–64.
19. Bruk, A., Scholl, S.G., & Bless, H. (2018). Beautiful mess effect: self–other differences in evaluation of showing vulnerability. *Journal of Personality and Social Psychology*, 115(2), 192; Jaffé, M.E., Douneva, M., & Albath, E.A. (2023). Secretive and close? How sharing secrets may impact perceptions of distance. *PloS* One, 18(4), e0282643. See also: Smith, E.E. (2019). Your flaws are probably more attractive than you think they are. *Atlantic*: https://www.theatlantic.com/health/archive/2019/01/beautiful-mess-vulnerability/579892
20. Jiang, L., John, L.K., Boghrati, R., & Kouchaki, M. (2022). Fostering perceptions of authenticity via sensitive self-disclosure. *Journal of Experimental Psychology: Applied*, 28(4), 898.
21. Cited in: Bruk, A., Scholl, S.G., & Bless, H. Beautiful mess effect.
22. John, L.K., Barasz, K., & Norton, M.I. (2016). Hiding personal information reveals the worst. *Proceedings of the National Academy of Sciences*, 113(4), 954–9.
23. Rogers, T., & Norton, M.I. (2011). The artful dodger: answering the wrong question the right way. *Journal of Experimental Psychology: Applied*, 17(2), 139.
24. Gerdeman, D. (2016). How The 2016 Presidential Candidates Misled Us With Truthful Statements. Harvard Business School: https://hbswk.hbs.edu/item/paltering-in-action
25. Rogers, T., Zeckhauser, R., Gino, F., Norton, M.I., & Schweitzer, M.E. (2017). Artful paltering: the risks and rewards of using truthful statements to mislead others. *Journal of Personality and Social Psychology*, 112(3), 456.

26. Trend Watch (2018). Hicks: I Tell 'White Lies': Lookups rise 6500% after Hicks resignation. Merriam-Webster: https://www.merriam-webster.com/news-trend-watch/hicks-i-tell-white-lies-20180228
27. Levine, E.E., & Cohen, T.R. (2018). You can handle the truth: mispredicting the consequences of honest communication. *Journal of Experimental Psychology: General*, 147(9), 1400.
28. Levine, E.E., Roberts, A.R., & Cohen, T.R. (2020). Difficult conversations: navigating the tension between honesty and benevolence. *Current Opinion in Psychology*, 31, 38–43.
29. Levine, Emma E. (2022). Community standards of deception: deception is perceived to be ethical when it prevents unnecessary harm. *Journal of Experimental Psychology: General*, 151(2), 410.
30. Abi-Esber, N., Abel, J. E., Schroeder, J., & Gino, F. (2022). 'Just letting you know…': underestimating others' desire for constructive feedback. *Journal of Personality and Social Psychology*, 123(6), 1362–1385.
31. Henley, A.J., & DiGennaro Reed, F.D. (2015). Should you order the feedback sandwich? Efficacy of feedback sequence and timing. *Journal of Organizational Behavior Management*, 35(3–4), 321–35.
32. Kim, S., Liu, P.J., & Min, K.E. (2021). Reminder avoidance: why people hesitate to disclose their insecurities to friends. *Journal of Personality and Social Psychology*, 121(1), 59.
33. Carter, N.L., & Mark Weber, J. (2010). Not Pollyannas: higher generalized trust predicts lie detection ability. *Social Psychological and Personality Science*, 1(3), 274–9.

# 第八章

1. Shanahan, M. (2017). Celebrity Humblebrags So Iconic They'll Leave You Secondhand Embarrassed For Days. Buzzfeed: https://www.buzzfeed.com/morganshanahan/humblebrags-so-bad-theyll-leave-you-secondhand-embarassed
2. Weaver, H. (2017). Meryl Streep's Reaction to the Moonlight Mix-Up Defines the 2017 Oscars. Vanity Fair: https://www.vanityfair.com/style/2017/02/meryl-streep-reaction-to-moonlight-oscar-win
3. Zuo, B. (2023). 'Versailles literature' on WeChat Moments: humblebragging with digital technologies. *Discourse & Communication*, 17504813231164854.
4. Sun, Y. (2020). 'Versailles Literature' Trending on China's Internet: A New Way to Brag. pandaily: https://pandaily.com/versailles-literature-trending-on-chinas-internet-a-new-way-to-brag
5. Schlenker, B.R., & Leary, M.R. (1982). Audiences' reactions to self-enhancing, self-denigrating, and accurate self-presentations. *Journal of Experimental Social Psychology*, 18(1), 89–104; O'Mara, E.M., Kunz, B.R., Receveur, A., & Corbin, S. (2019). Is self-promotion evaluated more positively if it is accurate? Reexamining the role of accuracy and modesty on the perception of self-promotion. *Self and Identity*, 18(4), 405–24.
6. Schlenker, B.R. (1975). Self-presentation: managing the impression of consistency when reality interferes with self-enhancement. *Journal of Personality and Social Psychology*, 32(6), 1030.
7. Zell, E., Strickhouser, J.E., Sedikides, C., & Alicke, M.D. (2020). The better-than-average effect in comparative self-evaluation: a comprehensive review and meta-analysis. *Psychological Bulletin*, 146(2), 118.
8. Dunning, D. (2011). The Dunning–Kruger effect: on being ignorant of one's own ignorance. *In Advances in Experimental Social Psychology* (Vol. 44, pp. 247–96). Academic Press.
9. Hoorens, V., Pandelaere, M., Oldersma, F., & Sedikides, C. (2012). The hubris hypothesis: you can self-enhance, but you'd better not show it. *Journal of Personality*, 80(5), 1237–74.
10. Van Damme, C., Hoorens, V., & Sedikides, C. (2016). Why self-enhancement provokes dislike: the hubris hypothesis and the aversiveness of explicit self-superiority claims. *Self and Identity*, 15(2), 173–90.
11. Van Damme, C., Deschrijver, E., Van Geert, E., & Hoorens, V. (2017). When praising yourself insults others: self-superiority claims provoke aggression. *Personality and Social Psychology Bulletin*, 43(7), 1008–19.
12. Hoorens, V., Pandelaere, M., Oldersma, F., & Sedikides, C. The hubris hypothesis.

13. Steinmetz, J., Sezer, O., & Sedikides, C. (2017). Impression mismanagement: people as inept self-presenters. *Social and Personality Psychology Compass*, 11(6), e12321.
14. You can take the full test here: https://openpsychometrics.org/tests/NPI
15. de La Bruyère, J. (1885). *The 'Characters' of Jean de La Bruyère* (H. Van Laun, Trans.) (p. 295). Nimmo.
16. Luo, M., & Hancock, J.T. (2020). Modified self-praise in social media. In Placencia, M.E., & Eslami, Z.R. (eds), *Complimenting Behavior and (Self-) Praise across Social Media: New Contexts and New Insights* (pp. 289–309). Benjamins.
17. Roberts, A.R., Levine, E.E., & Sezer, O. (2020). Hiding success. *Journal of Personality and Social Psychology*, 120(5), 1261–86.
18. Harris, D.I. (2015). Friendship as shared joy in Nietzsche. *Symposium*, 19(1), 199–221.
19. Chan, T., Reese, Z.A., & Ybarra, O. (2021). Better to brag: underestimating the risks of avoiding positive self-disclosures in close relationships. *Journal of Personality*, 89(5), 1044–61.
20. Pagani, A.F., Parise, M., Donato, S., Gable, S.L., & Schoebi, D. (2020). If you shared my happiness, you are part of me: capitalization and the experience of couple identity. *Personality and Social Psychology Bulletin*, 46(2), 258–69.
21. Peters, B.J., Reis, H.T., & Gable, S.L. (2018). Making the good even better: a review and theoretical model of interpersonal capitalization. *Social and Personality Psychology Compass*, 12(7), e12407; Chan, T., Reese, Z.A., & Ybarra, O. Better to brag.
22. Chan, T., Reese, Z.A., & Ybarra, O. Better to brag.
23. Lanyon, C. (2016). Years of Rejection Just Made J.K. Rowling More Determined. *New York Magazine*: https://nymag.com/vindicated/2016/11/years-of-rejection-just-made-j-k-rowling-more-determined.html
24. Brooks, A.W., Huang, K., Abi-Esber, N., Buell, R.W., Huang, L., & Hall, B. (2019). Mitigating malicious envy: why successful individuals Should reveal their failures. *Journal of Experimental Psychology: General*, 148(4), 667. See also: Nault, K.A., Sezer, O., & Klein, N. (2023). It's the journey, not just the destination: conveying interpersonal warmth in written introductions. *Organizational Behavior and Human Decision Processes*, 177, 104253.
25. Pascal, B. (1995). *Pensées*. (A.J. Krailsheimer, Trans.) (p. 214). Penguin.

# 第九章

1. Franklin, B. (1906). *The Autobiography of Benjamin Franklin* (pp. 106–7). Houghton, Mifflin & Co. Originally published in 1791.
2. Ryan, A.M., & Shin, H. (2011). Help-seeking tendencies during early adolescence: An examination of motivational correlates and consequences for achievement. *Learning and Instruction*, 21(2), 247–56; Martín-Arbós, S., Castarlenas, E., & Duenas, J.M. (2021). Help-seeking in an academic context: a systematic review. *Sustainability*, 13(8), 4460.
3. Bamberger, P. (2009). Employee help-seeking: Antecedents, consequences and new insights for future research. *Research in Personnel and Human Resources Management*, 28, 49–98.
4. Moran, J. (2016) *Shrinking Violets* (p. 74). Profile. Kindle Edition
5. Gladwell, M. (2008). *Outliers* (pp. 200–7). Little, Brown.
6. Summaries of these studies can be found in: Bohns, V.K. (2016). (Mis)understanding our influence over others: a review of the underestimation-of-compliance effect. *Current Directions in Psychological Science*, 25(2), 119–23. Some details of the specific methods are quoted from Flynn, F.J., & Lake, V.K. (2008). If you need help, just ask: underestimating compliance with direct requests for help. *Journal of Personality and Social Psychology*, 95(1), 128.
7. Straeter, L., & Exton, J. (2018). Why friends give but do not want to receive money. VoxEU: https://voxeu.org/article/why-friends-give-do-not-want-receive-money
8. Bohns, V.K., Roghanizad, M.M., & Xu, A.Z. (2014). Underestimating our influence over others' unethical behavior and

decisions. *Personality and Social Psychology Bulletin*, 40(3), 348–62.
9. See study 2 of the following paper: Whillans, A.V., Dunn, E.W., Sandstrom, G.M., Dickerson, S.S., & Madden, K.M. (2016). Is spending money on others good for your heart? *Health Psychology*, 35(6), 574.
10. For this finding, see study 1 of the above paper. See also: Piferi, R.L., & Lawler, K.A. (2006). Social support and ambulatory blood pressure: an examination of both receiving and giving. *International Journal of Psychophysiology*, 62(2), 328–36.
11. Sneed, R.S., & Cohen, S. (2013). A prospective study of volunteerism and hypertension risk in older adults. *Psychology and Aging*, 28(2), 578.
12. Hui, B.P., Ng, J.C., Berzaghi, E., Cunningham-Amos, L.A., & Kogan, A. (2020). Rewards of kindness? A meta-analysis of the link between prosociality and well-being. *Psychological Bulletin*, 146(12), 1084.
13. Details of these experiments, and Inagaki's theory in general, can be found in the following paper: Inagaki, T.K. (2018). Neural mechanisms of the link between giving social support and health. *Annals of the New York Academy of Sciences*, 1428(1), 33–50. See also: Inagaki, T.K., Haltom, K.E.B., Suzuki, S., Jevtic, I., Hornstein, E., Bower, J.E., & Eisenberger, N.I. (2016). The neurobiology of giving versus receiving support: the role of stress-related and social reward-related neural activity. *Psychosomatic Medicine*, 78(4), 443.
14. Wang, Y., Ge, J., Zhang, H., Wang, H., & Xie, X. (2020). Altruistic behaviors relieve physical pain. *Proceedings of the National Academy of Sciences*, 117(2), 950–8; Schreier, H.M., Schonert-Reichl, K.A., & Chen, E. (2013). Effect of volunteering on risk factors for cardiovascular disease in adolescents: a randomized controlled trial. *JAMA Pediatrics*, 167(4), 327–32.
15. Nakamura, J.S., Kwok, C., Huang, A., Strecher, V.J., Kim, E.S., & Cole, S.W. (2023). Reduced epigenetic age in older adults who volunteer. *Psychoneuroendocrinology*, 148, 106000. For more information on the 'epigenetic clock', see the following article from the US National Institute of Aging: The epigenetics of aging: What the body's hands of time tell us. https://www.nia.nih.gov/news/epigenetics-aging-what-bodys-hands-time-tell-us
16. Poulin, M.J., Brown, S.L., Dillard, A.J., & Smith, D.M. (2013). Giving to others and the association between stress and mortality. *American Journal of Public Health*, 103(9), 1649–55.
17. Aknin, L.B., Barrington-Leigh, C.P., Dunn, E.W., Helliwell, J.F., Burns, J., Biswas-Diener, R., . . . & Norton, M.I. (2013). Prosocial spending and well-being: cross-cultural evidence for a psychological universal. *Journal of Personality and Social Psychology*, 104(4), 635; Hui, B.P., Ng, J.C., Berzaghi, E., Cunningham-Amos, L.A., & Kogan, A. Rewards of kindness?
18. Zhao, X., & Epley, N. (2022). Surprisingly happy to have helped: underestimating prosociality creates a misplaced barrier to asking for help. *Psychological Science*, 33(10), 1708–31.
19. Jecker, J., & Landy, D. (1969). Liking a person as a function of doing him a favour. *Human Relations*, 22(4), 371–8.
20. The descriptions of *amae*'s definition and connotations in Japanese, along with the results of these experiments, can be found in the following paper: Niiya, Y., Ellsworth, P.C., & Yamaguchi, S. (2006). Amae in Japan and the United States: An exploration of a 'culturally unique' emotion. *Emotion*, 6(2), 279. See also: Niiya, Y., & Ellsworth, P.C. (2012). Acceptability of favor requests in the United States and Japan. *Journal of Cross-Cultural Psychology*, 43(2), 273–85.
21. Niiya, Y. (2016). Does a favor request increase liking toward the requester? *Journal of Social Psychology*, 156(2), 211–21.
22. See Inagaki, T.K., & Eisenberger, N.I. (2012). Neural correlates of giving support to a loved one. *Psychosomatic Medicine*, 74(1), 3–7; Inagaki, T.K. (2018). Neural mechanisms of the link between giving social support and health. *Annals of the New York Academy of Sciences*, 1428(1), 33–50.
23. Niiya, Y. (2017). Adult's *amae* as a tool for adjustment to a new environment. *Asian Journal of Social Psychology*, 20(3–4), 238–43.
24. Marshall, T.C. (2012). Attachment and amae in Japanese romantic relationships. *Asian Journal of Social Psychology*, 15(2), 89–100. For a further discussion, see: Niiya, Y. Does a favor request increase liking toward the requester?
25. Gopnik, A. (2011). *The Philosophical Baby* (p. 243). Random House. Kindle Edition.
26. Bohns, V. (2021). *You Have More Influence Than You Think* (pp. 125–56). WW Norton & Company.

27. Seneca, L.A. (1917). *Moral Epistles*, Volume 1 (R.M. Gummere, Trans.) (p. 307). The Loeb Classical Library.
28. Roghanizad, M.M., & Bohns, V.K. (2022). Should I ask over zoom, phone, email, or in-person? Communication channel and predicted versus actual compliance. *Social Psychological and Personality Science*, 13(7), 1163–72.
29. Inagaki, T.K. Neural mechanisms of the link between giving social support and health.

# 第十章

1. Anesko, M., Zacharias, G.W. (eds). (2018). *The Complete Letters of Henry James*, Volume 1 (p. 195). University of Nebraska Press.
2. Dungan, J.A., Munguia Gomez, D.M., & Epley, N. (2022). Too reluctant to reach out: receiving social support is more positive than expressers expect. *Psychological Science*, 33(8), 1300–12.
3. Hewitt, R. (2018). Do 'animal Fluids move by Hydraulick laws'?: the politics of the hydraulic theory of emotion. *Lancet Psychiatry*, 5(1), 25–6; Littrell, J. (2008). The status of Freud's legacy on emotional processing: contemporary revisions. *Journal of Human Behavior in the Social Environment*, 18(4), 477–99; Evans, D. (2002). *Emotion: The Science of Sentiment* (pp. 81–2). Oxford University Press; Kross, E. (2021). *Chatter: The Voice in Our Head, Why It Matters, and How to Harness It*. Vermilion.
4. Zech, E. (2000). The effects of the communication of emotional experiences [unpublished doctoral dissertation]. University of Louvain. Available at: http://hdl.handle.net/2078.1/149682. Cited in: Rimé, B. (2009). Emotion elicits the social sharing of emotion: Theory and empirical review. *Emotion Review*, 1(1), 60–85.
5. Barasch, A. (2020). The consequences of sharing. *Current Opinion in Psychology*, 31, 61–6.
6. Vicary, A.M., & Fraley, R.C. (2010). Student reactions to the shootings at Virginia Tech and Northern Illinois University: does sharing grief and support over the Internet affect recovery? *Personality and Social Psychology Bulletin*, 36(11), 1555–63; Seery, M.D., Silver, R.C., Holman, E.A., Ence, W.A., & Chu, T.Q. (2008). Expressing thoughts and feelings following a collective trauma: immediate responses to 9/11 predict negative outcomes in a national sample. *Journal of Consulting and Clinical Psychology*, 76(4), 657. I first became aware of this fascinating research through Ethan Kross's book *Chatter* (see note 3); Kross's interpretations of these findings have been instrumental for the structuring of this chapter.
7. Bastin, M., Vanhalst, J., Raes, F., & Bijttebier, P. (2018). Co-brooding and co-reflection as differential predictors of depressive symptoms and friendship quality in adolescents: investigating the moderating role of gender. *Journal of Youth and Adolescence*, 47, 1037–51.
8. Horn, A.B., & Maercker, A. (2016). Intra-and interpersonal emotion regulation and adjustment symptoms in couples: the role of co-brooding and co-reappraisal. *BMC Psychology*, 4, 1–11.
9. Barasch, A. The consequences of sharing.
10. Starr, L.R., Huang, M., & Scarpulla, E. (2021). Does it help to talk about it? Co-rumination, internalizing symptoms, and committed action during the COVID-19 global pandemic. *Journal of Contextual Behavioral Science*, 21, 187–95.
11. Alparone, F.R., Pagliaro, S., & Rizzo, I. (2015). The words to tell their own pain: linguistic markers of cognitive reappraisal in mediating benefits of expressive writing. *Journal of Social and Clinical Psychology*, 34(6), 495–507; see also Zheng, L., Lu, Q., & Gan, Y. (2019). Effects of expressive writing and use of cognitive words on meaning making and post-traumatic growth. *Journal of Pacific Rim Psychology*, 13, e5.
12. McAdams, D.P. (2013). The psychological self as actor, agent, and author. *Perspectives on Psychological Science*, 8(3), 272–95.
13. See, for example: Slotter, E.B., & Ward, D.E. (2015). Finding the silver lining: the relative roles of redemptive narratives and cognitive reappraisal in individuals' emotional distress after the end of a romantic relationship. *Journal of Social and Personal Relationships*, 32(6), 737–56.
14. Adler, J.M., Turner, A.F., Brookshier, K.M., Monahan, C., Walder-Biesanz, I., Harmeling, L.H., . . . & Oltmanns, T.F. (2015).

Variation in narrative identity is associated with trajectories of mental health over several years. *Journal of Personality and Socia Psychology*, 108(3), 476.

15. Mitchell, C., Reese, E., Salmon, K., & Jose, P. (2020). Narrative coherence, psychopathology, and wellbeing: concurrent and longitudinal findings in a mid-adolescent sample. *Journal of Adolescence*, 79, 16–25. I have written about these findings previously for *New Scientist*: How to take control of your self-narrative for a better, happier life. https://www.newscientist.com/article/mg25634204-800-how-to-take-control-of-your-self-narrative-for-a-better-happier-life

16. Mitchell, C., & Reese, E. (2022). Growing memories: coaching mothers in elaborative reminiscing with toddlers benefits adolescents' turning-point narratives and wellbeing. *Journal of Personality*, 90(6), 887–901.

17. Hiller, R.M., Meiser-Stedman, R., Lobo, S., Creswell, C., Fearon, P., Ehlers, A., . . . & Halligan, S.L. (2018). A longitudinal investigation of the role of parental responses in predicting children's post-traumatic distress. *Journal of Child Psychology and Psychiatry*, 59(7), 781–9.

18. Noel, M., Pavlova, M., Lund, T., Jordan, A., Chorney, J., Rasic, N., . . . & Graham, S. (2019). The role of narrative in the development of children's pain memories: influences of father– and mother–child reminiscing on children's recall of pain. *Pain*, 160(8), 1866–75.

19. Pavlova, M., Lund, T., Nania, C., Kennedy, M., Graham, S., & Noel, M. (2022). Reframe the pain: A randomized controlled trial of a parent-led memory-reframing intervention. *Journal of Pain*, 23(2), 263–75.

20. Danoff-Burg, S., Mosher, C.E., Seawell, A.H., & Agee, J.D. (2010). Does narrative writing instruction enhance the benefits of expressive writing? Anxiety, Stress, & Coping, 23(3), 341–52.

21. Kross, E., & Ayduk, O. (2017). Self-distancing: theory, research, and current directions. In *Advances in Experimental Social Psychology* (Vol. 55, pp. 81–136). Academic Press. See also: Rude, S.S., Mazzetti, F.A., Pal, H., & Stauble, M.R. (2011). Social rejection: how best to think about it? *Cognitive Therapy and Research*, 35, 209–16.

22. Lee, D.S., Orvell, A., Briskin, J., Shrapnell, T., Gelman, S.A., Ayduk, O., . . . & Kross, E. (2020). When chatting about negative experiences helps – and when it hurts: distinguishing adaptive versus maladaptive social support in computer-mediated communication. *Emotion*, 20(3), 368. For further evidence of the benefits of reconstrual, see: Nils, F., & Rimé, B. (2012). Beyond the myth of venting: social sharing modes determine the benefits of emotional disclosure. *European Journal of Social Psychology*, 42(6), 672–81.

23. Kross, E. *Chatter* (p. 94).

24. Kil, H., Allen, M.P., Taing, J., & Mageau, G.A. (2022). Autonomy support in disclosure and privacy maintenance regulation within romantic relationships. *Personal Relationships*, 29(2), 305–31. You can read the researchers' description of their work on the Character and Context blog of the Society for Personality and Social Psychology: https://spsp.org/news/character-and-context-blog/kil-mageau-allen-open-conversations-with-partner

25. Sanchez, M., Haynes, A., Parada, J.C., & Demir, M. (2020). Friendship maintenance mediates the relationship between compassion for others and happiness. *Current Psychology*, 39, 581–92.

26. Matos, M., McEwan, K., Kanovský, M., Halamová, J., Steindl, S.R., Ferreira, N., . . . & Gilbert, P. (2021). Fears of compassion magnify the harmful effects of threat of COVID-19 on mental health and social safeness across 21 countries. *Clinical Psychology & Psychotherapy*, 28(6), 1317–33; Matos, M., McEwan, K., Kanovský, M., Halamová, J., Steindl, S.R., Ferreira, N., . . . & Gilbert, P. (2022). Compassion protects mental health and social safeness during the COVID-19 pandemic across 21 countries. *Mindfulness*, 13(4), 863–80. See also: Svoboda, E. (2021). Is Avoiding Other People's Suffering Good for Your Mental Health?. *Greater Good Magazine*: https://greatergood.berkeley.edu/article/item/is_avoiding_other_peoples_suffering_good_for_your_mental_health

27. Jazaieri, H., Jinpa, G.T., McGonigal, K., Rosenberg, E.L., Finkelstein, J., Simon-Thomas, E., . . . & Goldin, P.R. (2013). Enhancing compassion: a randomized controlled trial of a compassion cultivation training program. *Journal of Happiness Studies*, 14, 1113–26.

28. Anesko, M., Zacharias, G.W. (eds). *The Complete Letters of Henry James, Volume* 1 (p. 197).

29. Tursi, R. (2017). Cambridge's Grace Norton: an absent presence. *Massachusetts Historical Review*, 19, 117–48.

## 第十一章

1. De Vogue, A. (2016). Scalia-Ginsburg friendship bridged opposing ideologies. CNN: https://edition.cnn.com/2016/02/14/politics/antonin-scalia-ruth-bader-ginsburg-friends/index.html
2. All Things Considered. (2016). Ginsburg and Scalia: 'Best buddies'. NPR: https://www.npr.org/2016/02/15/466848775/scalia-ginsburg-opera-commemorates-sparring-supreme-court-friendship
3. All Things Considered. Ginsburg and Scalia: 'Best buddies'.
4. Cox, C. (2020). Fact check: It's true, Ginsburg and Scalia were close friends despite ideological differences. *USA Today*: https://eu.usatoday.com/story/news/factcheck/2020/09/27/fact-check-ruth-bader-ginsburg-antonin-scalia-were-close-friends/3518592001
5. Public Information Office. (2016). Ruth Bader Ginsberg, Remarks for the Second Court Judicial Conference: https://www.supremecourt.gov/publicinfo/speeches/remarks%20for%20the%20second%20circuit%20judicial%20conference%20may%2025%202016.pdf
6. *USA Today*. (2016). Supreme Court justices weigh in on Antonin Scalia's death. https://eu.usatoday.com/story/news/politics/2016/02/14/statements-supreme-court-death-justice-scalia/80375976
7. Senior, J. (2010). The Ginsburg-Scalia act was not a farce. *New York Times*: https://www.nytimes.com/2020/09/22/opinion/ruth-bader-ginsburg-antonin-scalia.html
8. Green, M. (2020). Why friendships are falling apart over politics. The Conversation: https://theconversation.com/why-friendships-are-falling-apart-over-politics-146821; Pew Research Center. (2019). Partisan antipathy: More intense, More personal. https://www.pewresearch.org/politics/2019/10/10/partisan-antipathy-more-intense-more-personal; Pew Research Center. (2022). As partisan hostility grows, signs of frustration with the two-party system. https://www.pewresearch.org/politics/2022/08/09/as-partisan-hostility-grows-signs-of-frustration-with-the-two-party-system
9. All Things Considered. (2020). 'Dude, I'm done': When politics tears families and friendships apart. NPR: https://www.npr.org/2020/10/27/928209548/dude-i-m-done-when-politics-tears-families-and-friendships-apart
10. Asch, S.E. (1951). Effects of group pressure upon the modification and distortion of judgments. In H.S. Guetzkow (ed.), *Groups, Leadership and Men: Research in Human Relations* (pp. 222–36). Carnegie Press.
11. Friend, R., Rafferty, Y., & Bramel, D. (1990). A puzzling misinterpretation of the Asch 'conformity' study. *European Journal of Social Psychology*, 20(1), 29–44.
12. Gilchrist, A. (2015). Perception and the social psychology of 'The Dress'. *Perception*, 44(3), 229–31.
13. Higgins, E.T. (2019). *Shared Reality* (pp. 150–7). Oxford University Press. Kindle Edition.
14. Pinel, E.C., Long, A.E., & Crimin, L.A. (2010). I-sharing and a classic conformity paradigm. *Social Cognition*, 28(3), 277–89.
15. Pinel, E.C., Long, A.E., & Crimin, L.A. I-sharing and a classic conformity paradigm.; see also Pinel, E.C., Long, A.E., Murdoch, E.Q., & Helm, P. (2017). A prisoner of one's own mind: identifying and understanding existential isolation. *Personality and Individual Differences*, 105, 54–63.
16. Graeupner, D., & Coman, A. (2017). The dark side of meaning-making: How social exclusion leads to superstitious thinking. *Journal of Experimental Social Psychology*, 69, 218–22; Poon, K.T., Chen, Z., & Wong, W.Y. (2020). Beliefs in conspiracy theories following ostracism. *Personality and Social Psychology Bulletin*, 46(8), 1234–46.
17. A summary of the survey results can be found on the Pew Research Center's website: https://www.pewresearch.org/global/wp-content/uploads/sites/2/2021/10/PG_2021.10.13_Diversity_Topline.pdf
18. Pinel, E.C., Fuchs, N.A., & Benjamin, S. (2022). I-sharing across the aisle: can shared subjective experience bridge the political divide? *Journal of Applied Social Psychology*, 52(6), 407–13.
19. Montagu, M.W. (1837). *The Letters and Works of Lady Mary Wortley Montagu Volume III* (p. 134). Richard Bentley.
20. Frimer, J.A., & Skitka, L.J. (2018). The Montagu Principle: incivility decreases politicians' public approval, even with their political base. *Journal of Personality and Social Psychology*, 115(5), 845.
21. Hessan, D. (2016). Understanding the undecided voters. *Boston Globe*: https://www.bostonglobe.com/

opinion/2016/11/21/understanding-undecided-voters/9EjNHVkt99b4re2VAB8ziI/story.html
22. Chen, F.S., Minson, J.A., & Tormala, Z.L. (2010). Tell me more: the effects of expressed interest on receptiveness during dialog. *Journal of Experimental Social Psychology*, 46(5), 850–3.
23. Yeomans, M., Minson, J., Collins, H., Chen, F., & Gino, F. (2020). Conversational receptiveness: improving engagement with opposing views. *Organizational Behavior and Human Decision Processes*, 160, 131–48.
24. Itzchakov, G., & Reis, H.T. (2021). Perceived responsiveness increases tolerance of attitude ambivalence and enhances intentions to behave in an open-minded manner. *Personality and Social Psychology Bulletin*, 47(3), 468–85; Reis, H.T., Lee, K.Y., O'Keefe, S.D., & Clark, M.S. (2018). Perceived partner responsiveness promotes intellectual humility. *Journal of Experimental Social Psychology*, 79, 21–33.
25. Besides detailing these studies, Itzchakov's paper offers a meta-analysis of the results, which confirms a substantial effect size. Itzchakov, G., Weinstein, N., Legate, N., & Amar, M. (2020). Can high quality listening predict lower speakers' prejudiced attitudes? *Journal of Experimental Social Psychology*, 91, 104022. For further evidence and detailed discussions of this research, see Itzchakov, G., Reis, H.T., & Weinstein, N. (2022). How to foster perceived partner responsiveness: high-quality listening is key. *Social and Personality Psychology Compass*, 16(1), e12648.
26. Livingstone, A.G., Fernández Rodríguez, L., & Rothers, A. (2020). 'They just don't understand us': the role of felt understanding in intergroup relations. *Journal of Personality and Social Psychology*, 119(3), 633.
27. Tucholsky, K. (1932). *Lerne lachen ohne zu weinen* (p. 148). Rowohlt.
28. Chang, C.H., Nastase, S.A., & Hasson, U. (2023). How a speaker herds the audience: Multi-brain neural convergence over time during naturalistic storytelling. *bioRxiv*. Available online at: https://www.ncbi.nlm.nih.gov/pmc/articles/PMC10592711/
29. See the following for a discussion of these psychological mechanisms: Van Bavel, J.J., Reinero, D.A., Spring, V., Harris, E.A., & Duke, A. (2021). Speaking my truth: why personal experiences can bridge divides but mislead. *Proceedings of the National Academy of Sciences*, 118(8), e2100280118.
30. Kubin, E., Puryear, C., Schein, C., & Gray, K. (2021). Personal experiences bridge moral and political divides better than facts. *Proceedings of the National Academy of Sciences*, 118(6), e2008389118.
31. Kalla, J.L., & Broockman, D.E. (2020). Reducing exclusionary attitudes through interpersonal conversation: evidence from three field experiments. *American Political Science Review*, 114(2), 410–25.
32. Kubin, E., Puryear, C., Schein, C., & Gray, K. (2021). Personal experiences bridge moral and political divides better than facts.
33. Feygina, I., Jost, J.T., & Goldsmith, R.E. (2010). System justification, the denial of global warming, and the possibility of 'system-sanctioned change'. *Personality and Social Psychology Bulletin*, 36(3), 326–38.
34. Feinberg, M., & Willer, R. (2015). From gulf to bridge: when do moral arguments facilitate political influence?. *Personality and Social Psychology Bulletin*, 41(12), 1665–81; Feinberg, M., & Willer, R. (2019). Moral reframing: a technique for effective and persuasive communication across political divides. *Social and Personality Psychology Compass*, 13(12), e12501.
35. Horgan, J., Altier, M.B., Shortland, N., & Taylor, M. (2017). Walking away: the disengagement and de-radicalization of a violent right-wing extremist. *Behavioral Sciences of Terrorism and Political Aggression*, 9(2), 63–77.
36. De Vogue, A. Scalia-Ginsburg friendship bridged opposing ideologies.
37. Boden, A., & Slattery, E. (2022). What we can learn from Antonin Scalia and Ruth Bader Ginsburg's friendship. Pacific Legal Foundation: https://pacificlegal.org/antonin-scalia-and-ruth-bader-ginsburgs-friendship

# 第十二章

1. The Beatles Bible (2018). John Lennon and Paul McCartney consider appearing on Saturday Night Live. https://www.beatlesbible.com/1976/04/24/john-lennon-paul-mccartney-saturday-night-live-lorne-michaels

2. White, R. *Come Together: Lennon and McCartney in the Seventies* (p. 7). Omnibus Press. Kindle Edition.
3. White, R. *Come Together* (p. 162).
4. Sample, I. (2018). 'Voodoo doll and cannibalism studies triumph at Ig Nobels'. *Guardian*: https://www.theguardian.com/science/2018/sep/14/voodoo-doll-and-cannibalism-studies-triumph-at-ig-nobels
5. Schumann, K., & Walton, G.M. (2022). Rehumanizing the self after victimization: the roles of forgiveness versus revenge. *Journal of Personality and Social Psychology*, 122(3), 469.
6. Rasmussen, K.R., Stackhouse, M., Boon, S.D., Comstock, K., & Ross, R. (2019). Meta-analytic connections between forgiveness and health: the moderating effects of forgiveness-related distinctions. *Psychology & Health*, 34(5), 515–34. See also: Wade, N.G., & Tittler, M.V. (2019). Psychological interventions to promote forgiveness of others: review of empirical evidence. In Worthington Jr, E.L., & Wade, N.G. (eds), *Handbook of Forgiveness* (pp. 255–65). Routledge.
7. Messias, E., Saini, A., Sinato, P., & Welch, S. (2010). Bearing grudges and physical health: relationship to smoking, cardiovascular health and ulcers. *Social Psychiatry and Psychiatric Epidemiology*, 45, 183–7.
8. Howe, D. (2008). Forgive Me?. *Greater Good Magazine*: https://greatergood.berkeley.edu/article/item/forgive_me; see also McNulty, J.K. (2010). Forgiveness increases the likelihood of subsequent partner transgressions in marriage. *Journal of Family Psychology*, 24(6), 787; McNulty, J.K. (2011). The dark side of forgiveness: the tendency to forgive predicts continued psychological and physical aggression in marriage. *Personality and Social Psychology Bulletin*, 37(6), 770–83; Luchies, L.B., Finkel, E.J., McNulty, J.K., & Kumashiro, M. (2010). The doormat effect: when forgiving erodes self-respect and self-concept clarity. *Journal of Personality and Social Psychology*, 98(5), 734.
9. Curzer, H.J. (2012). *Aristotle and the Virtues* (p. 156). Oxford University Press.
10. These questions all come from the forgiveness scale developed by Mark Rye and colleagues at the University of Dayton. Worthington Jr, E.L., Lavelock, C., vanOyen Witvliet, C., Rye, M.S., Tsang, J.A., & Toussaint, L. (2015). Measures of forgiveness: Self-report, physiological, chemical, and behavioral indicators. In *Measures of personality and social psychological constructs* (pp. 474–502). Academic Press.
11. Rye, M.S., Loiacono, D.M., Folck, C.D., Olszewski, B.T., Heim, T.A., & Madia, B.P. (2001). Evaluation of the psychometric properties of two forgiveness scales. *Current Psychology*, 20, 260–77.
12. Wade, N.G., Hoyt, W.T., Kidwell, J.E.M., & Worthington, E.L. (2014). Efficacy of psychotherapeutic interventions to promote forgiveness: a meta-analysis. *Journal of Consulting and Clinical Psychology*, 82(1), 154–70.
13. Ho, M.Y., Worthington, E., Cowden, R., Bechara, A.O., Chen, Z.J., Gunatirin, E.Y., . . . & VanderWeele, T. (2023). International REACH forgiveness intervention: a multi-site randomized controlled trial. Available as a preprint at: https://osf.io/8qzgw
14. McNeill, B. (2017). After four decades, Everett Worthington, leading expert on forgiveness, set to retire from VCU's Department of Psychology. VCUnews https://news.vcu.edu/article/After_four_decades_Everett_Worthington_leading_expert_on_forgiveness; Stammer. L. (2001). Complex Workings of Forgiveness. *Los Angeles Times*: https://www.latimes.com/archives/la-xpm-2001-jun-11-mn-9065-story.html
15. Finkel, E.J., Slotter, E.B., Luchies, L.B., Walton, G.M., & Gross, J.J. (2013). A brief intervention to promote conflict reappraisal preserves marital quality over time. *Psychological Science*, 24(8), 1595–1601.
16. Huynh, A.C., Yang, D.Y.J., & Grossmann, I. (2016). The value of prospective reasoning for close relationships. *Social Psychological and Personality Science*, 7(8), 893–902.
17. Schumann, K. (2014). An affirmed self and a better apology: the effect of self-affirmation on transgressors' responses to victims. *Journal of Experimental Social Psychology*, 54, 89–96. The long-term benefits were reported in Schumann, K., Ritchie, E.G., & Dragotta, A. (2021). Adapted self-affirmation and conflict management in romantic relationships. Available as a preprint at: https://psyarxiv.com/j3hyk
18. Webb, C.E., Rossignac-Milon, M., & Higgins, E.T. (2017). Stepping forward together: could walking facilitate interpersonal conflict resolution?. *American Psychologist*, 72(4), 374.
19. Schumann, K. (2018). The psychology of offering an apology: understanding the barriers to apologizing and how to overcome them. *Current Directions in Psychological Science*, 27(2), 74–8.
20. Leunissen, J.M., De Cremer, D., van Dijke, M., & Reinders Folmer, C.P. (2014). Forecasting errors in the averseness of

apologizing. *Social Justice Research*, 27(3), 322–39.
21. Carpenter, T.P., Carlisle, R.D., & Tsang, J.A. (2014). Tipping the scales: conciliatory behavior and the morality of self-forgiveness. *Journal of Positive Psychology*, 9(5), 389–401.
22. Leunissen, J.M., De Cremer, D., & Reinders Folmer, C.P. (2012). An instrumental perspective on apologizing in bargaining: the importance of forgiveness to apologize. *Journal of Economic Psychology*, 33, 215–22; Leunissen, J.M., De Cremer, D., Folmer, C.P.R., & Van Dijke, M. (2013). The apology mismatch: asymmetries between victim's need for apologies and perpetrator's willingness to apologize. *Journal of Experimental Social Psychology*, 49(3), 315–24.
23. Bippus, A.M., & Young, S.L. (2020). How to say 'I'm sorry:' ideal apology elements for common interpersonal transgressions. *Western Journal of Communication*, 84(1), 43–57; see also Schumann, K. (2014). An affirmed self and a better apology: the effect of self-affirmation on transgressors' responses to victims. *Journal of Experimental Social Psychology*, 54, 89–96.
24. Frantz, C.M., & Bennigson, C. (2005). Better late than early: the influence of timing on apology effectiveness. *Journal of Experimental Social Psychology*, 41(2), 201–7.
25. Yu, A., Berg, J.M., & Zlatev, J.J. (2021). Emotional acknowledgment: how verbalizing others' emotions fosters interpersona trust. *Organizational Behavior and Human Decision Processes*, 164, 116–35.
26. Forster, D.E., Billingsley, J., Burnette, J.L., Lieberman, D., Ohtsubo, Y., & McCullough, M.E. (2021). Experimental evidence that apologies promote forgiveness by communicating relationship value. *Scientific Reports*, 11(1), 1–14.
27. White, R. *Come Together* (p. 156).
28. White, R. *Come Together* (p. 222).
29. Billups, A. (2014). Paul McCartney Thankful for Repaired Friendship Before John Lennon's Death. Time: https://time.com/3622655/paul-mccartney-john-lennon-friendship

## 結論

1. Quoted in Herrmann, D. (1998). *Helen Keller: A Life* (p. 208). Knopf.
2. See study 2 of Liu, P.J., Rim, S., Min, L., & Min, K.E. (2023). The surprise of reaching out: appreciated more than we think. *Journal of Personality and Social Psychology*, 124(4), 754.
3. Pink, D. (2022). *The Power of Regret* (pp. 131–3). Canongate.
4. Harrison Warren, T. (2022). We're in a Loneliness Crisis: Another Reason to Get Off Your Smartphone. *New York Times*: https://www.nytimes.com/2022/05/01/opinion/loneliness-connectedness-technology.html
5. *Fault Lines* (2022). A toxic feed: social media and teen mental health. Al Jazeera: https://www.aljazeera.com/program/fault-lines/2022/5/4/a-toxic-feed-social-media-and-teen-mental-health
6. Bahrampour, T. (2021). Teens around the world are lonelier than a decade ago. The reason may be smartphones. Washington Post: https://www.washingtonpost.com/local/social-issues/teens-loneliness-smartphones/2021/07/20/cde8c866-e84e-11eb-8950- d73b3e93ff7f_story.html
7. Clark, J.L., Algoe, S.B., & Green, M.C. (2018). Social network sites and well-being: the role of social connection. *Current Directions in Psychological Science*, 27(1), 32–7.
8. Kumar, A., & Epley, N. (2021). It's surprisingly nice to hear you: misunderstanding the impact of communication media can lead to suboptimal choices of how to connect with others. *Journal of Experimental Psychology: General*, 150(3), 595.
9. Clark, J.L., Algoe, S.B., & Green, M.C. (2018). Social network sites and well-being: the role of social connection.
10. Agnew, C.R., Carter, J.J., & Imami, L. (2022). Forming Meaningful Connections Between Strangers in Virtual Reality: Comparing Affiliative Outcomes by Interaction Modality. *Technology, Mind, and Behavior*. Online only: https://doi.org/10.1037/tmb0000091
11. This quotation can be found in a letter to Radcliffe College students dated 6 April 1896.

# 正向人脈提升守則

| | |
|---|---|
| 作者 | 大衛・羅布森（David Robson） |
| 譯者 | 何玉方 |
| 商周集團執行長 | 郭奕伶 |

商業周刊出版部

| | |
|---|---|
| 總監 | 林雲 |
| 責任編輯 | 盧珮如 |
| 封面設計 | 賴維明 |
| 內頁排版 | 邱介惠 |
| 出版發行 | 城邦文化事業股份有限公司 商業周刊 |
| 地址 | 115 台北市南港區昆陽街 16 號 6 樓 |
| | 電話：(02)2505-6789　傳真：(02)2503-6399 |
| 讀者服務專線 | (02)2510-8888 |
| 商周集團網站服務信箱 | mailbox@bwnet.com.tw |
| 劃撥帳號 | 50003033 |
| 戶名 | 英屬蓋曼群島商家庭傳媒股份有限公司城邦分公司 |
| 網站 | www.businessweekly.com.tw |
| 香港發行所 | 城邦（香港）出版集團有限公司 |
| | 香港九龍九龍城土瓜灣道 86 號順聯工業大廈 6 樓 A 室 |
| | 電話：(852) 2508-6231　傳真：(852) 2578-9337 |
| | E-mail：hkcite@biznetvigator.com |
| 製版印刷 | 中原造像股份有限公司 |
| 總經銷 | 聯合發行股份有限公司 電話：(02) 2917-8022 |
| 初版 1 刷 | 2025 年 3 月 |
| 定價 | 450 元 |
| ISBN | 978-626-7678-08-4 |
| EISBN | 9786267678060（PDF）／9786267678077 (EPUB) |

**The Laws of Connection:** 13 Social Strategies That Will Transform Your Life
Copyright © David Robson, 2025
by Business Weekly, a Division of Cite Publishing Ltd.
This edition arranged with Felicity Bryan Associates Ltd.
through Andrew Nurnberg Associates International Limited

版權所有・翻印必究
Printed in Taiwan（本書如有缺頁、破損或裝訂錯誤，請寄回更換）
商標聲明：本書所提及之各項產品，其權利屬於該公司所有。

國家圖書館出版品預行編目(CIP)資料

正向人脈提升守則／大衛・羅布森 (David Robson) 著；何玉方譯. -- 初版. -- 臺北市：城邦文化事業股份有限公司商業周刊, 2025.03
336 面；17 × 22 公分
譯自：The laws of connection : 13 social strategies that will transform your life

ISBN 978-626-7678-08-4（平裝）

1. CST: 人際關係　2. CST: 人際傳播　3. CST: 社交技巧

177.3　　　　　　　　　　　　　　　　　　　　114002089

藍學堂

學習・奇趣・輕鬆讀